国家文化产业资金支持媒体融合重大项目

U0648772

高等职业教育教学改革融合创新型教材 · 旅游类

CANYIN FUWU

YU DUDAO GUANLI

# 餐饮服务
# 与督导管理

王常红 厉小励 秦承敏 主 编

李 航 高 伟 游 帆 副主编

东北财经大学出版社
Dongbei University of Finance & Economics Press
大连

**图书在版编目（CIP）数据**

餐饮服务与督导管理 / 王常红，厉小励，秦承敏主编. —大连 ：东北财经大学出版社，2021.9（2025.2重印）

（高等职业教育教学改革融合创新型教材·旅游类）

ISBN 978-7-5654-4298-8

Ⅰ．餐…　Ⅱ．①王…②厉…③秦…　Ⅲ．①饮食业-商业服务-高等职业教育-教材②饮食业-监管制度-高等职业教育-教材　Ⅳ．F719.3

中国版本图书馆CIP数据核字（2021）第158452号

东北财经大学出版社出版

（大连市黑石礁尖山街217号　邮政编码　116025）

网　　址：http://www.dufep.cn

读者信箱：dufep@dufe.edu.cn

大连天骄彩色印刷有限公司印刷　　　东北财经大学出版社发行

幅面尺寸：185mm×260mm　　　字数：360千字　　　印张：17

2021年9月第1版　　　　　　　　　2025年2月第2次印刷

责任编辑：张旭凤　赵宏洋　　　　　　　责任校对：惠恩乐

封面设计：原　皓　　　　　　　　　　　版式设计：原　皓

定价：42.00元

教学支持　售后服务　　联系电话：（0411）84710309

版权所有　侵权必究　　举报电话：（0411）84710523

如有印装质量问题，请联系营销部：（0411）84710711

# 富媒体智能型教材出版说明

"财经高等职业教育富媒体智能型教材开发系统工程"入选国家新闻出版广电总局新闻出版改革发展项目库，并获得文化产业专项资金支持，是"国家文化产业资金支持媒体融合重大项目"。项目以"融通""融合""共建""共享"为特色，是东北财经大学出版社积极落实国家推动传统媒体与新媒体融合发展的重要举措之一。

"财济书院"智能教学互动平台是该工程项目建设成果之一。该平台通过系统、合理的架构设计，将教学资源与教学应用集成于一体，具有教学内容多元呈现、课堂教学实时交互、测试考评个性设置、用户学情高效分析等核心功能，是高校开展信息化教学的有力支撑和应用保障。

富媒体智能型教材是该工程项目建设成果之二。该类教材是我社供给侧结构性改革探索性策划的创新型产品，是一种新形态立体化教材。富媒体智能型教材秉持严谨的教学设计思想和先进的教材设计理念，为财经职业教育教与学、课程与教材的融通奠定了基础，较好地避免了传统教学模式和单一纸质教材容易出现的"两张皮"现象，有助于教学质量的提高和教学效果的提升。

从教材资源的呈现形式来说，富媒体智能型教材实现了传统纸质教材与数字技术的融合，通过二维码建立链接，将VR、微课、视频、动画、音频、图文和试题库等富媒体资源丰富呈现给用户；从教材内容的选取整合来说，其实现了职业教育与产业发展的融合，不仅注重专业教学内容与职业能力培养的有效对接，而且很好地解决了部分专业课程学与训、训与评的难题；从教材的教学使用过程来说，其实现了线下自主与线上互动的融合，学生可以在有网络支持的任何地方自主完成预习、巩固、复习等，教师可以在教学中灵活使用随堂点名、作业布置及批改、自测及组卷考试、成绩统计分析等平台辅助教学工具。

富媒体智能型教材设计新颖，一书一码，使用便捷。使用富媒体智能型教材的师生首先下载"财济书院"App完成注册，然后登录"财济书院"看到或者使用教材配套的数字资源，开启个性化教与学之旅。

"重塑教学空间，回归教学本源！""财济书院"平台不仅仅是出版社提供教学资源和服务的平台，更是出版社为作者和广大院校创设的一个自主选择和自主探究的教与学的空间，作者和广大院校师生既是这个空间的使用者和消费者，也是这个空间的创造者和建设者，在这里，出版社、作者、院校共建资源，共享回报，共创未来。

最后，感谢各位作者为支持项目建设所付出的辛劳和智慧，也欢迎广大院校在教学中积极使用富媒体智能型教材和"财济书院"平台，东北财经大学出版社愿意也必将陪伴广大职业教育工作者走向更加光明而美好的职教发展新阶段。

东北财经大学出版社

# FOREWORDS

## 前言

本教材以党的二十大报告中提出的"培养造就大批德才兼备的高素质人才"为指导，严格参照教育部印发的《职业院校教材管理办法》相关要求编写。该办法强调教材应"符合技术技能人才成长规律和学生认知特点，对接国际先进职业教育理念，适应人才培养模式创新和优化课程体系的需要，专业课程教材突出理论和实践相统一，强调实践性。适应项目学习、案例学习、模块化学习等不同学习方式要求，注重以真实生产项目、典型工作任务、案例等为载体组织教学单元"。本教材正是在这一理念指导下而进行编写的、探索体现高等职业教育教学改革理念的创新型和应用型教材。

本教材具有以下特点：

### 1.目标明确，价值引领

本教材以全国高等职业院校酒店管理与数字化运营、旅游管理、餐饮智能管理等专业的学生为主要适用对象。围绕星级酒店餐饮部服务、运营与管理的工作过程，结合学生从实习生到督导人员的职业发展脉络，内容涵盖中餐厅、西餐厅、自助餐厅、酒吧、宴会厅等餐饮部典型岗位的服务与管理。在此基础上，教材将思政教育内容有机融入教学，在各个项目中均精心设计了"学而时习"板块，通过"学"与"习"的结合，引导学生理解并践行餐饮服务与督导管理中的道德规范，实现知行合一，帮助学生在学习专业技能的同时，提升职业道德、责任意识和社会担当，从思想和技能两个层面推动学生成长成才。

### 2.对接行业，数字转型

本教材结合餐饮业发展实务，紧跟时代步伐，顺应实践发展，以华住酒店集团、济南舜和酒店集团、天津银河大酒店、日照苏宁诺富特酒店、日照开元名都大酒店等实体酒店的实际岗位工作任务为参照，采用"典型工作任务"为主线进行编排。特别是针对当前行业数字化转型的趋势，教材设计了"数字餐饮实验室"板块，融入了餐饮智能化管理和数字化运营的创新内容，帮助学生掌握新技术、新工具在餐饮行业中的应用能力。通过"知识拓展""头脑风暴""业务链接""任务实施""任务评价"等模块，以及微课堂、微示范、微测试等形式，强化学生的数字化实践能力和对行业转型发展的适应能力。

### 3. 工匠精神，贯穿始终

本教材将工匠精神贯穿始终，注重培养和提升学生职业道德素养和人文素质。编者遵循"实践—学习—再实践—再学习"的教学理念，通过在编写内容中加入"微示范"，将餐饮部实际工作中的标准操作程序立体化呈现出来。"任务导入""任务要求""微示范"等体例设置，使教师在实际教学时可以引导学生深刻感悟和理解工匠精神的意义与内涵，"自信自强、守正创新、踔厉奋发、勇毅前行"，并将其发扬到日常的学习和将来的工作中。学生通过将工匠精神与专业内容进行有机结合，自我认知、自我发展也会得以提升。

### 4. 内容科学，结构合理

本教材以餐饮岗位群的工作任务和能力需求为依据，结合职业技能考核标准、职业技能大赛规则和行业标准，分为六个项目：初识餐饮业（基础篇）、餐饮服务基本技能（技能篇）、不同类型餐饮服务（能力篇）、餐饮策划与设计（能力篇）、餐饮督导流程（管理篇一）、餐饮督导管理（管理篇二），内容编排符合技术技能人才阶梯式成长规律，科学、合理、创新，既注重学生能力的循序渐进培养，也为行业发展提供良好的人才支持。

本教材由山东水利职业学院王常红、厉小励、秦承敏担任主编，山东水利职业学院李航、高伟，华住酒店集团人力资源副总监游帆担任副主编，山东水利职业学院孟文燕、天津银河大酒店宋秀敏、济南舜和酒店集团白璐参编。具体编写分工如下：项目一由李航编写，项目二、项目四、项目五由厉小励、游帆编写，项目三、项目六由王常红编写；高伟、孟文燕、宋秀敏、白璐负责富媒体资源的制作；由秦承敏总纂定稿。

本教材在编写过程中参考了相关教材、专著和网络资源等，同时也得到了华住酒店集团、天津银河大酒店、济南舜和酒店集团、日照苏宁诺富特酒店、日照岚桥锦江大酒店的大力支持，在此一并表示诚挚的感谢。

由于编者水平有限，教材中难免有疏漏和不妥之处，恳请读者批评指正。

编 者

2024 年 1 月

FOREWORDS

# Contents

目录

二维码教学资源目录

# 二维码教学资源目录

二维码教学资源目录

# 项目一 化整为零 入行必备——初识餐饮业

腾飞财贸金融职业技术学院酒店管理专业注重对学生的创造力、管理能力的培养，旨在培育拥有国际视野、富有创新精神、具备实践能力的高素质应用型和创新型酒店业专门人才。该专业先后与多家知名酒店签订合作协议，为学生提供了实习、就业保障，使学生毕业即就业，截至目前已有多名毕业生成长为各大星级酒店的西餐厅经理、中餐厅经理、大堂吧经理、餐饮总监、营销经理、副总经理、总经理助理等酒店管理人才，满足了酒店企业对高质高端人才的需求。作为一名酒店管理专业的学生，你了解餐饮及餐饮业吗？如何让自己成为一名合格的酒店管理人才呢？下面就让我们一起走进餐饮业。

## 任务一 了解餐饮与餐饮业

### 【任务目标】

知识目标：

1.了解餐饮的含义

2.熟悉餐饮业的特征

3.把握餐饮业未来发展趋势

能力目标：

能够举例说明餐饮业未来发展趋势

素质目标：

1.养成热爱本职工作的职业素养

2.树立忠于职守、吃苦耐劳的职业态度

3.了解市场规律，强化市场意识

### 【任务导入】

小白是即将步入酒店的餐饮实习生，在离开学校前，为了更好地了解餐饮行业，小白需要了解一下餐饮业的发展历程，例如餐饮智能化、个性化等。

微课堂1-1

**任务要求**：请帮助小白通过恰当的行业案例，梳理当下餐饮业的发展特征。

了解餐饮与
餐饮业

### 【知识储备】

#### 一、餐饮的含义

"人以食为本，民以食为天。"饮食是人类生存与发展的基本条件，也是人类最重要和最基本的需求。饮食作为人类自己创造的最重要的活动，伴随烹饪的产生、经济的发展、文明的昌盛、社会的进步，在漫长的历史长河中，逐步演变成当今璀璨的餐饮文化。了解国内外餐饮的发展历史，对于认识当今餐饮业及其发展具有重要的意义。

餐饮的内涵十分丰富，从字面上理解，"餐"即进餐的顿数，"饮"即饮用和食用；一定程度上也可理解为饮食的同义语。

在人类文明发展的进程中，烹饪是人类自身生存、发展所必需的，是独具特色的文化创造，积淀了博大精深的文化遗产，包括绚丽多彩的食风、食俗；餐饮是人们对烹饪产品特定与理性的消费，它是在特定的社会民族文化氛围中形成的消费观念、饮食习俗、饮食哲学及礼仪、规范、制度，以及反映这些方面积淀的系列饮食文化遗产，具有浓郁的文化含义，是饮食物质成果与精神成果的总和。烹饪及烹饪所蕴含的文化、科学、艺术属性及其成果，在人类文明的发展中，培育和丰富了餐饮。餐饮作为烹饪的有形载体，在人类政治、经济、文化的发展中，又有力地促进了烹饪及烹饪文化、艺术、科学的发展。从烹饪文化和餐饮文化的性质和关系上讲，烹饪文化是生产文化，餐饮文化是消费文化。

## 二、餐饮业

餐饮业是集即时加工制作、商业销售和服务性劳动于一体，向消费者专门提供各种酒水、食品、消费场所和设施的食品生产经营行业。按欧美《标准行业分类法》的定义，餐饮业是指以商业营利为目的的餐饮服务机构。在我国，据《国民经济行业分类注释》的定义，餐饮业是指在一定场所，对食物进行现场烹饪、调制，并出售给顾客主要供现场消费的服务活动。

### （一）中国餐饮业的发展

餐饮业在我国有悠久的历史，考古工作者经过考古发掘，发现大约在170万年前，生活在中国这块土地上的人类祖先已经开始有意识地利用火来加工、烧烤食物并用火来取暖驱寒。中国长江中下游地区的考古发现进一步显示，在六七千年之前，生活在今天浙江省余姚市河姆渡地区的先人已经大面积地种植水稻并饲养牲畜，河姆渡遗址出土的稻谷如图1-1所示。食物的生产改善了人们的物质生活，并奠定了餐饮业形成的物质基础。

图1-1 河姆渡遗址出土的稻谷

（图片来源：https://www.sohu.com/a/365244096_440288）

夏、商、周之后，餐饮业已发展为一个独立的行业。菜肴的丰盛与精致程度完全可以令现代人为之叹服。从周朝起，中国出现了烹调食谱，《周礼·天官》中记录了我国最早的名菜——八珍。从《楚辞》中，可以看到酒类和食品已相当丰富，如《招魂》篇中所列的一份菜单，记有红烧甲鱼、火烤羊羔、炸烹天鹅、红焖野鸭、铁扒肥雁和大鹤、卤汁油鸡、清炖大鱼等。商周时期，音乐助餐已经出现。《周礼·天官》云："以乐侑食，膳夫受祭，品尝食，王乃食，卒食，以乐彻于造。"连餐后将剩余的食品撤入厨房这一过程，也是在音乐伴奏下完成的。宫廷中专职服务人员及服务机构在周代已具有相当的规模。宫廷宴会由尚食、尚酒等内侍人员担任服务人员，为防止下毒，先尝食而后献食。据有关记载，周朝王室管理饮食的机构就有22个，服务人员有2 332人。

唐、宋尤其是南宋时期餐饮业已具相当规模。唐朝以后的餐饮宴席已从席地而坐发展为坐椅而餐。北宋名画家张择端的《清明上河图》以不朽的画卷向后人展示了当时汴京人的市井生活，酒楼、茶馆成为画面的重要组成部分。当时的酒店可将三五百人的酒席立即办妥，可见规模之大、分工之细、组织之全。南宋时期，杭州的各类饮食店有直卖店（只卖酒）、分茶店、包子店、散酒店（普通酒店）、巷酒店、面食店、荤素食店、茶坊、北食店、南食店、川酒店、罗酒店（山东、河北风味）等，从等级上讲有高级酒店、花园酒店、普通酒店、低档酒店和走街串巷的饮食挑子。在西湖上还出现了提供餐食的游船，其中最大的游船可举办百人宴会。这种把宴会与旅游结合在一起的做法一直保留到今天。

晚清以后的五口通商使沿海城市出现西菜。西方列强用坚船利炮打开了中国的国门之后，西方的经济、文化、生活习惯蜂拥而至。西菜在中国的沿海城市，如广州、福州、厦门、宁波、上海及大都市天津、北京等地纷纷登场。

改革开放以来，我国餐饮业有了长足的进步。我国餐饮业市场活跃，已成为我国国民经济中增长速度最快的行业之一。餐饮业在国民经济中的地位显著提高。以家庭私人消费为代表的餐饮大众化市场和节假日市场不断扩大，大众化餐饮逐渐成为主流。传统餐饮向现代餐饮的转化步伐加快，经营形式更加灵活、多元。

20世纪90年代以来，人们的消费观念由过去的吃饱、吃好向"吃精神享受""吃文化内涵"转变。人们越来越将饮食质量与健康、营养、环保、绿色联系在一起，更加注重安全性、科学性、经济性和享受性，因此，滋补馆、绿色饭庄、粗粮馆等备受人们的欢迎。

我国餐饮的原材料来源、生产、就餐环境及卫生状况不容乐观。食品和饮食卫生直接关系到人们的身体健康和生命安全，人们对绿色食品、绿色原材料的需求将会越来越旺盛，同时也会对就餐环境和服务人员有更严格的要求。

消费者对用餐环境要求日益提高。现代社会的消费者，在进行消费时往往带有许多感性的成分，容易受到环境氛围的影响。在饮食上他们不太注重食物的味道，但非常注重进食时的环境与氛围。要求进食的环境"场景化""情绪化"，从而能更好地满足他们的感性需求。因此，相当多的餐饮企业，在布置环境、营造氛围上下了很大的功夫，力图营造出各具特色的、吸引人的种种情调，或新奇别致，或温馨浪漫；或清静高雅，或热闹刺激；或富丽堂皇，或小巧玲珑。有展现都市风情的，也有展示乡村风情的；有中式风格的，也有西式风情的，更有中西合璧的。从餐饮环境到极富特色的店名、菜名，为消费者营造了良好的用餐氛围。

▶▶ **业务链接 1-1** 　　　　2019 年全国餐饮收入

在各行各业都在感慨着"太难了"的 2019 年，餐饮业营收却逆势上升，实现了新的突破。近日，中国饭店协会公布了 2019 年餐饮收入数据，如图 1-2 所示。数据显示，2019 年，全国餐饮收入 46 721 亿元，比上年增长 9.4%，高于 2018 年的年增长率 7.7%；12 月份餐饮收入 4 825 亿元，同比增长 9.1%。2019 年餐饮收入高于 2019 年社会消费品零售总额 1.4 个百分点。

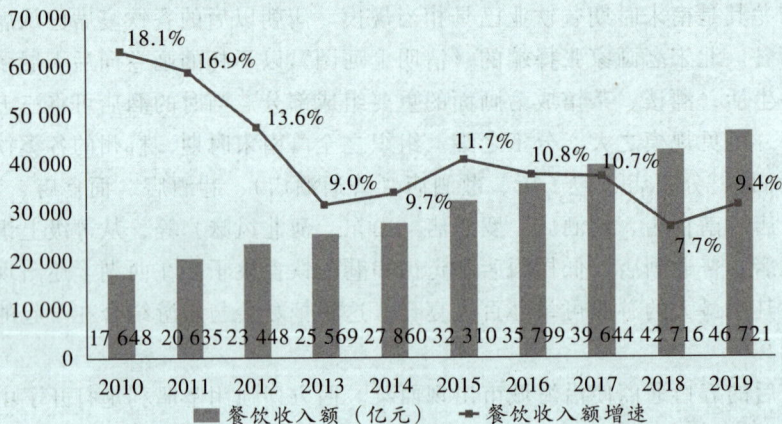

图 1-2　2010—2019 年餐饮收入数据

（资料来源：胡博娅. 2019 全国餐饮收入出炉！达 4.7 万亿元［EB/OL］.［2020-01-17］. https://www.iyiou.com/news/20200117122285）

**（二）餐饮业的基本特征**

**1. 对国民收入和旅游业的依赖性**

餐饮业是为社会公众提供以外出就餐服务为主的生产经营性服务行业。主要为国内客人和当地居民服务的对内餐饮企业，其发展规模和速度在很大程度上是建立在国民收入水平基础上的。餐饮业是旅游行业中食、住、行、游、购、娱六大要素的重要组成部分，其发展规模和速度在一定程度上是建立在旅游业发展基础上的。因此，餐饮业的发展必须根据国民收入和旅游业的发展规模、水平和速度做好规划，搞好网点布局。餐饮业的发展必须坚持多类型、多层次、多方位、多结构，以适应旅游业和社会各界人士的需要。其中，涉外餐饮业必须纳入旅游业管理之中，既保持和旅游业的同步发展，又提供高质量、高水平的服务。

**2. 市场客源的广泛性**

餐饮业的市场范围十分广泛。凡是外出就餐的人员，不管他们的地位、身份、职业、宗教信仰、性别、年龄等如何，都可以成为餐饮企业的接待对象。但是，由于客人的国籍、民族、宗教信仰、生活习惯、饮食爱好、收入水平、支付能力等各方面的差别很大，因此，餐饮业的顾客需求又是多元化、多层次的。这就要求餐饮管理必须加强同各种类型的客源市场的联系，广泛组织客源，形成目标市场和竞争优势，以扩大产品销售，提高经济效益。

**3.产品风味的民族性和地方性**

餐饮业是在长期的历史发展过程中，随着人类对美食的不断追求而逐步发展的。饮食文化包括餐厅装饰文化、服饰文化、烹饪文化、服务礼仪等。产品风味就是烹饪文化的集中体现。不同国家、不同地区、不同民族的地理气候、生活环境、宗教信仰、生活习惯不同，各地的物产和食品原材料也不同，从而在长期的历史发展过程中形成了不同的饮食文化和产品风味。现代餐饮管理的关键就在于突出风味特点，办出经营特色，坚持以产品和服务质量取胜。

**4.营销活动的波动性和间歇性**

餐饮企业的营销活动受季节、气候、企业地理位置、交通条件等多种因素的影响，尤其受旅游业的发展程度及季节波动性的影响。因此，餐饮管理必须根据企业所处客观环境，研究营销活动变化规律及其变动情况，采用灵活多样的经营方式，充分运用市场调节手段，广泛组织客源，尽量克服不利因素的影响，同时，根据业务活动间歇变化规律，做好人力资源的调配和组织，提高劳动效率和服务质量，减少劳动消耗。

**≫ 头脑风暴1-1**　　疫情之下的餐饮业，谁能活下来？

据广东省餐饮服务行业协会发布的数据，约29.94%的餐饮企业在2020年春节期间由于暂停营业等因素收入为0，超50%的企业在春节期间营业收入下降80%，收入下降小于50%的企业仅不到5%。疫情期间，93%的餐饮企业选择关闭门店。其中，有73%的企业关闭了旗下所有门店；8%的企业关闭了旗下八成以上的门店；也有7%的企业关闭了不到一半的门店；仅有7%的餐饮企业由于是团膳或者是单店，所有门店继续进行维持性经营。

2020年1月21日至3月31日期间，沪、深、港三市，包括百胜中国在内的43家餐饮上市公司中，有36家的股价不同程度下跌。其中，海底捞下跌9.99%，百胜中国下跌40.7%，呷哺呷哺下跌13.62%，全聚德下跌10.63%。

（资料来源：张梦琳. 资本频繁入局 餐饮新零售等风来［EB/OL］.［2020-11-16］. https：//new.qq.com/rain/a/20201116a0851z00）

讨论：面对疫情，餐饮业该如何发展？

**（三）餐饮业的发展新趋势**

**1.多元化**

随着互联网+餐饮的兴起，餐饮行业的业态呈现多元化趋势。有些餐饮企业充分利用"互联网+营销"的方式，借助微博、抖音等互动平台，凭借其产品或服务的独特个性迅速蹿红，成为当下俗称的"网红餐厅"。此外，一些餐饮巨头借助互联网开始走零售路线，例如星巴克开启外卖模式，海底捞、大龙燚推出"随身锅"，如图1-3所示。

图 1-3 "随身锅"

（图片来源：https://www.sohu.com/a/140968316_449256）

**2.智能化**

当下，科技创新、智能优化等词汇逐渐走进人们的视野。VR主题餐厅、无人智慧餐厅、会员电子化就是科技智能化的产物。消费需求的不断升级推动传统餐饮业向智能化、数字化转型，例如，客人在阿里无人餐厅点餐，如图1-4所示。

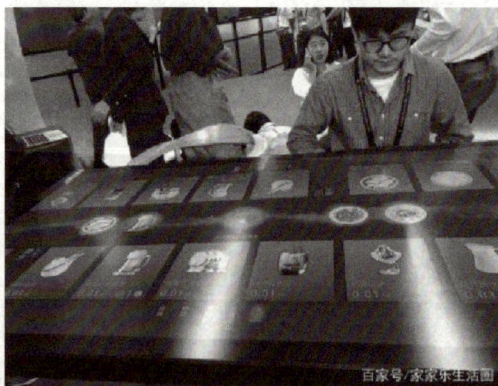

图 1-4 顾客在阿里无人餐厅点餐

（图片来源：https://baijiahao.baidu.com/s?id=16064869479134423741&wfr=spider&for=pc）

**3.个性化**

消费者行为正发生着改变，单单制造出美妙的产品已不能够完全满足人们的需求。

对个人品质体验的不断提升，是未来的发展趋势。人们不再与他人进行攀比，而是希望与众不同。个性化不仅指餐饮美食的个性化，还包含服务、环境的个性化，主要表现为酒会设计、主题宴会设计等，如图1-5所示。

图1-5 主题宴会设计

（图片来源：https://www.sohu.com/a/630867906_121338678）

4. 绿色化

党的二十大报告中明确提出"推动经济社会发展绿色化、低碳化是实现高质量发展的关键环节"。毫无疑问"绿色发展"是我国酒店行业高质量发展的重要方向，"绿色消费理念"也势必成为"绿色饭店时代"不二的消费趋势。所谓"绿色餐饮"，其内涵是客人合理、适量地点菜，这不仅是给自己的荷包"减负"，还可降低酒店的垃圾处理费用，同时减轻环卫部门的压力，可谓一举三得。最关键的是，希望通过酒店提倡"绿色餐饮"，将"节约、环保、放心、健康"的理念深入消费者心中，带动陈旧消费观念的转变。

▶▶ **知识拓展1-1** 用"互联网+"助力食品安全

用好互联网"天眼"，实现监管部门、经营主体、消费者之间信息互通、监管互动、资源互享，让食品安全更有保障。随着疫情得到有效控制，各地餐饮企业陆续复工。人们聚亲会友、遍尝美食，要把此前的"念想"找补回来。这不仅提升了个人、家庭幸福感，也是当前扩大居民消费、畅通产业循环、市场循环的关键一环。

不过，日前一则关于食品安全的新闻，给不少人外出就餐的热情泼了冷水——知名火锅"小龙坎"旗下的榆林加盟门店，被查出在两年间用2.2吨地沟油制作火锅锅底，销售给顾客食用。人们忧心：在那些我们看不见的食品加工生产线上，还有多少不合格、不安全的食品被生产出来，送到餐桌上，危害公众健康。

食品安全，事关百姓健康和经济发展，必须严防死守，这是监管部门绕不过去的必答题。一方面，食品行业主体多、布局分散、业态丰富，依靠传统的方式已无法适应新的监管形势；另一方面，公众参与监督的愿望越来越强烈，这种情况下，应尝试引入信息化手段跟踪评价、收集数据，用好互联网这个"天眼"。

在这方面，国内一些城市已经先行先试，取得了一定成效。比如，深圳市近年来开展阳光智慧餐饮监管与信息公示系统建设，为1万多家企业安装6万多个视频监控，接入市场监管智能指挥中心，对食品加工制作过程进行实时监控，通过AI识别和大数据分析，针对餐具未清洁等常见违规场景，进行"自动抓拍、自动审核并推送整改要求，企业将整改情况线上报送"的一体化操作，监管者、餐饮企业还可以用"移动监管APP"进行交流，立整立改，监管效能大幅提升。与此同时，消费者在就餐时通过扫描二维码，可以查看店家资质、明厨亮灶、日常监管、抽检检测等监管信息，并进行评价。

可见，在食品安全领域引入"互联网+监管"好处多多。对社会公众来说，实现了食品安全信息可查看、监督评价可参与。对监管部门来说，有助于提高监管精准度和有效性。对企业而言，一方面，监管人员对守法者"无事不扰"，减少了对经营主体正常生产经营活动的干预；另一方面，对违法者全方位、无死角监管，"利剑高悬"、违法必究，可督促经营主体及时整改和自我提升。这张大网，实现了监管部门、经营主体、消费者之间信息互通、监管互动、资源互享；加固了食品安全网，也优化了营商环境，促进经济内循环，提升社会治理水平，实现了多方共赢。

将食品安全"互联网+监管"的做法全面推开，需要一笔不菲的建设资金投入，也需要消费者习惯下载APP或扫码参与等。不过，咱们可以算另外三笔账：对监管部门来说，由此可以省下开展管理的人力成本支出；对企业来说，能够带动餐饮及文体娱乐营业收入；对消费者来说，能够避免饮食不洁导致求医问药、打官司维权等麻烦。算经济账，大家都不亏。此外，大众点评、美团、饿了么等第三方机构，都是餐饮业健康发展的受益方，也该发挥现有平台、数据等优势，出一份力、担一份责。

想想那色香味俱全的南北美食，那顾客盈门、财源广进的繁茂景象，加快"互联网+监管"建设，加固食品安全网，势在必行，大有可为。

（资料来源：涵铭. 用"互联网+"助力食品安全［EB/OL］.［2020-08-07］. http://it.people.com.cn/n1/2020/0807/c1009-31814070.html）

想一想：未来餐饮行业的发展点是什么？

## 三、餐饮企业

餐饮企业作为餐饮业的基本构成要素与表现形式，其业态类型主要分为商业综合型餐饮服务企业和商业单一型餐饮服务企业。

### （一）商业综合型餐饮服务企业

商业综合型餐饮服务企业，即指为满足餐饮市场需求和获取商业利润而销售餐饮产品的工商企业。其综合型主要表现为集住宿、餐饮、康乐、购物、休闲、演艺等经营项目和业务活动于一体，其中，餐饮经营是企业的主要功能之一。此类餐饮服务企业的类型及特点如下：

1.综合型宾馆（饭店、酒店）中的餐饮

宾馆、饭店、酒店作为旅游产业的重要组成部分，是以有形的空间、设施、设备、产品和无形的服务为依托，为消费者提供食、住、行、游、购、娱等多种产品和服务的综合性服务企业，其中餐饮服务是其主要经营业务活动，例如上海证大美爵酒店零点餐厅，如图1-6所示。其基本特点为：有的为消费者提供无限餐饮服务，有的为消费者提供有限餐饮服务。餐饮设施根据企业规模和规格，而设置相应的中餐厅、西餐厅、宴会厅、咖啡厅、多功能厅等，并提供相应的客房送餐与康乐用餐服务。餐饮的经营管理目标、计划和任务必须依赖于宾馆、饭店、酒店的总体目标、计划和任务，属依附性经营方式，目标客源主要有住店消费者和店外各类消费者。宾馆餐饮社会化已成为餐饮行业主要发展趋势之一。

图1-6 上海证大美爵酒店零点餐厅

2.餐饮与娱乐、休闲等结合经营的企业

这是指以餐饮经营为主或为特色，附带经营洗浴、棋牌、茶饮、演艺等业务的餐饮企业，是一种组合式连动经营方式。其基本经营特点为：餐饮或与洗浴结合，或与茶饮结合，或与棋牌结合，或与演艺结合等，能更方便地满足餐饮消费者多元化的消费需求，有利于目标客源的细分，能更好地扩大营业收入，一定程度上形成商业的良性循环。

3.购物中心式的新型餐饮

这是指当今世界最高级商业组织模式——Shopping Mall（大型购物中心），密切与品牌餐饮结合而形成的新型购物式餐饮业态。

大型购物中心餐饮主要包括品牌性的中西特色风味小吃和美食，休闲式茶吧、水吧、咖啡吧式餐饮，中外品牌餐饮，西餐及高级茶餐厅等。其主要特点表现在与Shopping Mall相结合所产生的协力作用和利益上，即：①在大型购物中心的环境中提供不同的餐饮体验；②为所有经营者带来更大的餐饮经营商机；③提供选择范围较大的餐饮，以满足不同购物者的口味；④协力推广活动以协助所有经营者开展业务；⑤足够的停车设施以及用餐与购物环境；⑥由于大型购物中心的餐饮选择较全面，因而能充分展现吸引消费者的魅力，即"一站式"的购物、用餐与娱乐；⑦供水系统和机电设备通过良好的规划、实施与维护能有效地支援餐饮业务；⑧为通勤者提供更多的便利与选择，尤其是临街和毗邻地铁的便利食品店。

（二）商业单一型餐饮服务企业

商业单一型餐饮服务企业，即指以经营餐饮为手段，以获取商业利润为目的的餐饮企业，一般为独立经营，规模可大可小，以提供某种风味食品为主，并可以连锁方式发展。地理位置、经营定位、技术力量和服务水平也是影响该类企业经营的重要因素。

1.主题式餐饮企业

这是指餐饮企业将特定的文化和艺术融入餐饮的建筑、环境、布局、菜单和服务等设计中，使消费者在餐饮消费的过程中感受特定文化或艺术带来的精神享受；同时，也使文化艺术所体现的"主题"和"概念"深入人心，从而得到消费者的认可。主题式餐饮企业的最大特点是赋予了企业某种主题，并围绕这种主题构建具有全方位差异性的企业氛围和经营体系，从而营造出一种无法模仿和复制的独特魅力和个性特征，实现提升企业产品质量和品牌形象的目的。独特性、文化性、新颖性是主题式餐饮企业生存与发展的基础，主题式餐饮企业一定是特色餐饮企业，如越南风情主题餐厅、列车车厢主题餐馆、中世纪主题餐厅、第二次世界大战主题餐馆以及具有渔村风情的"避风塘"海鲜酒楼等，都是典型的主题式餐饮企业，其基本特点是：①主题餐饮为消费者提供一种餐饮整体感受，而非单纯的菜点、酒水服务；②综合氛围区别于其他餐饮企业；③经营规模一般较小；④服务方式为餐桌式服务；⑤目标客源为追求某种特殊情调或特殊文化艺术享受的人，一般为较高质量的消费对象；⑥经营具有明显的高利润性，投资回收较快；⑦主题餐饮的菜肴、点心、酒水、服务及员工服装、饰物和装饰装修等，与文化或艺术主题保持高度一致。

2.风味式餐饮企业

这是指经营具有典型地域特色或民族特色的菜点、酒水，并以其特定口味、风味与服务来吸引目标客源的特色餐饮企业。其最大的特点是引入了独特的自然、文化资源以及现代科技成果。其基本特点为：①专门经营某一单一风味的系列菜点，菜点的种类较少，但风味特色突出，如海鲜餐馆、薄饼店、素食餐馆、三明治店等；②专门经营具有地方风味的某一菜系的菜点，如川菜餐厅、粤菜餐馆，湖南菜餐馆、满洲小吃坊等；③专门经营某一国家或民族的风味菜点，如中餐馆、墨西哥餐馆、法国餐馆、韩国料理、清真菜馆、仿膳饭庄等。风味餐馆在菜单、菜点质量、价格、服务和氛围上差异性较大，服务方式既有餐桌式服务，也有柜台式服务或外卖服务，目标客源为多层次消费者。

3.连锁餐饮企业

连锁餐饮是餐饮的一种商业组织形式和经营模式，连锁餐饮企业是多家餐厅通过特定方式而联系起来的企业。连锁餐饮企业近年来发展迅速，它以能够分散风险，发展集约化经营为核心。其基本经营形式有直营经营、特许经营和自由连锁经营。其基本特点为：①有的连锁企业是同一个所有者拥有两家或几家餐馆，虽然风格各异，但因所有者相同，因而冠以连锁经营的名称；②有的共同使用同一名称，有相同的门店风格、相同的菜单、相同的产品并且集中或联合采购，统一配送，经营管理程序基本一致，有区域性或全国性连锁总部；③在服务方面有的是餐桌式服务，有的是柜台式服务，有的有外卖，有的没有外卖；④经营产品相同的连锁店一般氛围也是相同的，如闻名世界的麦当劳、肯德基等连锁企业。我国近几年来发展了一批有影响力的中式正餐和快餐连锁餐饮企业，如海底捞火锅、西贝莜面村等。

## 【任务实施】

**实施描述**：请根据本任务所学内容，结合当下行业发展特点，说明未来餐饮业的发展趋势。

**实施准备**：电脑、笔记本、笔。

**实施步骤**：

1.学生进行分组，以5~6人为一个小组。

2.查询餐饮行业发展相关资料，结合国家政策、消费习惯、商业模式、科学技术、道德标准等方面讨论餐饮业的发展趋势。

## 【任务评价】

"餐饮业的发展趋势"考核评分标准见表1-1。

表1-1　　　　　　　　　　　"餐饮业的发展趋势"考核评分标准

| 序号 | 考核内容 | 考核要点 | 分值 | 自评分 | 互评分 | 教师评分 |
|---|---|---|---|---|---|---|
| 1 | 国家政策 | 能够熟悉国家对餐饮业的扶持政策，探讨餐饮业的发展 | 20 | | | |
| 2 | 消费习惯 | 能够根据近年来人们饮食习惯的改变，分析餐饮业的未来发展 | 20 | | | |
| 3 | 商业模式 | 能够找出国内餐饮企业的成功商业模式，说明餐饮业的未来发展 | 20 | | | |
| 4 | 科学技术 | 能够结合当下人工智能、大数据等科技分析餐饮业的发展 | 20 | | | |
| 5 | 道德标准 | 能够从生产、经营、服务等多维度，阐述餐饮业道德标准的体现 | 20 | | | |
| | 总分 | | 100 | | | |
| 小组自评 | | | | | | |
| 小组互评 | | | | | | |
| 教师评价 | | | | | | |
| 小组成员个人得分 | 姓名 | | | | | |
| | 得分 | | | | | |
| 说明 | 小组任务得分=小组自评分×20%+小组互评分×30%+教师评分×50%。小组成员个人得分由小组长和教师根据个人任务完成的情况分配分数 | | | | | |

# 任务二 酒店餐饮部的作用和组织结构

## 【任务目标】

知识目标：

1.理解餐饮部在酒店的地位和作用

2.了解餐饮部机构设置原则

3.熟悉不同类型酒店餐饮部组织结构

4.了解餐饮部的主要职责

能力目标：

1.能够对餐饮部的组织结构和工作职责形成系统性认知

2.能够简单规划个人在餐饮部的职业发展

素质目标：

1.具有吃苦耐劳、敬业爱岗、忠于职守的工作态度

2.具有积极主动、热情、耐心的服务意识及强烈的社会责任感

## 【任务导入】

微课堂1-2

酒店餐饮部作用和组织结构

餐厅经理让小白去当地的大、中、小型酒店的餐饮部进行调研，了解不同规模餐饮企业餐饮部的组织结构。

**任务要求**：请帮着小白一起来画一画不同类型酒店餐饮部的组织结构图。

## 【知识储备】

### 一、餐饮部在酒店中的地位和作用

餐饮部是酒店满足客人基本生活需求的主要服务部门，其收入是酒店营业收入的主要来源之一。酒店餐饮收入在整个酒店收入中占有多大比例，受酒店的地理位置、经营思路、产品定位、规格档次等诸多主客观因素影响。就目前国内不完全统计，餐饮部的营业收入约占酒店整体营业收入的1/3，有的地区要更高。由此可见，餐饮部是酒店创造收入的重要部门。

餐饮部管理与服务水平直接影响酒店声誉。酒店餐厅的服务人员与宾客直接接触，其一举一动、一言一行，均会在宾客心中留下深刻的印象。宾客会根据餐饮部为其提供的食品、饮料的种类、质量和分量，服务态度及方式来判断一家酒店服务质量的优劣和管理水平的高低。所以，餐饮部管理与服务水平的好坏直接关系到酒店的声誉和形象。

餐饮部是酒店在市场营销中的重要组成部分，现代酒店在客房标准相对比较接近的情况下，餐饮和其他服务设施常常被客人作为选择酒店的重要因素，餐饮甚至可以成为

旅游资源而吸引客人。餐饮能发挥较强的吸引消费者的作用。

餐饮部是平衡酒店经营中季节性差异的重要手段之一。在旅游者相对比较集中的旅游旺季，酒店往往超负荷运转，而在旅游淡季，酒店则相对比较清闲，设施、设备、人员闲置较多。餐饮部可以加强在淡季的经营，如搞各类活动，扩大营业收入，以弥补由于客房利用率低而造成的损失。

酒店业属于劳动密集型行业，而餐饮部通常又是酒店中员工数量最多的部门。餐饮部的工作岗位多，且目前这些岗位对员工的文化要求不是特别高，因而很受社会上普通劳动力的欢迎。

## 二、餐饮部组织结构设置的原则

组织结构是为完成经营管理任务而结成集体力量，在人群分工和职能化的基础上，运用不同职位的权力和职责来协调人们的行为，发挥集体优势的一种组织形式。餐饮部的组织结构根据各餐饮企业的具体情况而不尽相同，但还是有规律可循的。无论机构如何设置，均须体现组织设计的基本原则和要求。

### （一）精简与效率相统一的原则

餐饮部的组织结构中，不应有任何不必要或可有可无的职位，不应因人设事，避免机构臃肿、人浮于事。组织结构要简单，指挥幅度要适当。指挥幅度是指一位管理人员直接地、有效地指挥控制的下层员工数。指挥幅度一般以指挥5~12人为宜。

### （二）专业化与自动调节相结合的原则

任何酒店餐饮部的组织结构都必须根据各自的实际情况和需要来决定，使得组织中每一个职位的设立都有充分的理由。

### （三）统一指挥与授权明确原则

一个良好的酒店组织将命令发布权只授予一个人，餐厅中的每位员工只接受一位上级领导的指挥。统一指挥原则要求，酒店的任何指令都应该是发令者向自己直属的下级逐级发布，不能越级，使酒店从最高管理层次到最低管理层次的指令保持一致，各种命令就不会产生矛盾和冲突。另外，酒店管理者在给下属授权的时候，必须明确规定下级的职责范围和权限，并将职责和权限具体列在岗位描述中，让每位员工清楚自己的职责和权利范围，明确要向领导汇报的工作有哪些。在授权的同时也要进行适度的分权，不能什么都管，也不能什么都不管。

### （四）权责相等原则

权责相等即职权和职责必须对等。在进行组织结构设置时，既要明确规定每一管理层次和各个部门的职责范围，又要赋予完成其职责所必需的管理权限。职责与职权必须协调一致，要履行一定的职责，就该有相应的职权。只有职责，没有职权则其职责承担者的积极性、主动性必然会受到束缚，也不能承担起应有的责任；相反，只有职权而无任何责任，或责任程度小于职权将会导致滥用权力和"瞎指挥"，产生官僚主义等。因此，在酒店餐饮部实际的组织结构设计中应尽量避免这两种倾向。科学的组织结构设计应使职务、职责、职权形成规范，订出章程。无论什么人，只要担任该项工作就得有所遵从。

## 三、餐饮部的组织结构

熟悉并掌握餐饮部的组织结构有助于所有餐饮人员明确自己在企业中的位置，以便更好地沟通与协调。餐饮部的组织结构因餐饮企业规模、等级、服务内容、服务方式、管理模式等方面的不同而不同。

### （一）小型酒店餐饮部组织结构

小型酒店餐饮部的组织结构应比较简单，分工不宜过细，其管事部领班的职能类似于大中型酒店管事部经理的职能，如图1-7所示。

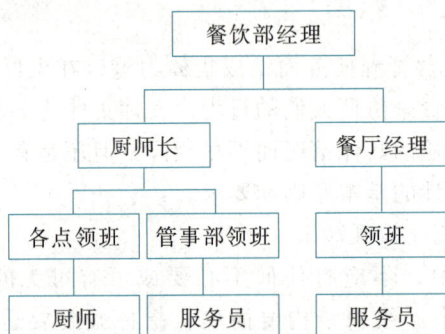

图1-7　小型酒店餐饮部组织结构图

### （二）中型酒店餐饮部组织结构

相对于小型酒店餐饮部，中型酒店餐饮部的组织结构分工更加细致，功能也较全面，如图1-8所示。

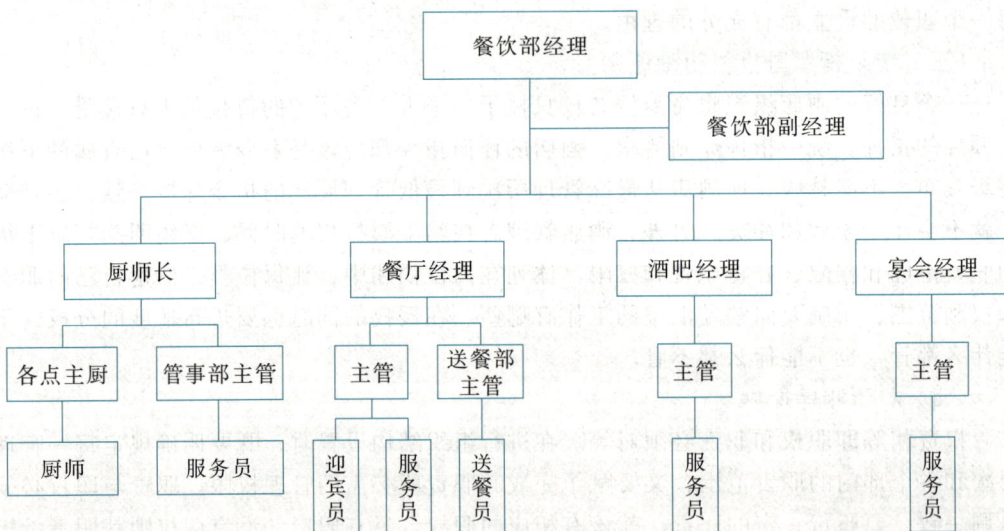

图1-8　中型酒店餐饮部组织结构图

### （三）大型酒店餐饮部组织结构

大型酒店餐饮部组织结构复杂，层次众多，分工细致，如图1-9所示。

```
                        ┌──────────────┐
                        │   餐饮部总监   │
                        └──────┬───────┘
                               │      ┌──────────────┐
                               ├──────┤  餐饮部副总监  │
                               │      └──────────────┘
                               │      ┌──────────────┐
                               ├──────┤     文员      │
                               │      └──────────────┘
      ┌────────┬──────────┬────┴─────┬──────────┬──────────┐
 ┌────────┐ ┌────────┐ ┌────────┐ ┌────────┐ ┌────────┐
 │ 行政总厨 │ │ 中餐经理 │ │ 西餐经理 │ │ 酒吧经理 │ │ 宴会经理 │
 └────┬───┘ └────┬───┘ └────┬───┘ └────┬───┘ └────┬───┘
```

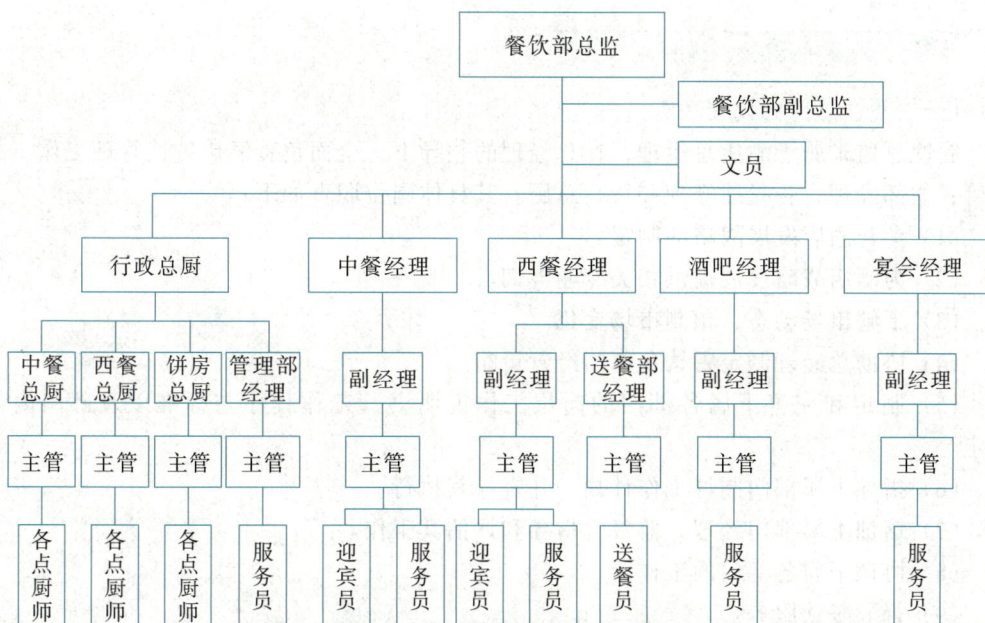

图 1-9　大型酒店餐饮部组织结构图

　　无论是大型、中型还是小型酒店餐饮部，其组织结构设计均应包括纵向结构设计和横向结构设计。纵向结构设计受下属部门管理幅度制约。管理幅度和管理层次相互联系，两者呈反比例关系，即管理幅度越大，管理层次越少；管理幅度越小，管理层次越多。横向设计又称为部门之间的协作关系设计。餐饮经营组织的纵向设计和横向设计综合形成了完整的餐饮部组织结构。

## 四、餐饮部主要部门的职责

### （一）各营业网点

　　营业网点包含各类餐厅、宴会厅、酒吧、送餐部等，负责满足宾客的餐饮需求，及时与宾客沟通，征求宾客意见，确保为宾客提供优质服务。保证产品质量，控制经营成本，完成每月营业指标。

### （二）厨务部

　　主要负责菜式、点心的制作，并根据市场需求、大众口味的变化而开拓新菜式、特色菜式来吸引宾客，做好本部的日常卫生清理。从过程来看，从原料的初加工到菜肴的成品菜出品，都由厨务部完成。从产品质量方面来看，厨务部依据不同的消费档次，制定并执行不同的质量标准。除此之外，厨务部还应加强对生产流程的管理，控制原料成本，减少费用的支出。

### （三）管事部的主要职责

　　进行餐具清洁工作和机器设备的保养工作，确保服务区域的所有用品充足，保持厨房区域的清洁卫生，并完成上级交代的其他工作。

## 五、餐饮工作人员的岗位职责

### (一) 餐饮总监的岗位职责

餐饮总监隶属于酒店总经理，在总经理的领导下，全面负责酒店餐饮管理工作。并主管餐饮部经理、各餐厅经理和行政总厨。其具体岗位职责如下：

（1）参与酒店发展战略的制定。

（2）为酒店战略发展提供相关专业咨询。

（3）了解市场动态，预测市场变化。

（4）协助总经理制定餐饮各部门经营策略。

（5）制定和完善下属各部门的岗位工作说明书、工作程序与标准以及部门内部规定。

（6）指导下属部门制订工作计划，并督导其执行。

（7）培训下属部门经理，监督、指导和评估其工作。

（8）协调下属各部门的工作。

（9）督导餐饮服务。

（10）进行出品质量管理和成本控制，提高餐饮部经济效益。

（11）处理突发事件，维护宾客及酒店利益。

（12）自我管理。

### (二) 各餐厅经理岗位职责

各餐厅经理岗位职责如下：

（1）全面管理餐厅，确保为宾客提供优质服务，完成每月营业指标。

（2）每日参加餐饮部例会，并于开餐前召开餐厅班前会，布置任务。

（3）安排各领班班次，督导领班日常工作，检查每位员工的仪容仪表。

（4）与厨师长合作，共同完成每月或每日的特选菜单。

（5）控制全餐厅的经营情况，确保服务质量。

（6）按餐饮特点适时提出食品节建议，制订食品节计划及餐厅装饰计划，并组织实施。

（7）对重要宾客及宴会宾客予以特殊关注。

（8）处理宾客投诉，与宾客沟通，征求宾客的建议。

（9）负责餐厅人事安排及绩效评估，按奖惩制度实施。

（10）督导实施培训，不断提高餐厅服务员的专业技术知识和服务技巧，改善服务态度。

（11）负责餐厅硬件设施的维护和更新。

（12）做好与其他部门的沟通。

（13）适时填写餐厅经理日报表，将餐厅经营情况及发生的特殊事件，包括客人投诉汇报给餐饮总监或总监助理。

### (三) 各餐厅主管岗位职责

各餐厅主管岗位职责如下：

（1）协助经理不断改进、完善工作标准和服务程序，并督导实施。

（2）负责餐厅工作人员调配、班次安排和员工的考勤、考核。

（3）按照餐厅服务规程和质量要求，负责餐厅的管理工作，并与厨房保持密切联系，协调工作。

（4）掌握市场信息，了解客情和客人需求变化，做好业务资料的收集和积累工作，并及时反馈给餐厅经理和厨房。

（5）了解厨房货源情况及供餐菜单，组织餐厅服务员积极做好各种菜点及酒水的推销。

（6）保持餐厅设备、设施的整洁、完好、有效，及时报修并提出更新添置意见。

（7）负责处理客人对餐厅服务工作的意见、建议和投诉，认真改进工作。

（8）做好餐前准备、餐间服务和餐后结束工作并负责员工的岗位业务培训。

### （四）各餐厅领班岗位职责

各餐厅领班岗位职责如下：

（1）监督餐厅服务员对餐厅设备设施的保养以及餐具的正确摆放。

（2）建立并指导员工收取现金的安全操作程序。

（3）监督对客服务的各项标准。

（4）监督部门的服务质量。

（5）对餐厅服务进行督导，确保统一的服务标准。

（6）根据部门标准掌握和处理客人的抱怨并确保客人满意。

### （五）餐厅服务员岗位职责

餐厅服务员岗位职责如下：

（1）开餐前做好全面的卫生工作，认真做好自己所负责区域的卫生工作，确保为宾客提供优雅干净的就餐环境。

（2）服从领班安排，按照工作程序与标准做好各项开餐准备工作；按标准更换台布、摆台；清洁餐厅桌椅和转盘；准备开餐用品如托盘、冰桶、冰桶架、保温瓶、烟灰缸、食品及饮品订单、酱醋壶及酒水车和开餐所需的一切餐具。

（3）开餐后，按服务程序及标准为宾客提供优质服务：点菜、上菜、酒水服务、结账；准确了解每日供应菜式，与传菜员密切配合。

（4）尽量帮助宾客解决就餐过程中的各类问题，必要时将宾客的问题和投诉反映给领班，寻求解决办法。

（5）当班结束后，与下一班做好交接和收尾工作。

（6）迅速补充餐具和台面用品，保证开餐后的整洁和卫生。

### （六）餐厅迎宾员岗位职责

餐厅迎宾员岗位职责如下：

（1）主动问候宾客，向客人介绍餐厅情况。

（2）为客人引座、选台。

（3）安排客人就座，呈送菜单。

（4）为客人保存衣物。

（5）接听电话。

（6）接受和安排预订，进行登记，及时通知全体服务人员。

（7）准备餐厅的装饰花卉。

▶▶ 知识拓展1-2　　　行政总厨——餐饮部的核心人物

北京奥运会的成功举办让世界了解到中国的美食，也使餐饮旅游业蓬勃发展，给厨师等相关行业带来了前所未有的就业良机。行政总厨主要负责对厨房人员进行日常管理，对厨房所有食物进行高标准控制等工作，要求具有大餐饮行业厨师长工作经验，还应有厨房管理的能力和技巧。

行政总厨作为大厨的主管不仅要有精湛的厨艺，还要有很强的管理能力，对餐饮总监直接负责，可以向餐饮总监发展，也可以自己开办酒店，成就自己的事业。

## 【任务实施】

**实施描述**：请阅读案例并分析领位服务应具体做什么。

马格丽特是亚特兰大某饭店咖啡厅的领位员。咖啡厅最近比较忙。某天午饭期间，马格丽特刚带几位客人入座回来，就看见一位先生走了进来。

"中午好，先生。请问您贵姓？"马格丽特微笑着问道。

"你好，小姐。你不必知道我的名字，我就住在你们酒店。"这位先生漫不经心地回答。

"欢迎您光顾这里。不知您愿意坐在吸烟区还是非吸烟区？"马格丽特礼貌地问道。

"我不吸烟。不知你们这里的头盘和大盆菜有些什么？"先生问道。

"我们的头盘有沙拉、肉碟、熏鱼等，大盆菜有猪排、牛扒、鸡、鸭、海鲜等。您要感兴趣可以坐下看看菜单。您现在是否准备入座了？如果准备好了，请跟我去找一个餐位。"马格丽特说道。

这位先生看着马格丽特的情影和整洁、漂亮的衣饰，欣然同意，跟随她走向餐桌。

"不，不，我不想坐在这里。我想坐在靠窗的座位，这样可以欣赏街景。"先生指着窗边的座位对马格丽特说。

"请您先在这里坐一下。等窗边有空位了我再请您过去，好吗？"马格丽特在征求他的意见。在征得这位先生的同意后，马格丽特又问他要不要些开胃品。这位先生点头表示赞同。马格丽特对一位服务员交代了几句，便离开了这里。

当马格丽特再次出现在先生面前告诉他窗边有空位时，先生正与同桌的一位年轻女士聊得热火朝天，并示意不换座位了，要赶紧点菜。马格丽特微笑着走开了。

（资料来源：程新造. 星级饭店餐饮服务案例选析［M］. 北京：旅游教育出版社，2000）

**实施准备**：笔记本、笔。

**实施步骤**：

1.学生进行分组，以5~6人为一个小组单位。

2.小组代表汇报领位员工作职责，选出最佳小组。

## 【任务评价】

"领位员工作职责"考核评分标准见表1-2。

表1-2 "领位员工作职责"考核评分标准

| 序号 | 考核内容 | 考核要点 | 分值 | 自评分 | 互评分 | 教师评分 |
|---|---|---|---|---|---|---|
| 1 | 领位员工作内容 | 能够找出案例中领位员所有的工作内容 | 20 | | | |
| 2 | 领位员工作职责 | 能够提炼出领位员的工作职责 | 40 | | | |
| 3 | 领位员应具备的素质 | 能够总结出一名优秀的领位员应具备的职业素质 | 40 | | | |
| | 总分 | | 100 | | | |
| 小组自评 | | | | | | |
| 小组互评 | | | | | | |
| 教师评价 | | | | | | |
| 小组成员个人得分 | 姓名 | | | | | |
| | 得分 | | | | | |
| 说明 | 小组任务得分=小组自评分×20%+小组互评分×30%+教师评分×50%。小组成员个人得分由小组长和教师根据个人任务完成的情况分配分数 | | | | | |

# 任务三 餐饮产品认知

## 【任务目标】

知识目标：

1.了解餐饮产品的组成

2.理解餐饮产品生产、销售和服务特点

能力目标：

1.能够根据餐饮产品的特点，深化产品认知

2.能够发现餐饮产品服务的市场特点

素质目标：

1.具有吃苦耐劳、敬业爱岗、忠于职守的工作态度

2.具有积极主动、热情、耐心的服务意识及强烈的社会责任感

## 【任务导入】

小白今天被安排和经理去当地的几家餐饮企业调研，了解当地餐厅设施设备、实物产品、就餐环境以及服务情况。

任务要求：请小组到当地餐饮企业进行行业调研，帮助小白撰写调研材料，调研材料中应包含餐厅生产、服务、经营的特点。

微课堂1-3

餐饮产品认知

## 【知识储备】

### 一、餐饮产品

餐饮产品是指餐饮企业向社会提供的，能满足人们需要的实物产品和无形服务的总称，包括产品的色彩、形状、构成、质量、服务等，如图1-10所示。

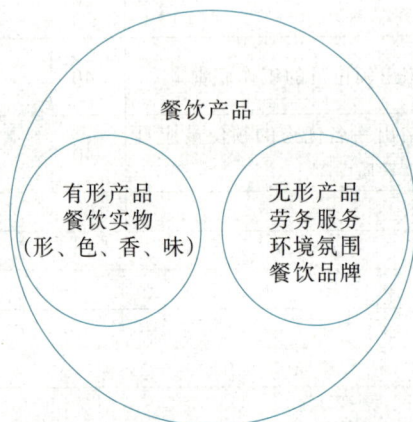

图 1-10　餐饮产品的组成

一般来说，可以进一步细分，具体见表1-3。

表1-3　餐饮产品的组成

| 有形产品 | | 无形产品 | | |
|---|---|---|---|---|
| 菜肴 | 饮品 | 劳务服务产品 | 进餐氛围产品 | 餐饮品牌 |
| 冷菜、热菜、汤菜、面食、点心、小吃 | 酒精性饮料、非酒精性饮料 | 餐厅服务：餐前、餐中、餐后服务；烹饪技能 | 装修环境、地理位置、音乐、灯光、温度、用餐器皿 | 名称、标志、商标 |

### 二、餐饮产品生产的特点

餐饮产品生产的特点如下：

1.餐饮生产属于个别定制生产，产品规格多，批量小

餐饮部的经营程序是宾客进入餐厅后，接受个人点菜，然后将原料制成个别的菜品。因此，它不能大批量、统一规格的生产，这给餐饮产品质量的稳定和统一带来了很大的困难。

2.餐饮生产时间短、见效快，属于一次性消费

宾客需要的菜品确定后，通过厨师的生产劳动、烹制加工，原则上食品必须在20~40分钟内送到餐桌上。与其他产业产品比，其生产时间较短，见效较快，且宾客消费通常是一次性的。它既不像客房的家具可以反复使用，又不比整瓶酒水的销售，宾客付账后一次性消费不完，可暂存留在日后饮用。中餐食品消费不仅是一次性的，而且限

时。热菜、冷菜随着时间的延长、空气的浸染，会发生腐化。因此，从食客对质量的感受来说，有很强的时限性。

3.生产量难以预测

宾客餐饮消费具有较大的随机性，宾客何时来、人数多少、消费什么餐饮产品，都是变量。由于餐饮需求变动因素较多，餐饮生产量很难确定，餐饮生产具有不确定性。这就要求严把餐饮产品质量关，服务好每一位宾客，让宾客的每一次消费都得到最大限度的满意，以此来提高宾客对餐饮品牌的忠诚度。

4.餐饮产品易变质

餐饮产品具有一次性消费的特点，相当一部分餐饮产品是用鲜活的餐饮原料烹制成的，具有很强的时间性和季节性，若处理不当极易腐败变质，从而失去食用价值。因此，必须加强管理，才能保证产品质量并控制餐饮成本。

5.餐饮产品生产过程环节多，管理难度较大

餐饮产品的生产从餐饮原料的采购、验收、储存、加工、烹制、服务、销售到结收账款，整个过程的业务环节较多，任一环节出现差错都会影响餐饮产品的质量及企业的经济效益。因此，餐饮产品生产过程的管理难度较大。

6.生产成本多变性

餐饮生产从原料的加工、切配到烹制、装盘销售，经历了多个环节，每个生产环节的管理和控制都会对生产成本造成影响。因此，在生产过程中必须建立一整套完整的操作规程和生产标准，降低成本，确保应有的经营利润。此外，餐饮产品原料季节性变化较大，市场价格波动也会造成生产成本的变化，从而影响到对餐饮生产成本的控制。

7.产品信息反馈快

随着酒店业市场竞争的加剧，服务以优质取胜，烹调技术以特、新争取客源的做法让餐饮业竞相使出奇招，加快产品的信息反馈，及时了解宾客需求。为及时、准确了解宾客意见，有些餐厅产品制作责任到人，厨师编号挂牌上岗。制作后的每一道菜，呈上餐点时都标上厨师的编号，宾客对产品的褒贬，通过服务员的传递即可反馈到产品制作人处；有时宾客和产品制作人直接见面，对产品质量互相交换意见，起到立竿见影的效果，这一做法也使宾客了解不同厨师烹饪技术的高低，选择适合自己口味的厨师制作产品，并在下次就餐时指定某一厨师为自己做菜，由此无形中提高了宾客的身份，也提高了厨师的责任感。

## 三、餐饮产品销售的特点

餐饮产品销售的特点如下：

1.销售量受场地大小的限制

餐厅的面积、餐位的数量限制宾客就餐的人数。餐厅小，销售量相对小；餐厅大，销售量相对大。在用餐高峰时，厨房和餐厅要协调一致，在提高餐位周转率上下功夫，做到：领位快，及时为宾客选择好食品，上菜快，服务技术熟练，结账快且准，为宾客提供周到的服务，更好、更有效地提高餐位周转率，从而提高销售量，提高利润。

2.销售量受进餐时间的控制

餐饮产品销售量既受宾客多少的限制，又受时间早晚的限制。早、中、晚就餐时间一到，餐厅里宾客来来往往，就餐时间一过则餐厅空空如也，没有销售出去的产品就无法再销售了。这就决定了餐饮产品销售的时间集中性。怎样在销售时间内提高销售量是餐厅服务员需要考虑的，热情主动、积极推销以及灵活多变的处事方式将有利于工作的顺利进行。

3.餐饮经营毛利率高，资金周转快

餐厅收入减去原料、成本，称为毛利。星级酒店一般有45%~65%的毛利，而由于餐饮收入可变性大（销售额波动幅度大），经营管理得好，则可增加销售量，增加收入。餐饮产品通过节能降耗、提高原料使用率，降低成本，也可增加毛利。如果管理得不好、浪费多，会造成收入减少、毛利少，甚至亏损。因此，酒店常在餐饮部门大动脑筋，降低成本，增加收入，提高经济效益。

4.餐饮部门成本高，投资比重大

在餐厅用餐的宾客，除了要求可口的餐食及亲切的服务外，也希望在设备豪华的餐厅中感受到舒适的享受。因此，餐厅的布置、桌椅、娱乐设备等方面要投入相当可观的资金。

5.对餐饮环境要求高

随着消费水平的提高，舒适优雅的就餐环境越来越被宾客所重视，宾客享受美味佳肴的同时，也在享受环境。高雅的就餐环境，给宾客以美的享受并反映在其心理体验上，有时候对环境的印象甚至超过菜肴。因此，现代餐厅装修很注重环境投资，不惜花重金进行装修和美化，以吸引更多的宾客。

## 四、餐饮服务的特点

餐饮服务的特点如下：

1.餐厅销售的主要是服务而不是实物

任何产品的销售或购买都伴随着服务的销售或购买，而任何服务的销售或购买也必定伴随着产品的销售或购买。据此，服务性企业以其销售活动而言可分为两种类型：一是借助服务，以销售商品为主的企业。这类企业提供的零售服务被称为"助销服务"，起着帮助销售产品的作用。二是凭借实物产品，以销售服务为目的的企业。这类企业包括酒店、餐馆、理发厅、各种修理店等。在这类企业中，实物产品被视为"助销产品"，起着促进销售某种服务、技术、技艺的作用。

酒店业务活动凭借一定的实物产品，以为宾客提供旅居服务为主要内容。酒店出租客房，其主要目的是销售客房服务；提供食品饮料，是为了销售烹调技艺和餐厅服务。其中，劳动服务通过实物产品得到充分发挥并能实现其价值，而实物产品则起着劳务服务销售载体的作用。

餐饮产品是由有形实物和无形服务共同构成的。同时我们还必须认识到，餐饮服务的价值和使用价值不仅仅取决于餐饮实物本身，而且还取决于厨师和服务员的劳务服务。一方面，烹调技艺和服务技巧的价值必须通过餐饮食物的销售、宾客的感受才能得以实现；另一方面，由于宾客在餐厅里主要是购买厨师的烹调技艺和服务员的服务，实物本身只有通过高超的烹饪技术和精良的餐厅服务才能得到更好的销售。这是我们认识餐饮服务特点的出发点。

2.服务对象的广泛性

餐厅的宾客来自不同的国家和地区，因而其文化背景、风俗习惯、禁忌喜好、个人特征及道德意识和道德规范各不相同，这便使餐饮服务的标准和适用性表现出不同的特征，甚至产生了特殊的行为规范。

3.餐饮服务的同步性、无形性、差异性、一次性

餐饮服务既包括餐厅的环境，也包括在食品和酒水上体现出来的厨师技艺，以及餐前、餐中和餐后的服务工作。餐饮服务不同于一般的有形产品，仅从其色彩、性能、式样等方面就可判断质量的高低，餐饮服务只能在就餐宾客购买并享用餐饮产品后凭生理和心理满足程度来评估其质量的优劣。餐饮服务的无形性给餐饮部带来了销售上的困难，而且餐饮服务质量的提高是无止境的，所以要想提高服务质量、增加餐饮部的销售额，关键在于提高餐饮工作者，特别是厨师和餐厅服务人员的服务技能和服务态度。

餐饮服务的一次性是指餐饮服务只能当次使用、当场享受，过时则不能再享用。这和酒店的客房一样。所以要注意接待好每一位宾客，给他们留下良好的印象，从而使宾客再次光顾，巩固原有客源市场，不断开拓新的客源市场。

餐饮产品的生产、销售、消费在餐厅是同步进行的。餐饮产品的生产服务过程也是宾客的消费过程，即现生产、现销售。同步性决定了餐饮产品不宜储存，也不宜外运。餐饮服务的差异性表现在：一方面，餐饮服务是由餐饮部工作人员通过手工劳动来完成的，而每位工作人员由于年龄、性别、性格、受教育程度及其职业能力等方面的不同，他们为宾客提供的服务也不尽相同；另一方面，同一服务员在不同的场合、不同的情绪、不同的时间下，其服务方式、服务态度等也会有一定的差异，这就是餐饮服务的差异性。餐饮管理中，要尽量减少这种差异性，使餐厅的服务质量趋于稳定。

## 【任务实施】

实施描述：请走访校外实习合作基地，了解酒店中餐厅、西餐厅、大堂吧和宴会的部门特点和组织结构，然后对这几个部门从产品特点、服务要求、环境设施、组织架构、岗位要求等方面进行比较，找出三个部门的异同点。

实施准备：拍照设备、笔记本、笔。

实施步骤：

1.学生以小组为单位，在教师的指导下进行酒店餐饮部的参观和学习。

2.以小组为单位进行PPT汇报，选出最佳小组。

## 【任务评价】

"餐饮部参观汇报"考核评分标准见表1-4。

表1-4                 **"餐饮部参观汇报"考核评分标准**

| 序号 | 考核内容 | 考核要点 | 分值 | 自评分 | 互评分 | 教师评分 |
|---|---|---|---|---|---|---|
| 1 | 产品特点 | 了解菜品类型、菜品组合、菜单设计 | 20 | | | |
| 2 | 服务要求 | 熟悉服务特点 | 20 | | | |
| 3 | 环境设施 | 掌握桌椅布置方法、装修风格、背景音乐、位置坐落等 | 20 | | | |
| 4 | 组织结构 | 熟悉岗位设置、员工晋升通道 | 20 | | | |
| 5 | 岗位要求 | 符合知识要求、技能要求、素质要求 | 20 | | | |
| 总分 | | | 100 | | | |
| 小组自评 | | | | | | |
| 小组互评 | | | | | | |
| 教师评价 | | | | | | |
| 小组成员个人得分 | 姓名 | | | | | |
| | 得分 | | | | | |
| 说明 | 小组任务得分=小组自评分×20%+小组互评分×30%+教师评分×50%。小组成员个人得分由小组长和教师根据个人任务完成中的工作情况分配分数 | | | | | |

# 任务四　餐饮从业人员职业素养

## 【任务目标】

知识目标：

了解餐饮从业人员的职业素养

能力目标：

1.能够识别和摒弃错误的言行举止习惯

2.能够制订个人餐饮职业素养的提升计划

素质目标：

1.具有吃苦耐劳、敬业爱岗、忠于职守的工作态度

2.具有积极主动、热情、耐心的服务意识及强烈的社会责任感

## 【任务导入】

小白今天在西餐厅服务早餐，他看到资深服务员小芳主动上前询问一位上了年纪的客人是否还享用和昨天一样的早餐。待客人应允后，服务员便将与昨天一样的早餐摆放

在餐桌上，煎鸡蛋只有蛋白没有蛋黄，客人见状非常高兴。小白后来询问小芳怎么知道客人的早餐喜好时，小芳说昨天她注意到这位客人先用餐巾纸将煎鸡蛋上面的油擦掉，又把蛋黄和蛋白用餐刀切开，再就着白面包把蛋白吃掉，而且在吃鸡蛋时没有像其他客人那样在鸡蛋上撒盐。因此，才会有今天的做法。

微课堂1-4
餐饮从业人员
职业素养

任务要求：请和小白一起思考一下，要想成为一名优秀的餐厅服务员应该具备哪些素质呢？

## 【知识储备】

随着竞争的日趋激烈和消费者自我保护意识的增强，宾客对餐饮服务质量的要求越来越高。而餐饮服务质量的提高有赖于高素质的员工。因此，餐饮从业人员应树立正确的观念与意识，改善服务态度，及时更新本职工作所需的知识，提高管理与服务能力，从而提高餐饮服务质量。餐饮从业人员的素质要求主要有以下几个方面。

### 一、政治素养

餐饮服务人员首先必须具备良好的政治素养，在餐饮服务工作中，遵照国家与企业的相关规定，严格遵守餐饮行业的相关纪律要求，尊重消费者人格，维护消费者合法权益。此外，餐饮服务人员还需要把握好习近平新时代中国特色社会主义思想的世界观和方法论，坚持好、运用好贯穿其中的立场、观点、方法，不做任何有损国家及餐饮行业利益的事情。

### 二、职业态度

职业态度主要体现在服务人员对客人主动、热情、耐心和周到四个方面。

（1）主动，指服务人员应牢固树立"宾客至上、服务第一"的专业意识，在服务工作中应处处为宾客着想，表现出一种主动、积极的情绪，把服务工作做在宾客开口之前。

（2）热情，指从业人员在服务工作中应热爱本职工作，热爱自己的服务对象，像对待亲友一样为宾客服务。

（3）耐心，指餐饮从业人员在为各种不同类型的宾客服务时，应有耐性，不急躁、不厌烦，态度和蔼。对于宾客提出的所有问题，都应耐心解答，百问不厌。

（4）周到，指餐饮从业人员在服务前，服务人员应做好充分的准备工作，对服务工作制订细致、周到的计划；在服务时，应仔细观察，及时发现并满足宾客的需求；在服务结束后，应认真征求宾客的意见或建议，并及时反馈，以将服务工作做得更好。

### 三、专业知识

餐饮服务人员应该具备菜品和酒水知识、烹饪知识、食品营养卫生知识、常见客源地（国）习俗知识等。

（1）菜品和酒水知识。餐饮服务人员应熟悉中西菜式的特点和质量标准以及各菜系的渊源，熟知原材料的产地和特点，熟悉中西餐的主要服务方式；能够对常见中外名酒进行质量、品质、产地、年份和香型的介绍。

（2）烹饪知识。餐饮服务人员应了解菜肴的基本烹调方法、步骤、制作过程；善于鉴别菜肴的品质和口味，了解厨房主要设备和工具的性能及使用方法。

（3）食品营养卫生知识。餐饮服务人员应懂得食品的营养搭配与组合，了解各种营养素在人体中的作用；了解营养饮食的发展趋势。

（4）常见客源地（国）习俗知识。餐饮服务人员应了解不同国家和地区不同的风俗习惯、宗教信仰、民俗礼仪、饮食习惯和生活禁忌等。

## 四、专业技能

餐饮服务人员必须具备精湛的专业技能：

（1）基础技能。餐饮服务人员要熟练掌握和运用包括端托、摆台、斟酒、上菜、分菜、折花、撤台等基本功。

（2）沟通技能。餐饮服务人员要善于用自己的语言和行为与各种客人进行准确迅速的沟通。

（3）推销技能。餐饮服务人员除了本职工作以外，有时还会承担一定的菜品酒水推销工作，因此服务人员还应具备恰到好处的产品及服务宣传推广能力。

（4）语言艺术和应变能力。餐厅员工要根据不同的接待对象，正确使用服务语言，使客人有被尊重的感觉；同时还要有及时、灵活处理各种突发事件的能力。

## 五、礼仪举止

孔子说："君子不重则不威，学则不固。"只有庄重才有威严，否则，即使学习了，也不能巩固。具体来说，要求做到"站如松，坐如钟，行如风，卧如弓"，就是站要正，坐要稳，行动利索，侧身而睡。在公众场合举止不可轻浮，应该庄重、谨慎而从容，做到"非礼勿视，非礼勿听，非礼勿言，非礼勿动"，处处合乎礼仪规范。

### （一）站姿礼仪

1.标准的站姿

（1）抬头，头部平稳，双目向前平视，嘴唇微闭，下颌微收，面带微笑，平和自然。

（2）双肩放松，稍向下沉，身体有向上的感觉，呼吸自然。

（3）躯干挺直，收腹，挺胸，立腰。

（4）双臂放松，自然下垂于身体两侧，手指自然弯曲。

（5）双腿并拢站直，两脚跟靠紧，脚尖分开呈60度，男子站立时，双脚可分开，但不能超过肩宽。

（6）身体重心放在两腿中间，防止重心偏左或偏右。

（7）穿礼服或是旗袍，双脚并列，但前后稍稍分开，可以一只脚为重心站立。

（8）身立直，右手搭在左手上，置于腹部，两腿并拢，脚跟靠紧，脚掌分开呈V字形。

（9）身立直，右手搭在左手上，置于腹部，两腿分开，两脚平行比肩宽略窄一点。

2.男士站姿

（1）男士站姿要稳健，身体挺拔，两腿分开，两脚平行，两脚距离以20厘米为宜，或两脚呈V字形站立。男士常用的站姿有腹前握指式、背后握指式、自然下垂式。

（2）腹前握指式是双手叠放在丹田处，右手握左手，两脚分开，与肩同宽，收腹挺胸，腰背挺直。背后握指式是将两手叠放在背后。自然下垂式则是双臂自然下垂，手指自然弯曲。

（3）正确、健美的站姿会给人以挺拔笔直、舒展俊美、庄重大方、精力充沛、信心十足、积极向上的印象。男士标准站姿之一如图1-11所示。

图1-11　男士标准站姿

3.女士站姿

（1）职场女性要特别注意自己的站姿，优雅挺拔的站姿不仅能展现女性优美的身段，还能突显女性的气质，基本要求是站姿要柔美，以体现女性轻盈、妩媚、娴静、典雅的韵味。

（2）女性主要站姿有前腹式、丁字步式、自然式。前腹式要求身体挺拔，收腹提臀，腰背挺直，头部摆正，下颌微扬，双眼平视，两脚尖略展开，右手握左手，手指自然并拢，大拇指交叉，右手握放在左手四指的部位上，轻贴在腹前，如图1-12所示。丁字步式要求右脚后撤，左脚脚跟顶在右脚足弓处，腰背挺直，右手握左手，这种站姿可以巧妙掩饰O型腿女士的不足，并使腿和脚看起来更加纤细。女士着礼服或旗袍时，可让双脚之间前后距离约5厘米，以一只脚为重心。

图1-12　女士标准站姿

微示范1-1："男士和女士站姿礼仪"的示范要求及描述见表1-5。

表1-5　　　　　　　　　　"男士和女士站姿礼仪"的示范要求及描述

| 示范项目 | 男士和女士站姿礼仪 |
|---|---|
| 教学模式 | 教学做一体化 |
| 建议学时 | 0.5学时 |
| 教学地点 | 一体化实训室 |
| 项目描述 | 1.男士站姿要稳健，身体站直，两腿分开，两脚平行，两脚距离以20厘米为宜，或两脚呈V字形站立。<br>2.女士站姿的基本要求是站姿要柔美，以体现女性轻盈、妩媚、娴静、典雅的韵味。女性主要站姿有前腹式、丁字步式、自然式 |

4.站姿训练方法

利用每天的空闲时间练习20分钟左右，可以收获挺拔的身姿和优雅的气质。站姿训练方法见表1-6：

表1-6　　　　　　　　　　站姿训练方法

| 训练方法 | 操作规范 |
|---|---|
| 贴墙法 | 使后脑、双肩、臀部、双脚跟部紧贴墙壁，让头、肩、臀、腿之间纵向连成直线 |
| 贴背法 | 两人背对背相贴，部位要求同上，在肩背部放置纸板，保证纸板不掉落 |
| 顶书法 | 头顶先放一个小圆环，再平放一本书，颈梗直，收下颏，挺上身至书不掉 |

站姿会依时间、地点、场合的不同而有所变化，但不论何种站姿，多是改变脚部姿势或角度，身体仍需保持挺直，使站姿自然、轻松、优美。

**（二）坐姿礼仪**

1.正确的坐姿

（1）入座轻稳。入座后上身自然挺直，挺胸，双膝自然并拢，双腿自然弯曲，双肩平整放松，双臂自然弯曲，双手自然放在双腿上或椅子、沙发扶手上，掌心向下。头正，嘴角微闭，下颌微收，双目平视，面容平和、自然。

（2）双手的摆法。坐时，双手可以平放在双膝上，也可以叠放后放在一条腿的中前部或者身体一侧的扶手上，掌心向下，还可以一只手放在扶手上，另一只手仍放在腿上。

（3）双腿的摆法。坐时，双腿可采取的姿势包括标准式、侧腿式、重叠式、前交叉式。

2.男士和女士坐姿

男士和女士标准坐姿如图1-13、图1-14所示。男士应坐满椅子的2/3，女士应坐满椅子的1/2。休息时可轻轻靠着椅背，其他时间不要靠着椅背。根据所坐椅子的高低调整坐姿，双脚可正放或侧放，并拢或交叠。女士的双膝应并拢，任何时候都不要分开。

双手可自然弯曲放在膝盖或大腿上。如果坐在有扶手的沙发上，男士可将双手分别搭在扶手上，而女士，最好只搭一边扶手，以显示高雅。离座时，要自然、平稳。

图1-13 男士标准坐姿      图1-14 女士标准坐姿

微示范1-2："男士和女士坐姿礼仪"的示范要求及描述见表1-7。

微示范1-2

男士和女士坐姿礼仪

表1-7 "男士和女士坐姿礼仪"的示范要求及描述

| 示范项目 | 男士和女士坐姿礼仪 |
|---|---|
| 教学模式 | 教学做一体化 |
| 建议学时 | 0.5学时 |
| 教学地点 | 一体化实训室 |
| 项目描述 | 1.男士应坐满椅子的2/3，女士应坐满椅子的1/2。休息时可轻轻靠着椅背，其他时间不要靠着椅背。<br>2.根据所坐椅子的高低调整坐姿，双脚可正放或侧放，并拢或交叠。<br>3.女士的双膝应并拢，任何时候都不要分开。<br>4.双手可自然弯曲放在膝盖或大腿上 |

### （三）走姿礼仪

走姿展现的是一种动态美，是站姿的延续。走路是最引人注目的肢体语言，最能表现一个人的风度和活力，走姿优美，可增添一个人的魅力。在商务场合，职场男女都要稳重与干练，应该有意识地对自己的走姿进行调整，以保持轻盈、从容、稳健的姿态。

#### 1.走姿基本规范

头正，以站姿为基础，双目平视前方。肩平，双肩平稳，双臂自然下垂并有节奏地前后摆动。手臂摆幅为35厘米左右，双臂外开不超过20度。步位直，行走时，两只脚行走的轨迹为直线。步幅适当，一般来说，男士与女士的步幅大小是不同的，女士应该是自己一脚的长度，男士则以一脚半为宜。重心稍前倾，脚跟先着地，膝盖不弯曲，脚腕和膝盖要灵活，富有弹性，不可过于僵直。

2.男士和女士走姿要求

男士行走时，两脚内侧轨迹应在一条直线上。男士步幅以一脚半距离为宜。男士以每分钟110步左右的步速为宜。

女士行走时，以直线型、柳叶型步位为宜，重心始终在一条直线上。女士步幅一般以自己的一脚长为宜。穿旗袍、西裙、高跟鞋时步幅应小些。女士以每分钟120步左右的步速为宜。

微示范1-3："女士走姿礼仪"的示范要求及描述见表1-8。

表1-8　　　　　　　　　"女士走姿礼仪"的示范要求及描述

| 示范项目 | 女士走姿礼仪 |
|---|---|
| 教学模式 | 教学做一体化 |
| 建议学时 | 0.5学时 |
| 教学地点 | 一体化实训室 |
| 项目描述 | 1.步位：女士行走时，以直线型、柳叶型步位为宜，重心始终在一条直线上。<br>2.步幅：一般以自己的一脚长为宜。穿旗袍、西裙、高跟鞋时步幅应小些。<br>3.步速：职场中以每分钟120步左右为宜 |

### （四）蹲姿

1.蹲姿基本规范

下蹲捡物时，应自然、得体、大方，不遮遮掩掩。下蹲时，两腿合力支撑身体，避免滑倒，使头、胸、膝在一条线上，一脚在前、一脚在后，前脚全部着地，后脚脚掌着地，臀部向下，高腿向人，尽量使蹲姿优美。

2.男士和女士蹲姿

男士和女士标准蹲姿如图1-15、图1-16所示。

图1-15　男士标准蹲姿　　　　　　　　图1-16　女士标准蹲姿

微示范1-4："男士蹲姿礼仪"的示范要求及描述见表1-9。

微示范1-4
男士蹲姿礼仪

表1-9　　　　　　　　"男士蹲姿礼仪"的示范要求及描述

| 示范项目 | 男士蹲姿礼仪 |
|---|---|
| 教学模式 | 教学做一体化 |
| 建议学时 | 0.5学时 |
| 教学地点 | 一体化实训室 |
| 项目描述 | 职场男士一般常用高低式蹲姿。下蹲时右脚在前，左脚稍后，两腿用力下蹲。右脚全脚着地，小腿基本垂直于地面，左脚脚跟提起，脚掌着地。左膝低于右膝，左膝内侧靠向右小腿内侧，形成右膝高左膝低的姿态，臀部向下，基本上以左腿支撑身体 |

### （五）手势礼仪

不同的手势传递不同的信息，体现着人们丰富的内心活动和对待他人的态度。餐饮服务人员在灵活运用服务语言的同时恰当使用手势语言，往往能收到"此时无声胜有声"的效果。介绍客人、为客人指示方向、引领客人等服务中，都需要使用规范的手势。基本要求是：伸出右手，五指并拢，掌心向上，上臂自然下垂，以肘关节为支点，由内向外自然伸开小臂。当指明方向后，手应暂时停留片刻，回头确认客人认清后再将手放下，不要随便横挥手臂后就立即放下。

### （六）仪容仪表

男服务员不留大鬓角，后面的头发不能长到衣领，不留胡须，常修面；女服务员不可长发披肩，应尽量盘起。工作场合必须化淡妆，不能佩戴任何首饰，不能留长指甲、涂指甲油，不喷刺激性的香水。

工作时间应着规定的制服。衣服要整齐干净，注意保持衣服袖口、领口处的清洁。衣服应扣的扣子要扣好，衣服的衬里不可露出，不要挽袖子卷裤腿，应佩戴铭牌。男、女服务员均以深色皮鞋为宜，袜子颜色要略深于皮鞋颜色，具体如图1-17所示。

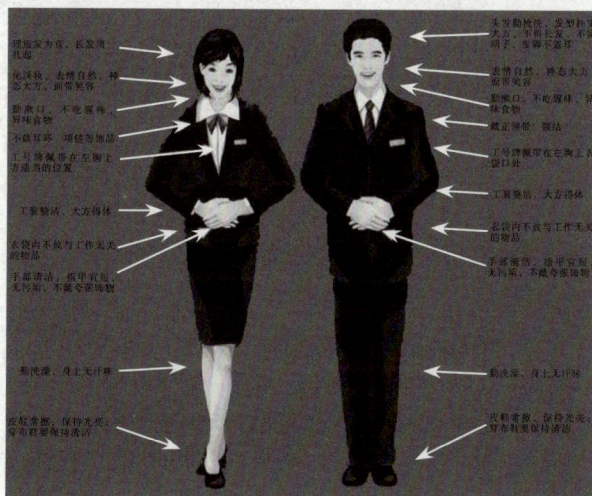

图1-17 餐厅仪容仪表要求

微示范1-5

女士化妆

微示范1-5："女士化妆"的示范要求及描述见表1-10。

表1-10　　　　　　　　"女士化妆"的示范要求及描述

| 示范项目 | 女士化妆 |
|---|---|
| 教学模式 | 教学做一体化 |
| 建议学时 | 1学时 |
| 教学地点 | 一体化实训室 |
| 项目描述 | 1.掌握正确的化妆程序与化妆技巧。<br>2.掌握面颊、眉眼与唇部的修饰方法。<br>3.在工作岗位上应当化淡妆，淡妆上岗，简约、清丽、素雅，并具有鲜明的立体感。<br>4.恰到好处的妆容可以充分展现职业女性的风采与魅力。<br>5.培养感受美、表现美、鉴赏美、创造美的能力 |

微示范1-6

女士盘发

微示范1-6："女士盘发"的示范要求及描述见表1-11。

表1-11　　　　　　　　"女士盘发 "的示范要求及描述

| 示范项目 | 女士盘发 |
|---|---|
| 教学模式 | 教学做一体化 |
| 建议学时 | 0.5学时 |
| 教学地点 | 一体化实训室 |
| 项目描述 | 女士在上岗之前，应将长头发盘起来、束起来、编起来，或是置于工作帽之内，不宜在工作中长发过肩、自然披散开来 |

行业对接1-1

酒店服务
接待礼仪
——舜和
酒店集团

## 【任务实施】

**实施描述**：请按照餐饮从业人员礼仪举止和仪容仪表规范，分组到讲台前进行展示。

**实施准备**：形体教室、正装、桌子、椅子。

**实施步骤**：学生以小组为单位，在教师的指导下进行面部仪容、站姿、走姿、坐姿等展示，并选出每组最佳展示者。

## 【任务评价】

"餐饮礼仪"考核评分标准见表1-12。

表 1-12 　　　　　　　　　　　　"餐饮礼仪"考核评分标准

| 序号 | 考核内容 | | 考核要点 | 分值 | 自评分 | 互评分 | 教师评分 |
|---|---|---|---|---|---|---|---|
| 1 | 男士 | 头发 | 头发不杂乱，不染发，前不过眉，侧不过耳，后不碰到衣领 | 10 | | | |
| 2 | | 面容 | 随时保持面部洁净清爽<br>不使用香味过浓的化妆品<br>鼻毛不外露<br>眼睛无分泌物 | 20 | | | |
| 3 | | 站姿 | 头部抬起，下颚微收，双眼平视，面带微笑，颈部挺直<br>胸要微挺，腹部自然微收，腰部直立，脊背挺直，臀部上提<br>双脚分开，与肩同宽 | 30 | | | |
| 4 | | 坐姿 | 入座时要轻而稳，走到座位前，转身后，轻稳地坐下<br>面带笑容，双目平视前方，嘴唇微闭，微收下颌<br>立腰、挺胸、上身挺直坐正，两脚略向前伸，两手分别放在双膝上<br>双腿张开与肩同宽，坐满椅子的2/3 | 20 | | | |
| 5 | | 走姿 | 身体挺直，双手自然放下，双目平视前方，双手自然摆动<br>步伐以一脚半为宜<br>抬头、挺胸、精神饱满，不宜将手插入裤袋中<br>腰部应稍用力，收小腹，臀部收紧 | 20 | | | |
| | | 总分 | | 100 | | | |
| 1 | 女士 | 头发 | 不留刘海，发丝不凌乱，不染发，长发不过肩 | 10 | | | |
| 2 | | 面容 | 眼睛无分泌物<br>随时保持面部洁净清爽 | 20 | | | |
| 3 | | 站姿 | 双脚呈V字形（脚尖分开角度约60度）<br>双膝和脚后跟要靠紧<br>胸要微挺，腹部自然微收，腰部直立，脊背挺直，臀部上提 | 30 | | | |
| 4 | | 坐姿 | 入座时，若是裙装，应用手将裙摆稍稍拢一下<br>双腿正放或侧放，坐满椅子的1/2<br>坐正，上身挺直，两腿并拢，两脚同时向左或向右放，两手叠放，置于左腿或右腿上 | 20 | | | |
| 5 | | 走姿 | 目视前方，精神饱满，保持微笑<br>女士走路时手部应在身体两侧自然摆动，幅度不宜过大，速度不能太快<br>走路时应该抬头、挺胸 | 20 | | | |
| | | 总分 | | 100 | | | |
| 小组自评 | | | | | | | |
| 小组互评 | | | | | | | |
| 教师评价 | | | | | | | |
| 小组成员个人得分 | 姓名 | | | | | | |
| | 得分 | | | | | | |
| 说明 | 小组任务得分=小组自评分×20%+小组互评分×30%+教师评分×50%。小组成员个人得分由小组长和教师根据个人任务完成的情况分配分数 | | | | | | |

## 学而时习

学：“民以食为天”，中国古代的饮食是如何表达道德情感的？

在古代文化中，饮食作为生活中的基本需求之一，是受到道德规范约束的，通过饮食表现出对他人的尊重和感恩。这种观念在儒家思想中得到了强调。孔子认为在进食时就应该“道之以德，齐之以礼”。《孔子家语》卷二有云：“鲁有俭啬者，瓦鬲煮食，食之自谓其美，盛之土型之器，以进孔子。孔子受之，欢然而悦，如受大牢之馈。”在鲁国有人给孔子送来盛在土碗里的一碗粗米饭，孔子乐而受之，像收到重大的祭品那样非常开心。孔子并不是喜欢这样的一碗饭，而是喜欢在这碗饭里所体现出的一种品德。孔子认为：“夫好谏者思其君，食美者念其亲，吾非以馔具之为厚，以其食厚而我思焉。”当一个人吃到一种可口的食物时，就想到要把这种食物呈送给他所尊敬的人。在中国古代社会中，人们通过饮食表达感情，传递信息，建立关系。

（资料来源：周吉国.谈人格尊严在饮食文化的体现［EB/OL］.［2022-11-25］. https://www.baywatch.cn/wenhualunwen/yinshiwenhualunwen/26812.html.有删改.）

习：现代的餐饮行业同样应遵循道德规范。主要体现在以下几个方面：

1.热情友好，宾客至上

这是餐饮服务员最有特色、最根本的职业道德规范，它继承了“有朋自远方来，不亦乐乎”的传统，又赋予了时代的新内容，即客源是企业的生命线，唯有热情友好，宾客才能至上。因此，应正确认识社会分工，想客人所想，急客人所急，把客人的需求当做餐饮服务员的第一需要，树立敬业、乐业的思想。

2.真诚公道，信誉第一

这是处理主客关系实际利益的重要准则。古人说：“诚招天下客，誉从信中来。”有了真诚才有顾客，有了顾客才有企业的兴旺，有了企业的兴旺，才会有企业的效益。

3.文明礼貌，优质服务

这是餐饮从业人员实施职业道德规范最重要的准则。礼貌待客，想客人之所想，急客人之所急，使所有客人时时处处事事都感到真诚的友善、需求的满足、周到的服务。没有优质服务，餐饮服务工作也就失去了最基本的内容。因此，它还是衡量餐饮服务质量最重要的一项标准。

4.相互协作，顾全大局

这是正确处理同事之间、部门之间、企业之间、行业之间以及局部利益和整体利益、眼前利益和长远利益等相互关系的重要准则。

5.遵纪守法，廉洁奉公

这是正确处理公私关系(包括个人与集体、个人与社会、个人与国家)的一种行为准则。它既是法律规范的需要，更是道德规范的需要。

6.钻研业务，提高技能

这是各种职业道德的共同性规范。它把岗位职责从业务范畴上升到道德范畴，显示出一种质的飞跃。古人讲：“工欲善其事，必先利其器。”这“器”就是服务人员将愿望变成现实、将优质服务变成行动的手段。这手段就是：过硬的技能、丰富的知识和精湛的技艺。

（资料来源：佚名. 餐饮职业道德［EB/OL］.［2022-06-27］. https://baike.baidu.com/item/餐饮职业道德/12744407?fr=ge_ala.）

## 项目微测试

### 一、不定项选择题

1.服务中如碰到宾客出言不逊，服务员应（　　　）。

A.礼貌要求客人对服务人员要有礼貌

B.恶言对恶语，以恶制恶

C.不要流露出不悦

D.向客人提出批评意见

2.下列表述中，错误的有（　　　）。

A.餐饮收入就是酒店的收入

B.餐饮是旅游业发展的重要条件之一

C.餐饮是人类生存和发展的最基本条件之一

D.餐饮收入是酒店的重要收入来源

3.餐桌服务式餐厅的基本特征有（　　　）。

A.餐厅不注重门面，但是有迎宾人员

B.餐厅整体布局合理，通常设雅座

C.厨师与服务员受过专门训练，技术娴熟，工作经验丰富

D.生产与服务使用纯手工操作

4.提高服务质量，增加餐饮部的销售额，关键在于（　　　）。

A.美味佳肴　　　　　　　　　　B.餐饮部设施设备

C.厨师和餐厅服务员　　　　　　D.服务员的操作技能

5.下列表述中，正确的有（　　　）。

A.提供低劣服务的酒店是失败的酒店

B.提供优质服务设施设备的酒店是成功的酒店

C.从根本上说，酒店销售的就是服务

D.餐饮产品分为有形和无形两种

### 二、判断题

1.饮食是一种文化，是一种艺术，是一种精神享受。　　　　　　　　（　　　）

2.餐饮服务的好坏直接关系到酒店的声誉和形象。　　　　　　　　　（　　　）

3.各民族的饮食传统和习惯是不一样的。　　　　　　　　　　　　　（　　　）

4.饮食业的竞争除特殊性外，还必须在设施和服务上下功夫。　　　　（　　　）

5.明码实价才能取信顾客，赢得顾客。　　　　　　　　　　　　　　（　　　）

### 三、简答题

1.请简述餐饮业的发展趋势。

2.大型酒店的餐饮部都包括哪些部门，它们的职责分别是什么？

## 项目评价

初识餐饮业的参考评价表见表1-13。

表 1-13　　　　　　　　　　　初识餐饮业的参考评价表

| 考核日期： | | | | | | 总评成绩： | | |
|---|---|---|---|---|---|---|---|---|
| 自测内容 | 序号 | 内容 | 完成情况 | | 标准分 | 自评分 | 教师评分 |
| | | | 完成 | 未完成 | | | |
| | 1 | 熟悉餐饮业的特征 | | | 5 | | |
| | 2 | 能够举例说明餐饮业未来发展趋势 | | | 5 | | |
| | 3 | 熟悉不同类型酒店餐饮部组织结构 | | | 5 | | |
| | 4 | 能够简单规划个人在餐饮部的职业发展 | | | 10 | | |
| | 5 | 了解餐饮产品的组成 | | | 10 | | |
| | 6 | 理解餐饮产品生产、销售和服务特点 | | | 10 | | |
| | 7 | 能够根据餐饮产品特点，深化产品认知 | | | 5 | | |
| | 8 | 能够识别和摒弃错误的言行举止习惯 | | | 10 | | |
| | 9 | 能够制订个人餐饮职业素养的提升计划 | | | 10 | | |
| | 10 | 自我管理 | | | 5 | | |
| | 11 | 规范操作 | | | 5 | | |
| | 12 | 爱岗敬业 | | | 5 | | |
| | 13 | 团队协作 | | | 5 | | |
| | 14 | 沟通表达 | | | 5 | | |
| | 15 | 创新创造 | | | 5 | | |

## 数字餐饮实验室

### 从0到1打造爆款：全季餐饮社交平台运营成效显著

在如今竞争白热化的酒店市场，营销推广的创新与实效成为破局的关键。全季开封鼓楼开封府店另辟蹊径。在一年多的时间里，凭借在小红书平台的高效运营产生1 500

多个间夜量，实现知名度、入住率、餐厅营业额的大丰收。

1.简洁明了，高效传达信息。在酒店小红书账号里，内容布局可谓独具匠心。依据用户的浏览习惯与信息需求，对内容进行精心编排。从丰富的餐饮服务、到舒适的客房环境、再到独具创意的餐厅伴手礼，全面展示酒店特色。在讲述中避免冗长赘述，以简洁明了的文字和精美吸睛的图片让每一条信息都能高效传达。如此一来，用户无须费力便能快速捕捉到酒店的核心亮点，大大提升了信息获取效率。

2.借势引流，拓展客源。酒店每天都活跃在"开封旅游""全季酒店"等热门词条下高赞帖子的评论区里。在这些流量聚集的地方，巧妙留下与酒店相关的实用信息和贴心建议，既不显得突兀生硬，又能成功吸引潜在客户的注意，这就是"站在巨人肩膀上摘苹果"的道理。通过这种方式，酒店让越来越多的人开始关注到全季开封鼓楼开封府店。随着曝光量的持续增加，前来咨询预订客房、订餐的客源不断。

3.借助推送功能，增加曝光度

酒店借助小红书强大的大数据推送功能，实现目标客户的精准锁定。积极鼓励入住客人在小红书分享他们的真实入住体验。客人分享的酒店亮点，常常在头号中引发共鸣，从而实现口碑的裂变传播。小红书上部分帖子点赞数高达一千多，三五百赞的帖子也不在少数。这些优质内容带来的浏览量远超传统地推，并且更能精准匹配到潜在客户。

全季开封鼓楼开封府店在小红书的营销之旅，是不断探索、创新与成长的过程。只要找准方法、坚持投入，社交媒体平台必将会成为酒店提升竞争力、实现跨越发展的有力助推器。

（资料来源：华住世界）

**餐饮数字化营销的意义：**

1.精准定位目标客户：通过数字化工具，餐厅可以收集大量关于消费者的行为数据、偏好数据等，了解消费者的口味偏好、消费频率、消费金额等信息，从而更精准地定位目标客户群体，提升消费者的参与度和购买意愿。

2.增强顾客体验：通过社交媒体、在线评论平台等与顾客进行互动，及时回复顾客的评价和建议，解决顾客问题。这不仅能增强顾客的参与感和黏性，还能让餐厅根据顾客反馈及时改进服务和菜品，提升整体顾客体验。

3.提升市场竞争力：数字化营销提供了丰富多样的创新营销手段，如直播带货、短视频营销、VR/AR体验营销等。餐饮企业可以通过这些新颖的营销方式，吸引更多年轻消费者的关注，与竞争对手形成差异化，提升品牌的竞争力。

**讨论：数字化营销手段在餐饮运营中的创新应用**

1.请列举出餐饮数字化营销有哪些常用的营销方式。

2.这些数字营销方式是如何帮助餐厅提升竞争力的？

**分组讨论：**以小组为单位，每组针对上述问题进行讨论，并准备简短的汇报。

**全班分享：**每组推选一名代表进行汇报，其他小组可以提问和补充。

**做一做：设计一个餐饮营销方案**

假设你是一名餐厅销售经理，请结合当地文化特色和目标客户群体，为中餐厅新菜品设计一个线上营销推广方案。

操作形式：小组进行项目设计，准备详细的项目策划书和演示文稿。

汇报与评审：每组汇报展示营销方案，其他小组和教师进行点评，提出改进建议。

# 项目二　庖丁解牛　业精于勤——餐饮服务基本技能

　　同学们将要体验餐饮部的不同岗位工作，如中餐厅、西餐厅、宴会厅等部门，请思考：怎样做好餐饮服务工作呢？想要做好餐饮服务工作，必须掌握和运用哪些餐厅服务的基本技能呢？

## 任务一　端托技能

### 【任务目标】

知识目标：

1.了解托盘的种类、用途及使用方法等相关知识

2.掌握托盘使用的操作程序及要领

3.理解并掌握托盘使用时的注意事项

能力目标：

1.能够根据不同餐饮类型选择适合的托盘

2.能够熟练地进行轻托服务

3.能够灵活应对托盘服务过程中的一些特殊情况

素质目标：

1.养成积极认真、敬业爱岗的工作态度

2.树立敬畏岗位、敬畏职责的职业意识

### 【任务导入】

　　小白今天第一次独立为包间客人进行餐中服务，席间客人点了白酒、啤酒、鲜榨果汁，小白想到要使用托盘进行服务，既提高服务效率又彰显服务品质。可当他看到备餐间摆放着不同材质、不同规格的托盘时，他有些犹豫到底应该选哪一个呢？

微课堂2-1

认识托盘

　　任务要求：请为小白从众多托盘中选出最适合的一个。

### 【知识储备】

#### 一、认识托盘

**（一）托盘的种类**

**1.按照托盘的制作材料分**

按照托盘的制作材料，托盘可以分为木质托盘、塑料托盘、金属托盘、胶木托盘，

如图2-1所示。

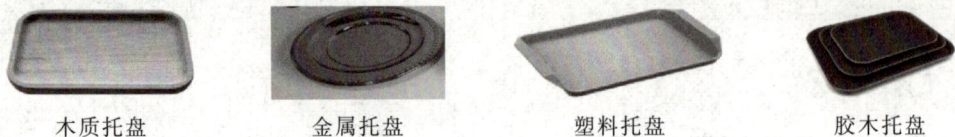

| 木质托盘 | 金属托盘 | 塑料托盘 | 胶木托盘 |

图2-1 不同材质的托盘

（1）木质托盘。这种托盘用木做坯，外表用油漆进行彩绘。

（2）塑料托盘。这种托盘使用塑料加工制成，外表可涂成不同颜色。

（3）金属托盘。金属托盘包括铜质托盘、铝质托盘、不锈钢托盘、银质托盘、金质托盘等。金、银托盘一般采用金属做坯，外镀金或银。

（4）胶木托盘。胶木托盘是目前使用最为广泛的托盘，具有轻便、防滑、防腐、耐用的特点，性价比高。

2.按照托盘的形状分

按照托盘的形状，托盘通常分为圆形托盘、长方形托盘、正方形托盘、异形托盘四类。其中圆形托盘常用于零点及中餐宴会服务，而方形托盘在一些西餐厅、快餐厅比较常用。

3.按照托盘的规格分

按照托盘的规格，托盘可分为大、中、小三种规格的长方形托盘和圆形托盘。

（1）长方形托盘。

长方形托盘通常分为大号（长51厘米、宽38厘米）、中号（长45厘米、宽35厘米）、小号（长35厘米、宽22厘米）三种规格。

（2）圆形托盘。

圆形托盘通常分为大号（直径为55厘米、45厘米）、中号（直径为40厘米、35厘米）、小号（直径为30厘米）三种规格。餐厅席间服务常用中号托盘。

4.按照托盘所托物品重量分

按照托盘所托物品重量，托盘可分为轻托、重托两类。

（1）轻托。

轻托又称"平托"或"胸前托"，托盘被平托于左胸前。因托盘中所托物品一般在5千克以下，故称轻托，如图2-2所示。轻托主要用来端送体积较小、重量较轻的物品，其次还用来摆台、上一般菜点、斟酒和撤换餐具。

图2-2 轻托

（2）重托。

重托又称"肩上托"，托盘被托举于左肩之上，如图2-3所示。因盘中所托物品较重，一般重量在5千克以上，故称重托。重托主要用于托运大型菜点、酒水和盘碟。目前饭店一般不用重托，多用小型手推车。小型手推车使用方便，安全、美观，如图2-4所示。

图2-3 重托

图2-4 手推车

（二）托盘的使用

不同类型、不同规格的托盘，其用途也不一样。

1.大号长方形托盘、中号长方形托盘

其主要用于传菜、托送酒水和搬运盘碟等较重的物品，可以采用双手托、重托与轻托三种方法托盘。

2.中号圆形托盘

其一般用于对客服务，如摆台、酒水服务、撤换餐具和烟灰缸等。

3.小号圆形托盘

其主要用于运送饮料和餐桌上的小器皿，递送账单、信件或高档酒品等。

4.异形托盘

其主要用于特殊的鸡尾酒会或其他庆典活动，在西餐中的咖啡厅、酒吧等应用比较多，而在中餐中很少使用。

（三）托盘的作用

托盘的作用包括：

（1）体现餐饮服务工作的规范化和文明操作。

（2）使用托盘是餐饮服务过程中卫生、安全的保证。

（3）可以减少搬运餐饮物品的次数，提高工作效率和服务质量。

（4）使用托盘是重视客人和礼貌待客的重要表现。

## 二、托盘的操作程序和要领

（一）托盘的操作程序

托盘具体操作程序及规范见表2-1。

表2-1 托盘操作程序及规范

| 顺序 | 操作规范 |
|------|----------|
| 理盘 | 选择合适的托盘并将托盘洗净、消毒、擦干。<br>将洁净的专用盘巾铺平，盘巾四边与盘底对齐，力求整洁美观 |
| 装盘 | 根据物品的形状、体积和派用先后顺序合理装盘。<br>装盘三原则：重的、高的放内侧，矮的、低的放外侧；先拿的放上面、前面，后拿的放下面、后面；装盘时物品摆放要均匀稳定，要注意重心的控制，物品之间要有一定的间隔 |
| 起托 | 起托时左脚向前一步，站成弓形步。<br>上身向左、向前倾斜，左手与托盘持平，用右手将托盘的1/3拉出桌面。<br>按轻托要领将左手伸入盘底，待左手掌握重心后将右手放开。<br>左脚收回一步，使身体呈站立姿势 |
| 站立 | 站立时头正肩平，上身挺直，两眼目视前方 |
| 行走 | 行走时步伐轻盈，托盘应与身体保持一定间距，托盘可自然摆动 |

**（二）操作要领**

1.轻托（胸前托）

轻托的操作要领包括：

（1）左手托盘，左臂弯曲成90°，掌心向上，五指稍微分开。

（2）用5个手指指端和手掌根部托住盘底，手掌自然呈凹形，重心压在拇指根部，利用五指的弹性保持盘面的平稳。

（3）平托于胸前，略低于胸部，位于第二、第三颗衣扣之间，盘面与左手臂呈直角状，手肘离腰部15厘米，利于左手腕灵活转动。

（4）右手自然下垂或放于背后。

轻托的禁忌包括：

（1）手肘搁于腰上。

（2）大拇指根部不接触盘底。

（3）手臂过高或过低。

（4）顶手腕。

（5）指尖轻轻支撑，不是指肚用力。

（6）大拇指按住盘边。

2.重托（肩上托）

重托的操作要领包括：

（1）左手五指伸开，全掌托住盘底中央。

（2）在掌握好重心后，左手手腕向上转动，用右手协助将托盘稳托于肩上。

（3）托盘上肩要做到盘底不搁肩，盘前不近嘴，盘后不靠发。

（4）右手自然下垂、摆动或扶住托盘的前沿。

微示范 2-1："托盘轻托操作程序"的示范要求及参考评价见表2-2。

表2-2　　　　　　　"托盘轻托操作程序"的示范要求及参考评价

| 示范项目 | 托盘轻托操作程序 | |
|---|---|---|
| 示范准备 | 酒店综合实训室 | |
| 示范要求 | 掌握托盘轻托的操作程序及操作要领 | |
| 示范方法 | 1.将学生分组，每组5~6人，每人轮流进行操作练习<br>2.由教师指导，学生分组练习 | |
| 示范评价 | 知识应用 | 1.掌握托盘轻托的操作规范<br>2.掌握托盘轻托的操作要领及技巧 |
| | 能力提升 | 1.能够根据工作情境完成托盘轻托操作<br>2.能够按照规范进行托盘轻托服务 |
| | 素质培养 | 1.培养吃苦耐劳、爱岗敬业的职业精神<br>2.提升个人服务意识<br>3.按照要求勇于实践 |
| | 成果展示 | 理盘-装盘-起托-站立-行走 |

**>> 头脑风暴 2-1　　　　碰了客人的头**

一日，某店面来了几位宾客。服务员小徐为他们服务，上菜的时候，小徐不小心将托盘撞在了其中年龄最大的老爷子的头上。老爷子倒是没说什么，但他的孩子们很不高兴，责问小徐："你怎么回事？碰到了别人怎么连个歉都不道？"小徐生硬地说："对不起！"然后放下菜转身走了。这更激怒了这家人，马上叫来了经理，站起来和经理理论。经理诚恳地向老先生道了歉，但他的孩子们还是不满意。最后经理答应给客人打8.8折，客人才坐回座位上。

讨论：案例中小徐在服务的过程中有哪些失误之处？

### 三、托盘使用时的注意事项

托盘使用时的注意事项如下：

（1）每天开餐前将托盘平均分布在餐厅的各个角落，以便服务员随时使用。

（2）要保证托盘的卫生，每餐结束后，必须将所有托盘清洗干净。

（3）在清洗托盘时，不可用开水洗涤。

（4）端托姿势要正确，美观大方。

（5）端托时要保证托盘的平衡，行走时动作要轻快、敏捷、自然，精力集中，步伐稳健，视线开阔。

（6）端托时要注意安全，量力而行，不要一次拿得太多，宁可多走几次也要保证安全。

（7）端托服务时，须注意力集中，不要将托盘碰到客人。

（8）托盘要统一保管，避免丢失。

>> **业务链接2-1**　　　端托行走的步法

　　员工在端托行走时应身体略向前倾，步态稳健，精神饱满，目视前方，视野开阔，反应灵活，注意力集中。端托行走时有以下四种步伐：

1.常步

常步即按照正常的步速和步距迈步行走，要求步速均匀，不可急快急慢，步距适中。

2.快步

这是餐厅员工运送一些比较特殊的菜所运用的步伐，主要是需要热吃的菜肴，如果不采用快步走的方式，就会影响菜肴的质量。快步较之常步，步速要快一些，步距要大一些，但应保持适宜的速度，不能奔跑，否则会影响菜形或使菜肴发生意外的泼洒。

3.碎步

这种步法较适用于端汤行走，步速较快，但步距较小。运用碎步，可以使上身保持平稳，避免汤汁溢出。

4.垫步

通常的步态都是左右脚前后交替运动，而垫步则是前脚前进一步，后脚跟进一步。这种步法可以在以下两种情境中运用：

（1）当餐厅员工在狭窄的过道中间穿行时。

（2）餐厅员工在行进中突然遇到障碍或靠近席桌需要减速时。

（资料来源：佚名. 服务员托盘斟酒技能培训［EB/OL］.［2014-07-07］. http://www.canyin168.com/glyy/yg/ygpx/201407/60624.html.有改动）

## 【任务实施】

　　实施描述：请根据小白实际服务场景为其从众多托盘中选出最适合的，同时练习托盘轻托服务技能。

实施准备：托盘、啤酒瓶、白酒瓶、矿泉水、饮料等。

实施步骤：

1.学生以小组为单位，在教师的指导下进行托盘静止站立、托盘行走、托盘下蹲、托盘起立、托盘绕障碍物等练习。

（1）托盘基础训练：采用轻托方法，按照轻托程序，能托起装有1.5升液体的饮料瓶4个，站立3分钟，保持较好姿态。

（2）托盘下蹲训练：采用轻托方法，能托起装有1.5升液体的饮料瓶4个，保持较好姿态下蹲、起立，保证托盘内物品平稳。

（3）托盘行走训练：采用轻托方法，能托起3瓶葡萄酒不倒或10杯装有八分满水的酒杯不溢。

2.以小组为单位进行托盘操作能力PK赛，选出每组最佳技能手。

技巧指点：在实训室里练习，能选择适当步法，保持较好的姿态行走，保证托盘内的物品平稳。

## 【任务评价】

"托盘端托"考核评分标准见表2-3。

表2-3 "托盘端托"考核评分标准

| 序号 | 考核内容 | 考核要点 | 分值 | 自评分 | 互评分 | 教师评分 |
|---|---|---|---|---|---|---|
| 1 | 理盘 | 选择合适的托盘<br>托盘检查、擦拭、消毒 | 10 | | | |
| 2 | 装盘 | 物品摆放合理，符合装盘基本原则<br>重量分布均衡、物品之间留有适当间隔，重心靠近身体<br>装盘整体协调、整齐 | 20 | | | |
| 3 | 起托 | 起托姿势正确<br>身体协调、美观 | 10 | | | |
| 4 | 行走 | 行走姿态优美，头正肩平、脚部轻快，目视前方<br>表情自然，右手自然摆动<br>行走步伐协调 | 20 | | | |
| 5 | 落托和卸盘 | 落托姿势标准<br>卸盘顺序正确 | 20 | | | |
| 6 | 整体印象 | 托盘手法正确，姿势自然，整体协调美观 | 20 | | | |
| | 总分 | | 100 | | | |
| 小组自评 | | | | | | |
| 小组互评 | | | | | | |
| 教师评价 | | | | | | |
| 小组成员<br>个人得分 | 姓名 | | | | | |
| | 得分 | | | | | |
| 说明 | | 小组任务得分=小组自评分×20%+小组互评分×30%+教师评分×50%。小组成员个人得分由小组长和教师根据个人任务完成的情况分配分数 | | | | |

# 任务二 餐巾折花技能

## 【任务目标】

知识目标：

1.了解餐巾的作用与种类

2.掌握餐巾花的造型种类与选择方法

3.掌握餐巾花的使用方法

能力目标：

1.能够使用正确的技法折叠餐巾花

2.能根据就餐类型选择适合的餐巾花型

3.能够折出5种杯花和5种盘花

4.能够创新餐巾花造型

素质目标：

1.具有审美情趣和创新精神

2.具有严谨求实的工作态度及团结协作的职业意识

## 【任务导入】

近日中餐宴会厅接到某化妆品公司商务宴的预订，共设20桌，主桌会有来自日本公司方的代表出席本次宴会，化妆品公司要求酒店精心安排布置。正在实习期的小白有幸参与到此次宴会服务工作中，餐饮部需要在宴会前2小时折好餐巾花并布置好台面。小白了解到此次宴会有重要的日本来宾，餐巾花型应该选择哪种最为合适？

任务要求：请为小白推荐适合此次宴会的餐巾花型。

## 【知识储备】

### 一、认识餐巾花

微课堂2-2-1

[二维码]

认识餐巾花

餐巾折花是餐前的准备工作之一，也是餐饮服务的重要技能之一，其主要工作内容是餐厅服务员将餐巾折成各式花样，放置在餐盘上，或插在酒杯或水杯内，供客人在进餐过程中使用。美观的餐巾花本身就是餐桌上的装饰品，再加上服务人员的优质服务，会给客人一种温馨的感觉。

**（一）餐巾的种类**

1.按餐巾的质地分

（1）纯棉餐巾。

优点：纯棉餐巾吸水性强，浆熨后挺括，易折成型，造型效果好。

缺点：过于传统，没有特色。

（2）棉麻餐巾。

优点：轻盈，能够提升餐厅档次。

缺点：不易清洗，用途单一，使用体验感一般。

（3）化纤餐巾。

优点：颜色亮丽，富有弹性，上档次，易造型。

缺点：吸水性较差。

2.按餐巾的颜色分

（1）白色餐巾。

白色餐巾应用最广，给人以清洁、卫生、典雅、文静之感，它可以调节人的视觉平衡，安定人的情绪。

（2）彩色餐巾。

彩色餐巾颜色丰富，与桌布协调搭配能起到美化桌面的效果。彩色餐巾可分为冷色调餐巾和暖色调餐巾。浅绿、浅蓝、中灰等颜色餐巾属于冷色调餐巾，给人以平静、舒适的感觉；粉红、橘黄、淡紫等颜色餐巾属于暖色调餐巾，给人以兴奋、热烈、富丽堂皇、鲜艳醒目的感觉。

3.按餐巾的规格分

餐巾规格的大小在不同的地区不尽相同，根据实际使用效果，45~50厘米见方的餐巾实际使用较为普遍。中餐常用餐巾规格为45厘米见方，西餐常用餐巾规格为50厘米见方。

4.按餐巾的边缘形状分

按餐巾的边缘形状分，餐巾有边缘平直形和边缘波浪曲线形两种。

## （二）餐巾花的作用

餐巾又名口布，既是餐厅中常备的一种卫生用品，又是一种装饰、美化餐台的艺术品。餐巾的主要作用表现在以下几个方面：

1.卫生保洁

餐巾是餐饮服务中的一种卫生用品。宾客用餐时，餐厅服务员将餐巾平铺在客人腿上，防止汤汁、酒水弄脏衣物。

2.美化餐台

形状各异的餐巾花摆放在餐台上，既美化了餐台，又烘托出热情的就餐气氛，给客人以美的享受。

3.突出主题

不同的餐巾花有着不同的寓意，餐巾花有突出宴会主题的作用。例如，婚宴上摆放"比翼齐飞""心心相印"等花型，代表永结同心、百年好合的美好祝愿。商务宴上用餐巾折出"一帆风顺""步步高升"等花型，代表万事如意、工作顺利等美好祝福。

4.标识席位

餐巾花型的摆放可标出主人、主宾的席位。在折餐巾花时应突出主人位，主人位的花型高度应高于其他位的花型高度。为了表示对主宾的尊重，可为主宾折出专属花型。

>> **业务链接2-2**　　餐巾折花在中国的发展

在北京的宴席上使用餐巾折花是20世纪才开始的。在此之前，人们用餐的时候，画风是这样的：吃饭前，用口纸（原书注：小白纸），擦拭下碗碟和筷子。吃完饭，再用毛巾擦擦手和脸。后来，比较大的餐馆，就开始供应餐巾了，但并没有特别的装饰。直到有一天，聪明的师傅发明了餐巾折花。于是，宴席突然就多了艺术的氛围。

（资料来源：佚名. 餐巾折花［EB/OL］.［2017-04-12］. https://zhuanlan.zhihu.com/p/26322342. html.有改动）

## 二、餐巾花的基本类型

### （一）按餐巾花的摆放方式分

按照摆放方式，餐巾花可分为杯花、盘花、环花，如图2-5、图2-6、图2-7所示。

图2-5　杯花

图2-6　盘花

图2-7  环花

**1.杯花**

一般应用在正式的宴会中，其特点是折叠的技法复杂，程序较多，需要一定的技巧，造型别致，花型多种多样，是餐厅服务艺术和优质服务的组成部分。

**2.盘花**

盘花一般在西餐和中餐零点餐厅中应用比较多一些。其特点是折叠简单，操作方便，餐巾折痕较少，造型完整，成型后不会自行散开，可放于盘中或其他盛器内。

**3.环花**

将餐巾平整卷好或折叠成一定造型，套在餐巾环内，称环花。餐巾环也称为餐巾扣，有瓷制的、银制的和塑料制的等不同材质。环花通常放置在餐盘上，其特点是简洁、雅致。

**（二）按餐巾花的造型分**

按照外观造型，餐巾花可分为植物花，动物花和实物花三种，如图2-8所示。

植物花

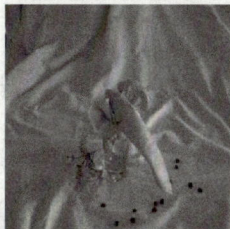

动物花

实物花

图2-8  餐巾花的不同造型

**1.植物花**

植物花主要是模仿植物的花、叶、茎、果实等，是餐巾花中最重要的一类，常见的有月季、荷花、梅花、牡丹、玫瑰、水仙、鸡冠花、竹笋、玉米等。

**2.动物花**

动物花主要模仿鱼、虫、鸟、兽等的整体形态或局部特征。例如，有凤凰、鸽子、鸳鸯、仙鹤、海鸥等飞禽造型，也有白兔、松鼠等走兽造型，还有蝴蝶、蜻蜓等昆虫造型以及金鱼、对虾、海螺等造型。动物花造型形态生动、活泼可爱。

微课堂2-2-2

餐巾折花的
基本技法

**3.实物花**

实物花是模仿生活中的各种实物形态而折成的花，例如花篮、领带、折扇、风帆、马蹄、帽子等。

## 三、餐巾折花的基本技法

餐巾折花的基本技法包括折叠、推折、卷、穿、翻、拉、捏、掰八大技法。微示范2-2："餐巾折花的基本技法"的示范要求及参考评价见表2-4。

表2-4　　　"餐巾折花的基本技法"的示范要求及参考评价

| 示范项目 | 餐巾折花的基本技法 | |
|---|---|---|
| 示范准备 | 酒店综合实训室 | |
| 示范要求 | 掌握餐巾折花的不同技法 | |
| 示范方法 | 1.将学生分组，每组5~6人<br>2.由教师指导，学生分组练习 | |
| 示范评价 | 知识应用 | 1.掌握餐巾折花的基本方法<br>2.掌握餐巾折花的技巧 |
| | 能力提升 | 1.能够正确地运用餐巾折花的方法<br>2.能够折叠出不同造型的餐巾花 |
| | 素质培养 | 1.建立正确的价值观<br>2.一丝不苟、精益求精<br>3.具有创新精神 |
| | 成果展示 | 通过不同的餐巾花折叠技法创造出不同的餐巾花造型 |

### （一）折叠

折叠是最基本的餐巾折花技法，几乎所有的造型都要使用折叠技法。折叠就是将餐巾平行取中一折为二、二折为四或者折成三角形、正方形、菱形、多齿形等其他形状，如图2-9所示。

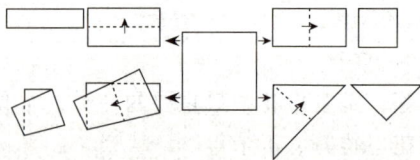

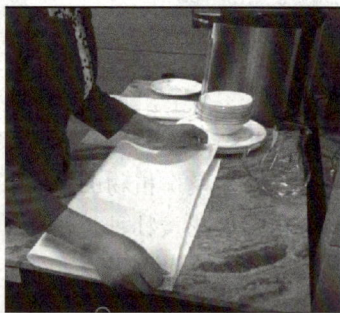

图2-9　折叠

折叠的基本要领是：要熟悉造型，看准折缝线和角度一次折叠成，避免反复，否则会在餐巾上留下痕迹，使餐巾不挺括，影响美观。

### （二）推折

推折即两个大拇指相对成一线，指面向外，指侧面按紧将餐巾推折，这样形成的褶比较均匀。基本技法如下：

（1）在打折时，双手的拇指、食指捏住餐巾一端的两边，或餐巾中间的两边。

（2）两个大拇指相对成一线，指面向外，指侧按紧餐巾向前推动餐巾至中指处，用食指捏住推折的裥，从而形成均匀的折裥，这样形成的褶比较均匀。

（3）推折时应用食指将打好的褶挡住，中指腾出来，去控制好下一个褶的距离，三个指头互相配合，注意观察推折的效果。

（4）推折可分为直线推折或斜线推折，折成一头大一头小的褶或折成半圆形或圆弧形的褶，如图2-10所示。

图2-10　推折

### （三）卷

卷是将餐巾卷成圆筒或实心卷并制出各种花型的一种技法。卷可以分为直卷和螺旋卷两种，基本技法如下：

#### 1.直卷

直卷又称为平行卷，餐巾一端的两头一起卷起，形成实心卷或筒。平行卷时，拇指和食指捏住餐巾头或角，由内向外翻转，食指抽出压住餐巾头，拇指再从底部捏住餐巾头，依次往复卷至要求的地方即可。在此过程中，中指和无名指压住餐巾，不让其滑动。

#### 2.螺旋卷

螺旋卷又称为斜角卷，可将餐巾折成三角形，餐巾边要参差不齐；或将餐巾一头固定，只卷起一头；或一头多卷，一头少卷，形成一头大一头小的实心卷或筒。螺旋卷的技法基本和直卷相同，只是端头用力方向和卷的幅度不同而已，如图2-11所示。

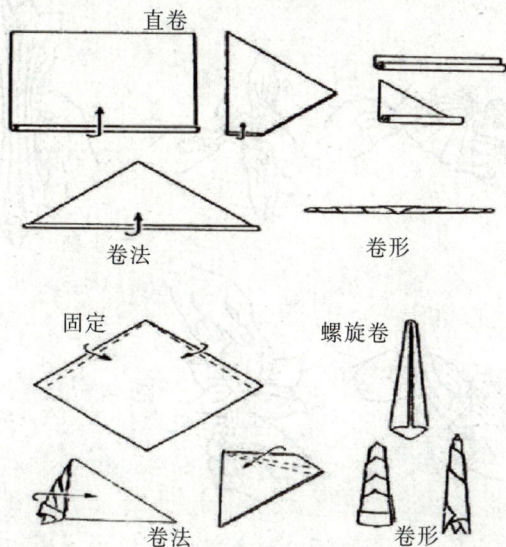

图2-11　卷

**（四）穿**

穿是指用工具（一般用筷子）从餐巾的夹层褶缝中边穿边收，形成皱褶，使造型更加逼真、美观的一种技法。其基本技法为：穿时左手握牢折好的餐巾，右手拿筷子，将筷子的一头穿进餐巾的夹层褶缝中，另一头顶在自己身上或桌子上，然后用右手的拇指和食指将筷子上的餐巾一点一点往里拉，直至把筷子穿过去。使用两根或两根以上的筷子穿时，注意后面穿的动作不要影响前面的花型。抽取筷子时应轻、慢、稳，以保持花型不变，如图2-12所示。

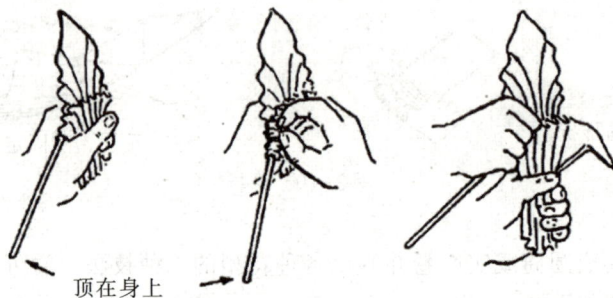

图2-12　穿

**（五）翻、拉**

翻就是将餐巾折卷后的部位翻成所需花形，将餐巾进行上下、前后、左右、里外翻折的一种技法。翻的动作一般与拉、转动作相结合。一手拿餐巾，一手将下垂的餐巾翻起一角，拉成花卉和鸟的头颈、翅膀、尾巴等，或翻转成一定的花型。翻、拉花卉的叶子时，要注意对称的叶子大小一致、距离均匀，叶片之间交错叠放。拉的基本技法：一手握住所折的餐巾，一手翻折，拇指和中指捏住餐巾的一角或一端，从下往上，或从上往下，或从内向外拉出来即可。在翻、拉的过程中，两手必须配合好，否则会拉散餐巾，用力要均匀，使餐巾花大小比例适当、造型挺括，如图2-13所示。

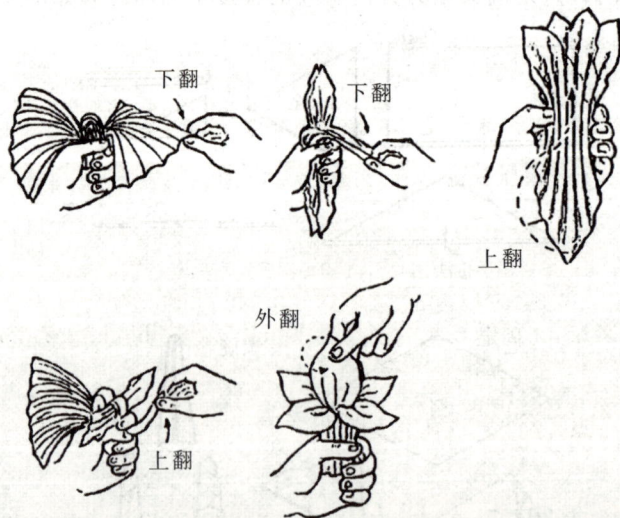

图2-13　翻、拉

## （六）捏

捏的方法主要用于折鸟或其他动物的头部，其基本技法如下：

（1）操作时先将鸟的颈部拉好（鸟的颈部一般用餐巾的一角）。

（2）然后用一只手的大拇指、食指、中指三个指头，捏住鸟颈的顶端。

（3）食指向下，将餐巾一角的顶端尖角向里压下，大拇指和中指做槽，将压下的角捏出尖嘴形状，如图2-14所示。

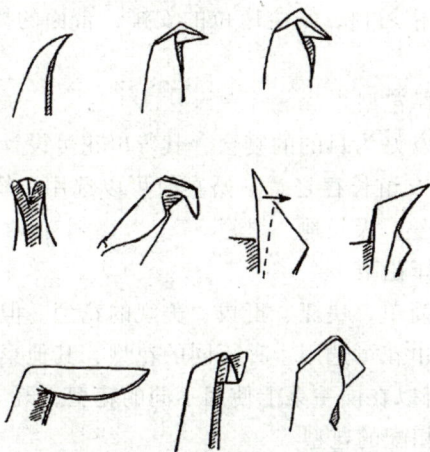

图2-14 捏

## （七）掰

掰一般用于制作花束，如月季花、玫瑰花。掰是将餐巾折叠好的层次用手按顺序一层层掰出花瓣。掰时不要用力过大，掰出的层次或褶的大小距离要均匀。

## 四、餐巾折花的注意事项

餐巾折花的注意事项如下：

（1）做好操作前的准备工作。

（2）讲究卫生，操作前要洗手消毒；在干净的托盘或餐盘中操作；操作时不要用嘴咬；放花入杯时，要注意卫生，手指不接触杯口，杯身不留下指纹。

（3）一次成型，减少折痕次数，快速熟练。

（4）造型简单，美观大方，使用方便。

（5）注意整理与放置，保持花型；餐巾花放置在杯高的2/3处为宜，不宜插入过深。

（6）折花时要分清餐巾的正反面，姿势自然，手法轻巧灵活。

（7）用心观察，全心投入，精心折叠，耐心整理。

>> 头脑风暴2-2 　　该选择何种餐巾花

三月正是春风和煦的时节，酒店餐饮部接到西餐宴会的预订。参加此次宴会的宾客是洽谈商务合作的中英双方代表及其陪同。中方公司特别重视，请酒店为其量身打造一场高端商务宴会。一向聪明伶俐的小萌向经理提议，既然是春天，此次宴会是否可以以绿色为主题，餐巾花可以选比较有特色的"大象"图案，代表欣欣向荣，吉祥如意。经理意味深长地对小萌说："你的想法很好，只是似乎不太适合此次宴会。"

讨论：为什么经理否定了小萌的提议呢？

### 五、餐巾花型的选择

餐巾花型的选择和运用，一般应根据宴会的性质、规模、规格，冷菜名称，季节时令，来宾的宗教信仰、风俗习惯，宾主座位的安排，台面的摆设需要等方面综合考虑，总体原则如下：

1.根据宴会的性质选择花型

以欢迎、答谢、表示友好为目的的宴会，其餐巾花可设计成"友谊花篮""和平鸽"等，可以表达热爱和平、友谊长存之意；婚宴时可以选用"鸳鸯""喜鹊""比翼双飞"等，有花好月圆、夫妻恩爱、天长地久之意。

2.根据宴会的规模选择花型

大型宴会一般可选用简单、快捷、挺拔、美观的花型。但主桌的花型与其他桌的花型要区分开，如主桌的餐巾花可选用十种不同的花型，其他桌可用统一的花型（但要突出"主花"）。小型宴会可以在同一桌上使用不同的花型，既丰富台面又协调美观。

3.根据冷拼选用与之相配的花型

如冷拼是"游鱼戏水"，餐巾花则可以选用"金鱼"造型。

4.根据季节选择花型

用台面上的餐巾花反映季节特色，使之富有时令感。例如，夏天选用"荷花""扇子"，冬天选用"梅花""企鹅"等。

5.根据宾客需求选择花型

可以根据客人的身份、风俗习惯、爱好、宗教信仰等来选择花型。

6.根据宾主席位的安排来选择花型

宴会主人座位上的餐巾花称为主花，主花要选择美观而醒目的花型，其目的是使宴会的主位更加突出。

### 六、餐巾花的摆放要求

摆放餐巾花的总体要求是：整齐美观、位置适当、便于观赏、使用方便，尽可能与台布、器皿的色调和谐。

（1）主花摆插在主人位，主花应是一桌中最高的花，突出主人座位，其他餐巾花要高低均匀、错落有致。

（2）不同品种花型同桌摆放时要位置相当，将形状相似的花型错开并对称摆放。

（3）摆插餐巾花时，要将其适合观赏的一面朝向宾客。适合正面观赏的要将正面朝向宾客，如孔雀开屏、和平鸽等花型；适合侧面观赏的，要选择一个最佳观赏角度摆放。

（4）餐巾花之间的距离要均匀，整齐一致。

（5）餐巾花不能遮挡餐台上其他用品，以不影响服务操作为宜。

## 【任务实施】

实施描述：请根据本节课所学内容，为实习中的小白推荐适合宴会的餐巾花型，同时练习餐巾折花技巧。

实施准备：水杯、骨碟、餐巾、筷子、餐桌。

实施步骤：

1.学生以小组为单位，折出5种不同造型的杯花、5种不同造型的盘花，要求花型挺拔、美观整洁。

2.5分钟内折出10种不同造型的餐巾花，要求花型错落有致、美观大方。

3.根据宴会主题能够快速选出适合的餐巾花型。

## 【任务评价】

"餐巾折花"考核评分标准见表2-5。

表2-5　　　　　　　　　　"餐巾折花"考核评分标准

| 序号 | 考核内容 | 考核要点 | 分值 | 自评分 | 互评分 | 教师评分 |
|---|---|---|---|---|---|---|
| 1 | 操作技法 | 餐巾选用正确、恰当<br>基本技法操作娴熟、规范 | 30 | | | |
| 2 | 折花造型 | 折花造型美观、逼真、挺拔<br>操作熟练，一次成型 | 30 | | | |
| 3 | 折花速度 | 能在规定时间内完成规定数量的餐巾花 | 10 | | | |
| 4 | 操作禁忌 | 操作手法卫生，不用嘴吹、牙咬、下巴按，手不触及杯的上部 | 10 | | | |
| 5 | 摆放餐巾花 | 摆放整齐，突出主人位<br>适合观赏一面朝向客人<br>时间控制和综合效果 | 20 | | | |
| 总分 | | | 100 | | | |
| 小组自评 | | | | | | |
| 小组互评 | | | | | | |
| 教师评价 | | | | | | |
| 小组成员<br>个人得分 | 姓名 | | | | | |
| | 得分 | | | | | |
| 说明 | 小组任务得分=小组自评分×20%+小组互评分×30%+教师评分×50%。小组成员个人得分由小组长和教师根据个人任务完成的情况分配分数 | | | | | |

# 任务三　铺台布技能

## 【任务目标】

知识目标：

1.了解中、西餐台布铺设的基本方法

2.掌握铺台布的基本要领

3.理解并掌握铺台布时的注意事项

能力目标：

1.能够根据场合选择正确的台布铺设方式

2.能够掌握铺台布的操作技法

3.能够灵活应对铺台布过程中的一些特殊情况

素质目标：

1.具有积极主动、热情、耐心的服务意识及强烈的社会责任感

2.具有竞争意识，克服紧张心理，树立自信心

## 【任务导入】

今天中餐厅的客人络绎不绝，几乎是一拨客人刚用完餐，立马新一拨客人又来了。餐厅的服务员人手不够，临时把小白喊过来帮忙。虽然都是散客，但服务同样不能掉以轻心，即便客人再多也要让每一位客人感受到最优质的服务，而最好的服务往往表现在服务人员服务的每一个细节里，一举一动都会被客人时刻注意。

微课堂2-3

铺台布技能

　　任务要求：面对如此忙乱的场景，请大家为小白选择出此刻最适合的铺台布方法。

## 【知识储备】

铺台布是餐饮服务的重要技能之一，是摆台工作的第一个步骤。不同的餐厅由于经营的类别与模式不同，选用的台布材质、造型、花色等也有所不同，根据餐台、就餐环境的不同应采取不同的铺设方法。

### 一、台布的种类与规格

#### （一）台布的种类

1.按材质分

按材质分，台布主要有纯棉台布、PVC塑料台布、化纤台布、绒质台布等。

2.按图案分

按图案分，台布主要有团花、散花、提花、工艺绣花及装饰布等，其中提花图案的台布使用较多。

3.按颜色分

按颜色分，台布有白色、黄色、粉色、红色、绿色、蓝色、灰色等，但多数选用白

色台布。

4.按形状分

按形状分，台布有正方形台布、长方形台布、圆形台布。正方形台布常用于方台或圆台，长方形台布则多用于西餐各种不同的餐台，圆形台布主要用于中餐圆台。

### （二）台布的规格

正方形台布的规格有很多种，经常使用的有140厘米×140厘米、160厘米×160厘米、180厘米×180厘米、200厘米×200厘米、220厘米×220厘米、240厘米×240厘米、260厘米×260厘米等的台布。使用时应根据餐桌的大小选择适当规格的台布。如：140厘米×140厘米的台布，可供2人餐桌使用，适用于90厘米×90厘米的方台；160厘米×160厘米的台布，可供2~4人餐桌使用，适用于直径100厘米的圆台或110厘米×110厘米的方台；180厘米×180厘米的台布，可供4~6人餐桌使用，适用于直径150厘米和160厘米的圆台；200厘米×200厘米的台布，可供6~8人餐桌使用，适用于直径170厘米的圆台；220厘米×220厘米的台布，可供8~10人餐桌使用，适用于直径180厘米和200厘米的圆台；240厘米×240厘米的台布，可供10~12人餐桌使用，适用于直径220厘米的圆台；260厘米×260厘米的台布，可供12~14人餐桌使用，适用于直径240厘米的圆台。

除了正方形台布外，还有长方形台布，如160厘米×200厘米、180厘米×300厘米等不同规格的台布。这类台步用于长方台及西餐各种餐台，可根据餐台的大小、形状选用不同数量的台布，一块不够用时可随意拼接，在拼接时注意将接口处接压整齐。

圆形台布规格各不相同，一般的圆形台布多见于定型特制，即根据餐台的大小将台布制成大于餐台直径60厘米的圆形台布，使台布铺于餐台上四周下垂30厘米。

## 二、中餐铺台布方法

### （一）台布铺设准备工作

台布铺设是将台布舒适平整地铺在餐桌上的过程。

（1）应将所需餐椅按就餐人数摆放于餐台的四周。

（2）服务人员应将双手洗净，并对准备铺用的每块台布进行仔细的检查，发现有残破、污渍和皱褶的台布则不能继续使用。

（3）选择熨烫整洁的与餐桌大小相配套的台布。

（4）应根据餐厅的装饰、布局确定席位。

（5）操作时，餐厅服务人员应将主人处餐椅拉开至右侧餐椅后边，餐厅服务人员站立在主人餐椅处，将选好的台布放于主人处的餐台上。

### （二）铺设台布的方法

中餐圆台铺台布的常用方法有三种：抖铺式、推拉式（又叫平铺式）和撒网式。铺台布的基本程序是：准备物品、拉椅、站位、打开台布、合拢/折叠/提起/上肩、铺出/撒出、拉/抖、定位八个步骤。

1.抖铺式铺台布

用双手将台布打开，平行打折后将台布提拿在双手中，身体呈正位站立，利用双腕的力量，将台布一次性抖开并平铺在餐台上，要求姿势有力，动作熟练、洒脱，一次成功,如图2-15所示,具体操作标准见表2-6。这种铺台布的方法适合较宽敞的餐厅或在周围没有客人就座的情况下进行。

| 准备 | 打开 | 抓起 | 铺出 | 定位 |

图2-15 抖铺式铺台布

表2-6                                                          抖铺式铺台布

| 程序 | 操作标准及要求 |
|------|----------------|
| 准备 | 洗好手,将台布准备好,放于备餐台上 |
| 拉椅 | 将椅子按要求摆放,并将主人位上的椅子移开 |
| 站位 | 站在主人位置上,准备操作 |
| 打开台布 | 用双手将折好的台布打开 |
| 抓起 | 平行打折后将台布抓起在双手中,握紧 |
| 抖开、平铺 | 身体呈正位站立,利用双腕的力量,将台布一次性抖开并平铺在餐台上 |
| 回拉 | 在抖出去的同时向回拉,防止台布因推出过多而落地 |
| 定位 | 用食指和大拇指将台布拉回定位,十字居中,四角均匀下垂 |

2.推拉式铺台布

用双手将台布打开后放在餐台上,正面向上,左右两手捏住台布的一边,至距边缘40~50厘米处(这样可以防止台布边缘着地),两手离台布中缝线各约50厘米(视台布大小而定),剩余的台布分别夹在其余手指内,将台布贴着餐台平行推出去(手不可过餐台的2/5处,否则台布边缘容易着地),再拉回来(视台布中心与餐台的中心而定,动作不可过快),一次定位准确,铺好的台布中缝线对正主人位和副主人位,十字中点落在餐台圆心上,四角离地面距离相等,如图2-16所示,具体操作标准见表2-7。这种铺法多用于零点餐厅或地方较小的餐厅。双层台布中底布的铺设,一般也选用这种推拉式的方法进行。

| 准备 | 打开 | 抓起 | 铺出 | 定位 |

图2-16 推拉式铺台布

表2-7 推拉式铺台布

| 程序 | 操作标准及要求 |
| --- | --- |
| 准备 | 洗好手,将台布准备好,放于备餐台上 |
| 拉椅 | 将椅子按要求摆放,并将主人位上的椅子移开 |
| 站位 | 站在主人位置上,准备操作 |
| 打开台布 | 用双手将折好的台布打开 |
| 合拢/折叠 | 抓住多余台布,用两手臂的臂力将台布沿着桌面向胸前合拢 |
| 推出 | 拇指和食指捏住台布边角,其他手指迅速松开,将台布呈放射状向台面抛出,力度要适宜 |
| 回拉 | 在推出去的同时向回拉,防止台布推出过多而落地 |
| 定位 | 用食指和大拇指将台布拉回定位,十字居中,四角均匀下垂 |

**3.撒网式铺台布**

用双手将台布打开,正面向上,用大拇指和食指抓住台布,靠近身体的一侧,其余三指快速抓住台布其余部分,平行对折;呈右脚在前、左脚在后的姿势站立,双手将打开的台布提拿起来至胸前,双臂与肩平行,上身向左转体,下肢不动并在右臂与身体转动时,台布斜着向前撒出去,如同撒渔网一样,将台布抛至前方时,上身转体回正,并恢复至正位站立,然后再将台布向胸前拉回,一边拉一边调整台布,如图2-17所示,具体操作标准见表2-8。撒网式铺台布多用于宽大场地或技术比赛。

图2-17 撒网式铺台布

表2-8 撒网式铺台布

| 程序 | 操作标准及要求 |
| --- | --- |
| 准备 | 洗好手,将台布准备好,放于备餐台上 |
| 拉椅 | 将椅子按要求摆放,并将主人位上的椅子移开 |
| 站位 | 站在主人位置上,准备操作 |
| 打开台布 | 将折好的台布正面朝上打开,捏住台布一边 |
| 提起、上肩 | 将多余台布提起至左肩后方,抓紧台布,同时上身向左转体 |
| 撒出 | 双手拽住台布两边,将其余部分的台布向前方撒出去,如同撒网一样,一次到位 |
| 回拉 | 在撒出去的同时快速向回拉,避免台布落地 |
| 定位 | 用食指和大拇指将台布拉回定位,十字居中,四角均匀下垂 |

"微示范2-3：铺设台布的方法"的示范要求及参考评价见表2-9。

表2-9　　　　　　　　"铺设台布的方法"的示范要求及参考评价

| 示范项目 | 铺设台布的方法 | |
|---|---|---|
| 示范准备 | 酒店综合实训室 | |
| 示范要求 | 掌握铺设台布的不同方法 | |
| 示范方法 | 1.将学生分组，每组5~6人<br>2.由教师指导，学生分组练习 | |
| 示范评价 | 知识应用 | 1.掌握铺设台布的不同方法<br>2.掌握铺设台布的技巧 |
| | 能力提升 | 1.能够正确地运用铺设台布的方法<br>2.能够根据情景选择正确的铺设台布的方法 |
| | 素质培养 | 1.积极、主动、热情、耐心的服务意识及强烈的社会责任感<br>2.一丝不苟、精益求精<br>3.具备自信的服务态度 |
| | 成果展示 | 运用不同的方法铺设台布 |

### （三）注意事项

铺台布的注意事项有以下四点：

（1）铺台布时，服务员应站在主人位处。

（2）铺台布时，台布不能接触地面。

（3）台布正面凸线向上，中心线对准主人位置，十字中心点处于桌子中心，台布平整，四边均匀下垂。

（4）铺设台布过程中，服务员要自然大方、刚柔并济、动作优美、面带微笑。

## 三、西餐铺台布方法

西餐一般多用方桌和长桌。铺设台布时，服务员站在方桌一侧的中间位置，如是长方形餐桌，应站在长边一侧操作。

西餐宴会通常是由多个方桌或长桌拼成的大型餐台，台布一般由1~2人合铺。西餐铺台布一般使用推拉式或抖铺式，特别是第二块以后的台布铺设尤其如此。具体操作程序如下：

（1）检查餐桌是否稳固，位置是否适当。

（2）如果是一块台布，则站在长台中间的位置，用力向对面抛出。台布正面朝上，拇指与食指抓住台布靠近身体的一侧，其余三指抓住台布剩余部分，中心线对正，下垂部分要均匀，美观整齐。如果有两块台布，一人两端铺设，则先在餐台里端使用上面的方法铺设一块台布，再在餐台的外端铺设另一块台布；两人铺设的话，两人分别站立于餐台两边的1/2处铺设，接缝处要一致、平整。

（3）长餐台往往需要多个台布拼铺。铺设时，应从餐厅里面往外铺，让每张台布的接缝朝里，以步入餐厅的客人看不见接缝为原则；要求台布中线相连，成一条线；台布的横边与餐台长边垂直，台布下垂部分的四个边要平行相等，台布下沿以正好接触到椅面为宜，一般由两人或多人共同完成。

**▶▶ 业务链接 2-3　　　西餐厅台布的几种铺法**

西餐厅台布俗称西餐桌布，西餐厅一般使用方桌或长方桌，餐桌规格也多种多样，不过餐桌规格不影响台布的铺台与定制。西餐台布铺台分两种：单铺、双铺，与中餐一样。不同的是西餐台布有落地铺、半落地铺。落地铺台布下垂75厘米，4个四直角改为圆角使桌布四角不拖地，落地铺庄重、大气且能提高餐厅档次，营造用餐氛围。半落地铺台布下垂45~50厘米，四角为直角，大多西餐厅都使用半落地铺方式。

## 四、铺台布操作要点

铺台布的操作要点包括：

（1）铺好的台布，正面向上，凸缝朝上对准餐桌正、副主人中心位置，十字中心点位于餐桌中心。

（2）台布铺好后，四角对准餐桌四脚，呈直线下垂状，下垂部分距地面距离相等。

（3）铺好的台布应平整、无皱纹、无污渍。

（4）铺设台布过程中注意台布不能接触地面。

（5）台布铺好后，应将主人位餐椅送回原位。挪动餐椅的动作是：两手握住椅背的两侧，用膝盖顶住椅子的坐面横梁，脚步移动，尽量不要让椅子腿摩擦地面发出响声。

（6）台布铺设过程要自然、大方、轻松、潇洒、刚柔并济、动作优美、面带微笑。

## 【任务实施】

**实施描述：** 请根据实际工作场景为小白选出此刻最适合的铺台布方法。同时练习不同铺台布技能并能够熟练地进行操作。

**实施准备：** 中餐桌、中餐台布、中餐装饰布、西餐桌、西餐台布、餐椅等。

**实施步骤：**

1.学生以小组为单位，依次练习抖铺式、推拉式、撒网式三种中餐宴会台布和装饰布的铺设方法，能够按照操作要求和动作要领，一次到位。

2.完成西餐6人位宴会餐台的台布铺设工作，操作应符合规范。

## 【任务评价】

"铺台布"考核评分标准见表2-10。

表2-10           "铺台布"考核评分标准

| 序号 | 考核内容 | 考核要点 | 分值 | 自评分 | 互评分 | 教师评分 |
|---|---|---|---|---|---|---|
| 1 | 操作位置 | 在主人位进行操作<br>主人位拉椅开始，主人位餐椅送回结束 | 10 | | | |
| 2 | 操作姿势 | 按照要求采用三种不同方法铺台布<br>每种方法姿势规范，符合要求 | 30 | | | |
| 3 | 操作要求 | 台布不能接触地面<br>一次到位<br>姿势优雅大方 | 20 | | | |
| 4 | 总体效果 | 台布正面朝上，十字线对准餐桌中心线<br>凸缝朝上对准正、副主人位<br>台布四角对准餐桌四脚<br>下垂部分距地面距离相等 | 40 | | | |
| | | 总分 | 100 | | | |
| 小组自评 | | | | | | |
| 小组互评 | | | | | | |
| 教师评分 | | | | | | |
| 小组成员个人得分 | 姓名 | | | | | |
| | 得分 | | | | | |
| 说明 | 小组任务得分=小组自评分×20%+小组互评分×30%+教师评分×50%。小组成员个人得分由小组长和教师根据个人任务完成中的工作情况分配分数 | | | | | |

# 任务四 中餐摆台技能

## 【任务目标】

知识目标：

1.理解中餐摆台的含义及要求

2.掌握中餐宴会的布局及席位安排

3.掌握中餐摆台的操作标准

能力目标：

1.能够按照中餐不同的就餐形式进行摆台

2.能够做到操作规范、熟练

3.能够根据客人要求对宴会及席位进行布局安排

素质目标：

1.具有吃苦耐劳、敬业爱岗、忠于职守的工作态度

2.具有积极主动、热情、耐心的服务意识及强烈的社会责任感

## 【任务导入】

酒店中餐宴会厅接到张先生预订的寿宴，共设15桌，一桌10人。小白和其他服务员需要在宴会开始前2小时摆好台面。

任务要求：小白和他的同事如何准时保质保量地完成摆台任务呢？

## 【知识储备】

餐台是餐厅为客人提供的主要设施之一。餐台的布置工作称为摆台，是将餐具、酒具以及辅助用品按照一定的规格，整齐美观地摆放在餐桌上的操作过程，包括餐桌排列、席位安排、餐具摆放等。摆台要求做到清洁卫生、整齐有序、放置得当、方便就餐、配套齐全。这样既可以保证用餐环境的方便舒适，又可以给就餐客人营造良好的就餐氛围。中餐摆台一般分为零点摆台和宴会摆台两种。零点摆台以小餐桌为主，宴会摆台一般以10人大圆桌为主。

微课堂2-4

中餐摆台技能

### 一、中餐摆台的基本要求

中餐摆台的基本要求包括：

1.台面要清洁卫生

摆台所用的台布、餐巾、餐具、酒具、小件物品、餐椅和其他各种装饰物品都要符合卫生要求。

2.餐台的布局要井然有序

要做到台形设计考究、合理、有序，既方便客人就餐，又能确保服务工作的顺利进行。

3.台面的设计要考虑周全

尊重客人的民族风俗和饮食习惯，符合待客的礼仪要求。

4.餐具的摆放要整齐划一

根据就餐规格和形式设计台面，所配餐具、用具要配套齐全。餐具摆放要有条理，各席位的餐具相对集中、整齐一致，席位之间应有明显空隙，既要方便客人用餐，又要便于餐间服务。

### 二、中餐零点摆台

中餐零点摆台多用于零点散客，其餐台常使用小方台或者小圆桌，没有主次之分。在客人进餐前放好各种调味品，按照座位摆好餐具，餐具的多少可以根据当餐的菜单要求而定。

#### （一）中餐早餐摆台

中餐早餐摆台比较简单，一般是将骨碟摆在座位正中，距桌边1厘米。汤碗摆在骨

碟左侧，汤勺摆在汤碗内，勺把朝向同一方向。筷子装在筷套内摆在骨碟的右侧，如图 2-18 所示。

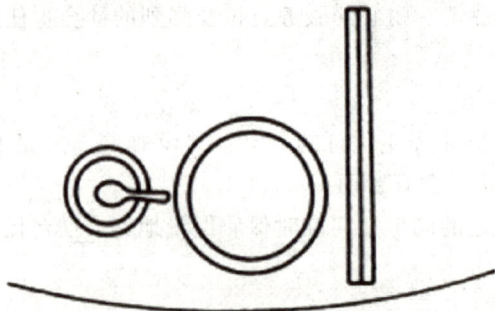

图 2-18　中餐早餐摆台

### （二）中餐午、晚餐摆台

中餐午、晚餐摆台与早餐摆台基本相同，只是在骨碟前面加放一个水杯，将叠好的餐巾花摆在骨碟内或插放在水杯中，如图 2-19 所示。摆放时，要求桌面上各种餐具、用具摆放有条理、整齐、一致、美观大方。

图 2-19　中餐午、晚餐摆台

## 三、中餐宴会摆台

中餐宴会摆台须根据宴会的性质、形式、主办单位的具体要求、参加宴会的人数、宴会厅面积等来制订方案。中餐宴会多采用圆台，其台形设计按厅堂的大小和自然条件来布置。一般有圆形、正方形等，总的要求是左右对称，出入方便。确定台型后，要按就餐人数安排座位。主人的座位应正对厅堂入口处，其视线应能纵览全厅。

### （一）中餐宴会的桌次安排

中餐宴会的接待规格较高，形式较为隆重。中餐宴会可以用圆桌也可以用长桌或方桌，多使用圆桌。由于宴会的人数较多，所以应该根据宴会厅的形状、面积以及赴宴的人数安排场地，桌与桌之间的距离以方便服务人员服务为宜。主桌应该位于面向餐厅正门的位置，可以纵观整个宴会厅。一定要将主宾入席和退席的线路设为主行道，主行道应该比其他通道宽一些。不同桌数的布局方法有所区别，但一定要做到台布铺置一条线、桌腿一条线、花瓶一条线，突出主桌，各桌相互对称，如图 2-20 所示。

图2-20　中餐宴会桌次安排

（图片来源：https://www.sohu.com/a/202698750_658453）

中餐宴请圆桌排列的尊卑次序有两种情况。

第一种情况是由两桌组成的小型宴会，如图2-21所示。这种情况又可以分为两桌横排和两桌竖排的形式。当两桌横排时，桌次是以右为尊，以左为卑。这里所说的右和左，是由面对正门的位置来确定的。当两桌竖排时，桌次讲究以远为上，以近为下。这里所讲的远近，是以距离正门的远近而言的。

图2—21　两桌组成的小型宴会

第二种情况是由三桌或三桌以上的桌数所组成的宴会，如图2-22所示。在安排多桌宴请的桌次时，要遵循"中心第一""面门定位""以右为尊""以远为上"等原则，此外还应兼顾其他各桌距离主桌的远近。通常，距离主桌越近，桌次越高；距离主桌越远，桌次越低。

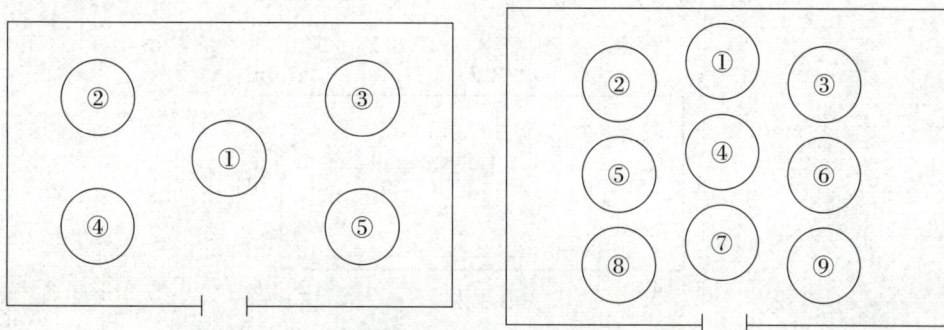

图2—22　三桌或三桌以上的宴会

为了确保在宴请时赴宴者能及时、准确地找到自己所在的桌次，可以在请柬上注明对方所在的桌次、在宴会厅入口悬挂宴会桌次排列示意图、安排引位员引导来宾按桌就座或者在每张餐桌上摆放桌次牌（用阿拉伯数字书写）。

### （二）中餐宴会的座次安排

在宴会上，座次是指同一张餐台上座位的排列，每张餐台上的具体座次有主次尊卑之分。中餐宴会上排列座次的原则有四点：一是面门为上，即主人面对餐厅正门。有多位主人时，双方可交叉排列，离主位越近地位越高。二是以右为尊，即主宾在主位（第一主位）右侧。三是好事成双，即每张餐桌的人数应为双数，吉庆宴会尤其如此。四是同向就座，即每张餐桌的排位均大体相似。每张餐桌上，就餐人数一般应限制在10个人之内，并且为双数，人数过多，过于拥挤，服务员也会照顾不过来。

在每张餐桌座次的具体安排上，还可以分为以下两种情况：

（1）每张桌上一个主位的排列方法，如图2-23所示。每张餐桌上只有一个主人，主宾在其右侧就座，形成一个谈话中心。

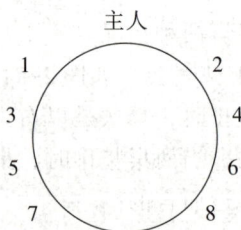

图2-23　中餐宴会座次安排（情况一）

（2）每张桌上有两个主位的排列方法，如图2-24所示。如主人夫妇就座于同一桌，以男主人为第一主人，女主人为第二主人，主宾和主宾夫人分别坐在男女主人右侧，桌上形成两个谈话中心。

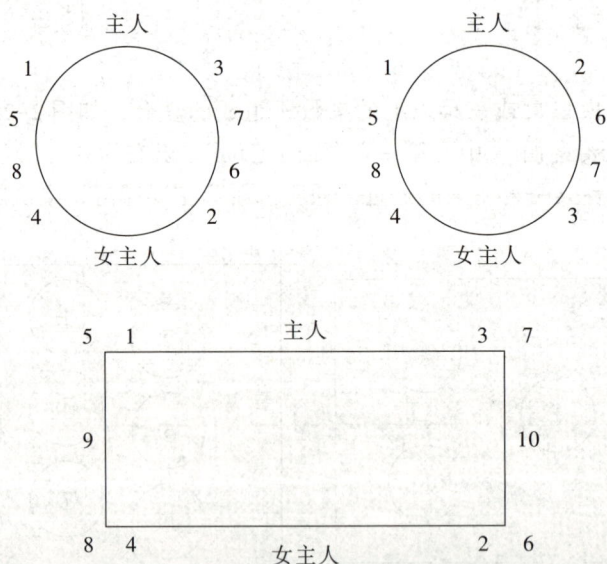

图2-24　中餐宴会座次安排（情况二）

　　为了便于来宾准确无误地在自己的座位上就座，除招待人员和主人要及时加以引导指示外，应事先在每位来宾所属座位正前方的桌面上放置醒目的个人姓名座位卡。举行涉外宴请时，座位卡应以中、英两种文字书写。中国的惯例是，中文在上，英文在下。必要时，座位卡的两面都写来宾的姓名。

>> **头脑风暴2-3**　　　到底该如何安排位次？

　　事业小有成就的张先生想到爷爷马上要迎来80岁大寿，作为长孙的自己想亲自为爷爷准备一场寿宴，于是打电话至酒店预订10桌的寿宴。
　　讨论：本次寿宴的桌次和座次应该如何安排呢？

>> **业务链接2-4**　　　主宾为何坐在主人的右边

　　中餐礼仪之座次排列当中，主宾为何在主人的右边？
　　这样的座次排列方法起源于中国古代的乡饮酒礼。在古代，一个房间有四个角，西南角叫"奥"，东南角叫"窔"，东北角叫"宧"，西北角叫"屋漏"。
　　奥是最尊贵的方位，祭祀时是陈放牌位的地方。主人敬重客人，必请客人坐在西边的方位，西边是宾客的位置。主人自己坐在东边的席位上，这里是主位，主人是"东道主"。古代大户人家的堂屋坐北朝南，地基较高，登堂需要上台阶。客人来时，走在主人的左侧，从西边的台阶上去，主人陪同客人，走在客人的右侧，从东边的台阶上去，落座之后面朝南，客人就坐于主人的右边。

（资料来源：徐克茹. 商务礼仪标准培训［M］. 3版. 北京：中国纺织出版社，2015）

### （二）中餐宴会摆台程序与规范

　　值台员应左手持托盘，右手摆放餐具，从主人位开始摆起。中餐宴会一人席位摆台标准图如图2-25所示，中餐摆台席面示意图如图2-26所示，中餐宴会摆台实物图如图2-27所示。

单位：厘米

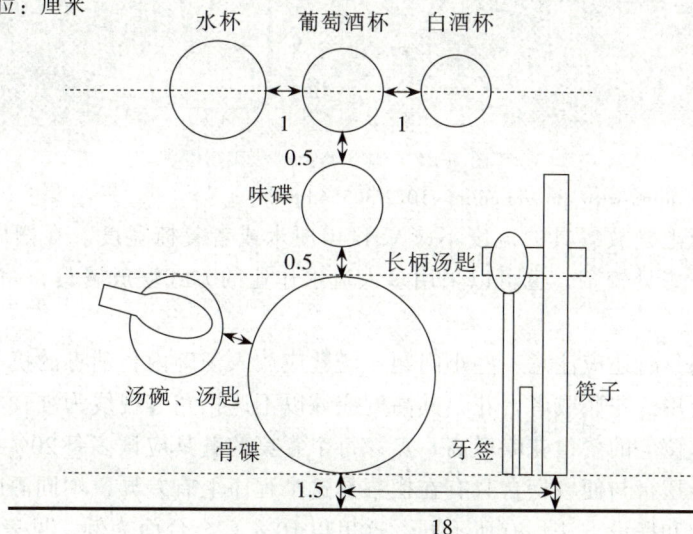

18

图2-25　一人席位摆台标准图

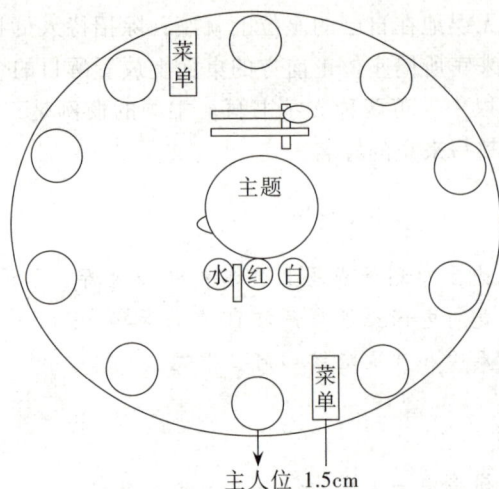

图2-26　中餐摆台席面示意图

图2-27　中餐宴会摆台实物图

（图片来源：http://www.qtc.edu.cn/info/1022/30554.htm）

　　个人席位上摆放餐具的宽度不应窄于40厘米或者餐椅宽度。在摆放餐具时如果宴会人数众多，餐具较多，也可以采用多人流水作业的方式摆放餐具，一个人摆放一种，依次摆放。

　　在摆放餐具时还应注意一些小问题：汤匙应放入汤碗内；消毒的筷子应该用筷套封装；餐桌上使用的花瓶或者台花，其高度应该以不遮挡宾客视线为准；主人位的餐巾花应该比其他座位上的餐巾花略微高一点；每个餐桌的餐具应该多备20%备用。

　　中餐宴会摆台与便餐摆台只有在摆餐具这个程序上有差异，不同酒店、不同主题的餐台所需餐具和摆设方法均有所不同，这里以10人宴会台面为例，见表2-11。

表2-11　　　　　　　　　　　　中餐宴会摆台程序与规范

| 程序 | 操作规范 |
|---|---|
| 摆台准备 | 洗净双手<br>准备好各类餐具、台布、口布、装饰物等<br>检查餐具是否有破损、污迹、手印等<br>检查台布、口布是否干净，是否有褶皱、破洞、油渍等 |
| 铺台布 | 台面平整，凸缝朝向正、副主人位，下垂均等<br>装饰布平整且四周下垂均等 |
| 骨碟定位 | 一次性定位、碟间距离均等，骨碟标志对正<br>距桌沿1.5厘米<br>拿碟手法正确（手拿骨碟边缘部分）、卫生 |
| 味碟、汤碗、汤勺 | 味碟位于骨碟正上方，相距1厘米<br>汤碗摆放在味碟左侧1厘米处，与味碟在一条直线上，汤勺放置于汤碗中，勺把朝左，与骨碟平行 |
| 筷架、筷子、长柄勺、牙签 | 筷架摆在骨碟右边，与味碟在一条直线上<br>筷子、长柄勺搁摆在筷架上，长柄勺距骨碟3厘米，筷尾距餐桌沿1.5厘米<br>筷套正面朝上<br>牙签位于长柄勺和筷子之间，牙签套正面朝上，底部与长柄勺齐平 |
| 红酒杯、白酒杯、水杯 | 红酒杯在味碟正上方2厘米<br>白酒杯摆在红酒杯的右侧，水杯位于红酒杯左侧，杯肚间隔1厘米，三杯中心在一条直线上。如果折的是杯花，水杯待餐巾花折好后一起摆上桌；如果折的是盘花或环花，可在酒具摆好之后折叠，也可在所有餐具摆好后折叠<br>摆杯手法正确（手拿杯柄或中下部）、卫生 |
| 公用餐具 | 公用餐具摆放在正、副主人的正前方<br>按先筷后勺顺序将筷、勺搁在公用筷架上（设两套），公用筷架与正、副主人位水杯相对，间距1厘米，筷子末端及勺柄向右 |
| 菜单、花瓶（花篮或其他装饰物）和桌号牌 | 花瓶（花篮或其他装饰物）摆在台面正中，造型精美、符合主题要求<br>菜单摆放在筷子架右侧，位置一致，有两个菜单则分别摆放在正、副主人的筷子架右侧<br>桌号牌摆放在花瓶（花篮或其他装饰物）正前方、面对副主人位 |

微示范2-4

中餐摆台
程序与规范

微示范2-4："中餐摆台程序与规范"的示范要求及参考评价见表2-12。

表2-12 "中餐摆台程序与规范"的示范要求及参考评价

| 示范项目 | 中餐摆台程序与规范 | |
|---|---|---|
| 示范准备 | 酒店综合实训室 | |
| 示范要求 | 掌握中餐摆台的程序与操作规范 | |
| 示范方法 | 1.将学生分组，每组5~6人<br>2.由教师指导，学生分组练习 | |
| 示范评价 | 知识应用 | 1.掌握中餐摆台的程序<br>2.掌握中餐摆台的操作规范 |
| | 能力提升 | 1.能够按照正确的顺序进行中餐摆台<br>2.能够根据中餐摆台的操作规范进行摆台 |
| | 素质培养 | 1.积极、主动、热情、耐心的服务意识及强烈的社会责任感<br>2.一丝不苟、精益求精<br>3.自信的服务态度 |
| | 成果展示 | 按照中餐摆台程序与规范进行摆台练习 |

中餐宴会摆台的注意事项包括：

（1）主题要求：台面设计主题明确，物品准备与布置符合主题要求。

（2）整体要求：餐具颜色、规格协调统一，便于使用，整体美观，具有强烈艺术美感。

（3）操作要求：要求使用托盘操作，操作过程中动作规范、娴熟、敏捷、安静，姿态优美，能体现岗位气质。

（4）餐椅定位：从主宾位开始拉椅定位，座位中心与骨碟中心对齐，餐椅之间距离均等，餐椅座面边缘距台布下垂部分1.5厘米；餐椅定位可在餐具摆放之前，也可在餐具摆放之后，作为摆台的最后一道程序。

行业对接2-1

馨和国际酒店
中餐摆台的
操作流程及
标准

（5）餐巾折花：餐巾折花与摆餐具顺序不限。

（6）餐具摆放顺序：所有餐具均从主人位开始顺时针摆放，围餐则从主宾开始。

## 【任务实施】

实施描述：请帮助小白和他的小伙伴计划应如何准时保质保量地完成摆台任务。

实施准备：中餐装饰布、台布、托盘、托盘垫、骨碟、味碟、汤碗、汤匙、筷架、长柄匙、牙签、葡萄酒杯、白酒杯、水杯、餐巾、花瓶、桌号牌、菜单等。

实施步骤：

按照所学中餐宴会摆台程序和规范，以小组为单位，依次练习10人位的中餐宴会摆台，要求无程序错误、不漏项，无物品落地、物品碰倒的情况。

1.做好备餐工作，按照餐具摆设程序依次在备餐桌上整齐摆列，方便摆台。

2.按照摆台程序，利用托盘分5次托摆。第一次托骨碟；第二次托味碟、汤碗、汤勺、筷架、筷子、长柄勺、牙签；第三次托葡萄酒杯、白酒杯；然后进行餐巾折花；第四次托装好杯花的水杯；第五次托公用餐具；最后摆放菜单和花瓶（可不使用托盘）。

3.摆味碟和葡萄酒杯时，用眼睛观察所摆餐位的骨碟、味碟、葡萄酒杯是否和餐桌中点以及对面的餐具在同一条直线上，以便作出调整。

4.安排好不同造型餐巾折花的顺序，按照托盘理盘原则，先上桌的在前，后上桌的在后。

## 【任务评价】

"中餐宴会摆台"考核评分标准见表2-13。

表2-13　　　　　　　　　　"中餐宴会摆台"考核评分标准

| 序号 | 项目 | 操作程序及标准 | 分值 | 自评分 | 互评分 | 教师评分 |
|---|---|---|---|---|---|---|
| 1 | 物品准备 | 物品准备齐全，符合卫生标准和宴会要求，轻拿轻放 | 5 | | | |
| 2 | 台布及装饰布 | 台面平整，凸缝朝向正、副主人位，下垂均等 | 5 | | | |
| | | 装饰布平整且四周下垂均等 | 5 | | | |
| 3 | 骨碟定位 | 碟间距离均等，距桌沿1.5厘米 | 10 | | | |
| 4 | 味碟、汤碗、汤匙 | 味碟位于骨碟正上方，相距1厘米 | 15 | | | |
| | | 汤碗位于味碟左侧1厘米处，汤碗、味碟的中心点在一条水平直线上 | | | | |
| | | 汤匙放在汤碗内，匙把向左，与味碟中心在一条直线上 | | | | |
| 5 | 筷架、筷子、长柄勺、牙签 | 筷架摆在骨碟右边，位于筷子上部三分之一处 | 20 | | | |
| | | 筷子、长柄勺搁摆在筷架上，长柄勺距骨碟距离均等，筷尾距桌沿1.5厘米，筷套正面朝上 | | | | |
| | | 牙签位于长柄勺和筷子之间，牙签套正面朝上，底部与长柄勺齐平 | | | | |
| 6 | 葡萄酒杯、白酒杯、水杯 | 葡萄酒杯在味碟正上方2厘米 | 20 | | | |
| | | 白酒杯摆在葡萄酒杯的右侧，水杯位于葡萄酒杯左侧，杯肚间隔1厘米 | | | | |
| | | 三杯中心在一条直线上 | | | | |
| 7 | 餐巾花 | 餐巾花型符合宴会主题 | 5 | | | |
| | | 餐巾花折叠美观 | | | | |
| | | 餐巾花摆放正确 | | | | |
| 8 | 菜单、台号牌、花瓶 | 菜单摆在正、副主人的筷架右侧，底边距桌边1.5厘米 | 5 | | | |
| | | 台号牌摆放在花瓶正前方，面对副主人位，花瓶摆在餐台正中心 | | | | |
| | 总体印象 | 操作过程中动作规范、娴熟、敏捷、安静，姿态优美 | 10 | | | |
| | | 总分 | 100 | | | |
| 小组自评 | | | | | | |
| 小组互评 | | | | | | |
| 教师评价 | | | | | | |
| 小组成员个人得分 | 姓名 | | | | | |
| | 得分 | | | | | |
| 说明 | | 小组任务得分=小组自评分×20%+小组互评分×30%+教师评分×50%。小组成员个人得分由小组长和教师根据个人任务完成中的工作情况分配分数 | | | | |

# 任务五 西餐摆台技能

## 【任务目标】

知识目标：

1.了解西餐摆台相关知识

2.了解不同的西餐摆台标准

3.掌握西餐宴会的布局及席位安排

能力目标：

1.能够按照西餐不同的服务方式进行摆台

2.能够做到操作规范、熟练

3.能够根据客人要求对宴会及席位进行布局安排

素质目标：

1.具有吃苦耐劳、敬业爱岗、忠于职守的工作态度

2.具有积极主动、热情、耐心的服务意识及强烈的社会责任感

## 【任务导入】

年末将至，酒店接到某外资企业电话预约，想在宴会厅举行小型西式晚宴，企业在德国总部的高管和中方企业领导们及相关工作人员将会出席此次宴会，共设8桌。实习期的小白将参与此次宴会的服务工作，需要在宴会前2小时布置好宴会厅并摆好西餐宴会台面。

任务要求：小白和他的同事应如何准时保质保量地完成西餐宴会摆台工作呢？

## 【知识储备】

微课堂2-5

西餐摆台技能

西餐一般使用长方形餐台，根据就餐环境和人数的不同有时也使用圆台或者四人小方台。西餐就餐实行分餐制，摆台应按照不同的餐别作出不同的摆设。西餐摆台一般分为零点摆台和宴会摆台，同时西餐摆台的方式因不同的服务方式也有不同之处。

## 一、西餐摆台用具

### （一）西餐餐刀、餐叉、餐匙

西餐刀、叉、匙品种多样，如图2-28所示。

1.餐刀

按照用途不同，餐刀可分成：开胃品刀（冷菜刀）、鱼刀、主餐刀（主菜刀，又称为热菜刀）、黄油刀、甜品刀、面包刀等。

2.餐叉

按形状、大小、用途的不同，餐叉可分成：开胃品叉（冷菜叉）、鱼叉、主餐叉（主菜叉，又称热菜叉）、甜品叉等。

图 2-28　西餐不同种类刀、叉、匙

（图片来源：https://www.sohu.com/a/238570277_100079940）

3.餐匙

餐匙又称勺，按形状、大小、用途的不同，餐匙可分成汤匙、咖啡匙、甜品匙等。

（二）西餐杯具

按使用目的的不同，西餐常用杯具有水杯，白兰地杯，香槟杯，红、白葡萄酒杯，甜酒杯，雪利酒杯等，如图 2-29 所示。

Red Burgundy　Red Bordeaux　White Wine　Champagne　Brandy
勃艮第红酒杯　波尔多红酒杯　白酒杯　香槟杯　白兰地杯

图 2-29　西餐不同种类杯具

（图片来源：https://www.sohu.com/a/163706165_99921739）

（三）西餐餐盘

按大小、形状、用途的不同，西餐餐盘分为装饰盘、面包盘、黄油盘等。

（四）西餐其他用具

其他常见的西餐用具还有盐瓶、胡椒瓶、带盖黄油碟、酒瓶垫、油醋架、糖盅、汁酱盅、沙拉碗、茶壶、咖啡杯、汤碗和大汤碗等。

## 二、西餐零点摆台

### （一）西餐早餐摆台

西餐早餐一般是在咖啡厅内提供的，饮食文化及习俗的不同，造就不同的餐饮服务方式。西餐早餐可分为美式早餐、欧陆式早餐及英式早餐等，它们的摆台方法略有差异，西餐早餐摆台一般不铺台布（如图2-30所示）。西式早餐的摆台标准如下：

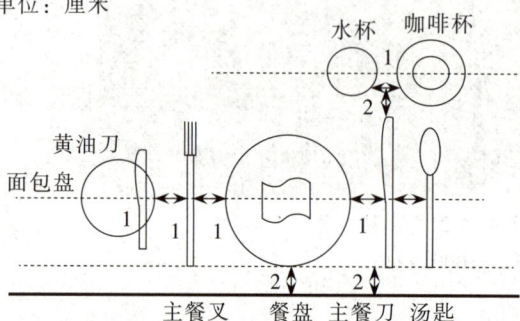

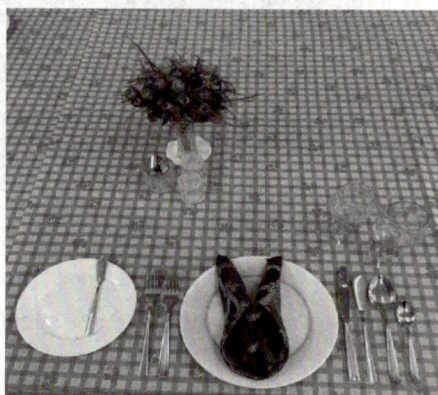

图2-30　西餐早餐摆台示意图

（1）在餐椅正对处摆放餐盘（或纸垫式菜单），距离桌边2厘米。

（2）餐盘的左侧摆放主餐叉，叉尖朝上；餐盘的右侧摆放主餐刀，刀刃朝盘。主餐刀右侧摆放汤匙。叉底、餐盘边、刀底、匙底在一条直线上。

（3）黄油刀放在面包盘上，摆在餐叉左侧，在面包盘中线靠右1/3处摆放黄油刀，刀刃朝向盘心。

（4）餐盘上或刀、叉之间的纸垫上摆放餐巾花。

（5）在餐台中心位置上摆放花瓶、烟灰缸、胡椒盅、糖缸等物品。

### （二）西餐午、晚餐摆台

西餐午、晚餐摆台在早餐摆台的基础上，撤去咖啡杯而增加茶匙和甜点叉。甜点叉横放于餐盘正上方，叉柄朝左。在甜点叉的上方，与甜点叉平行摆放茶匙，匙柄朝右。

## 三、西餐宴会摆台

西餐宴会摆台是可以拼接的，餐台的大小和台形的排法，可根据人数的多少和餐厅的大小进行设置，一般为长台。人数较多时台形可有多种，图2-31为几种常见的台形。

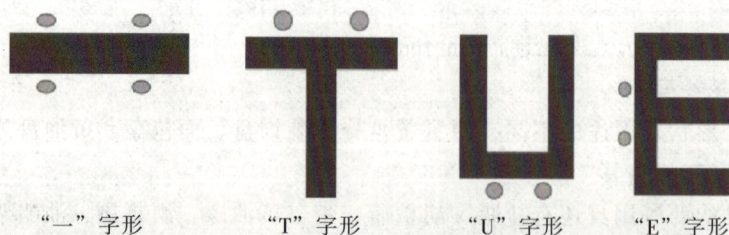

"一"字形　　　"T"字形　　　"U"字形　　　"E"字形

图2-31　常见的西餐宴会台形

### （一）西餐宴会座次安排

西餐宴会中，主人一般安排在面向餐厅正门的位置，第一、二客人安排在主人的两侧。使用长台时，主人安排在长台正中的位置或者长台顶端。使用圆桌则与中餐宴会座次安排相同，如图2-32所示。

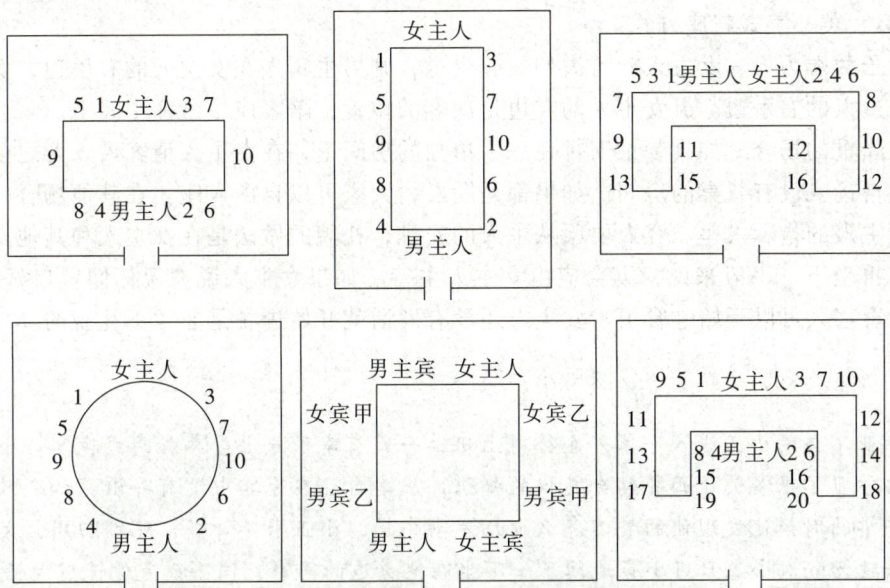

图 2-32 西餐宴会座次安排

#### 1.席位排列的规则

（1）女士优先。

在西餐礼仪里，往往遵从女士优先的原则。排定用餐席位时，一般女主人为第一主人，在主位就座，男主人为第二主人，在第二主人的位置就座。

（2）距离定位。

西餐餐台席位的尊卑是根据其距离主位的远近决定的。距主位近的席位地位要高于距主位远的席位。

（3）以右为尊。

排定席位时，以右为尊是基本原则。就某具体位置而言，其右侧之位要高于左侧之位。在西餐排位时，男主宾要排在女主人的右侧，女主宾排在男主人右侧，按此原则，依次排列。

（4）面门为上。

按礼仪的要求，面对餐厅正门的席位地位要高于背对餐厅正门的席位。

（5）交叉排列。

西餐排列席位时，讲究交叉排列的原则，即男女交叉排列，熟人和生人交叉排列。在西方人看来，会场合适拓展人际关系，交叉排列能让客人多和周围的客人相识、交流，达到社交的目的。

#### 2.席位排列的方式

西餐的席位排列与中餐有一定的区别，中餐多使用圆桌，西餐则以长桌为主。长桌的席位排列主要有以下两种方式。

（1）法式就座方式。

主人位置在中间，男、女主人对坐，女主人右边是男主宾，左边是男次宾；男主人的右边是女主宾，左边是女次宾；陪客则尽量往旁边坐。

（2）英、美式就座方式。

桌子两端为男、女主人，若夫妇一起受邀，则男主宾坐在女主人的右手边，女主宾坐男主人的右手边。男女主人的左边是次客的位置，陪客应尽量往中间坐。

在隆重的场合，如果餐桌安排在一个单独的房间里，在女主人请客人入席之前，不应当擅自进入设有餐桌的房间。如果都是朋友，大家可以自由入座。在其他场合，客人要按女主人的指示入座。客人要服从主人的安排，礼貌的做法是在女主人和其他女士坐下之后再坐下。一般来说，宴会应由女主人主持。如果女主人说"祝你们胃口好"，这就意味着客人可以开始进餐了。女主人还没有发话就开始进餐是非常不礼貌的。

>> 头脑风暴2-4　　切不动牛排的餐刀

毕业不久的小王进入一家外企公司上班，一天有幸跟随上司参加西式晚宴。小王通过网络学习了很多关于西餐宴会礼仪的知识，庆幸自己在晚宴中没有弄出笑话。只是到了吃牛排的时候他发现他的餐刀怎么也切不动牛排，小王很是奇怪，环顾四周，大家都吃得兴致勃勃。小王只好小声地问了一下坐在他旁边的同事，同事说完他恍然大悟。

讨论：小王的餐刀为什么切不动牛排呢？

**（二）西餐宴会餐具摆设**

西餐宴会餐具摆设的要求是：左手托盘，右手摆放餐具。摆放的顺序是：按顺时针方向，按照人数等距定位摆放餐盘，将折好的餐巾花放在餐盘中。西餐的餐具按照宴会菜单摆放，每道菜应该配一副刀叉，放置时要根据上菜的顺序从外侧到内侧，一般不超过七件（即三叉、三刀、一匙）。如果宴席有多道菜，则在上新菜前追加刀叉。西餐宴会摆台效果图如图2-33所示，西餐宴会个人席位餐具摆放实物图如图2-34所示，西餐宴会个人席位餐具摆放示意图如图2-35所示，西餐宴会其他用品摆放如图2-36所示。具体摆放流程与标准见表2-14。

图2-33　西餐宴会摆台效果图

（图片来源：https://www.sohu.com/a/161798074_741370）

图 2-34 西餐宴会个人席位餐具摆放实物图

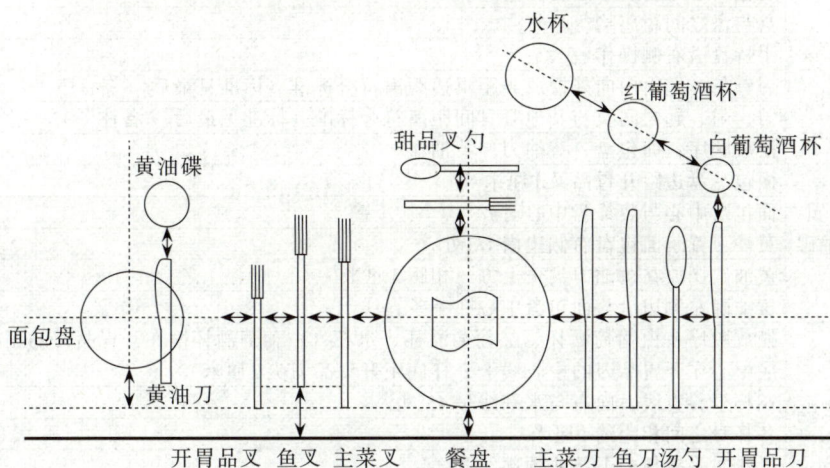

图 2-35 西餐宴会个人席位餐具摆放示意图

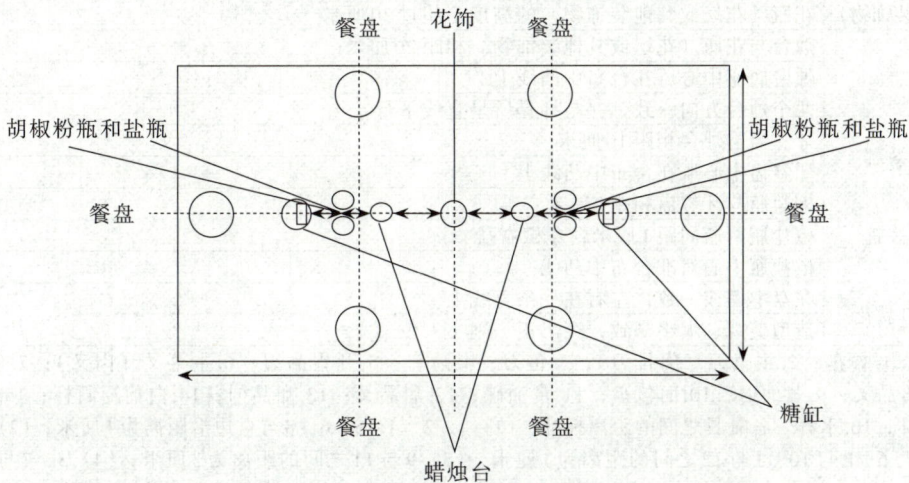

图 2-36 西餐宴会其他用品摆放

表 2-14 西餐宴会摆台程序与规范

| 程序 | 操作规范 |
|---|---|
| 物品准备 | 准备西餐宴会摆台需要的座椅、各种餐具、酒具等物品，餐酒具要多备1/5备用；所备餐酒具无残缺，符合卫生标准和宴会要求；准备物品时要使用托盘，轻拿轻放 |
| 铺台布 | 台布中凸线向上，两块台布中凸线对齐 |
| | 两块台布重叠5厘米 |
| | 主人位方向台布交叠在副主人位方向台布上 |
| | 台布四边下垂均等 |
| | 铺设操作最多4次整理成型 |
| 席椅定位 | 摆设操作从席椅正后方进行 |
| | 从主人位开始按顺时针方向摆设 |
| | 席椅之间距离基本相等 |
| | 相对席椅的椅背中心对齐 |
| | 席椅边沿与下垂台布相距1厘米 |
| 餐盘 | 从主人位开始顺时针方向摆设 |
| | 盘边距离桌边1厘米 |
| | 餐盘中心与餐位中心对齐 |
| | 盘与盘之间距离均等 |
| | 手持盘沿右侧操作 |
| 刀、叉、匙 | 刀、勺、匙由内向外摆放，距桌边距离符合标准（标准见最后"备注"） |
| | 刀、勺、匙之间及与其他餐具间距离符合标准（标准见最后"备注"） |
| 面包盘、黄油刀、黄油碟 | 摆放顺序：面包盘、黄油刀、黄油盘 |
| | 面包盘盘边距开胃品叉1厘米 |
| | 面包盘中心与装饰盘中心对齐 |
| | 黄油刀置于面包盘右侧边沿1/3处 |
| | 黄油碟摆放在黄油刀尖正上方，相距3厘米 |
| | 黄油碟左侧边沿与面包盘中心在一条直线上 |
| 杯具 | 摆放顺序：白葡萄酒杯、红葡萄酒杯、水杯（白葡萄酒杯摆在开胃品刀的正上方，杯底中心在开胃品刀的中心线上，杯底距开胃品刀尖2厘米） |
| | 三杯呈斜直线，向右与水平线呈45°角 |
| | 各杯身之间相距约1厘米 |
| | 操作时手持杯中下部或颈部 |
| 花瓶（花坛或其他装饰物） | 花瓶（花坛或其他装饰物）置于餐桌中央和台布中线上 |
| | 花瓶（花坛或其他装饰物）的高度不超过30厘米 |
| 烛台 | 烛台与花瓶（花坛或其他装饰物）相距20厘米 |
| | 烛台底座中心压在台布中凸线上 |
| | 两个烛台方向一致，并与杯具所呈直线平行 |
| 牙签盅 | 牙签盅与烛台相距10厘米 |
| | 牙签盅中心压在台布中凸线上 |
| 椒盐瓶 | 椒盐瓶与牙签盅相距2厘米 |
| | 椒盐瓶两瓶间距1厘米，左椒右盐 |
| | 椒盐瓶中心对准台布中凸线 |
| 餐巾盘花 | 在盘中摆放一致，左右在一条直线上 |
| | 造型美观、大小一致，突出正、副主人位 |

备注：1.餐盘；2.主菜刀（肉排刀）；3.鱼刀；4.汤勺；5.开胃品刀；6.主菜叉（肉叉）；7.鱼叉；8.开胃品叉；9.黄油刀；10.面包盘；11.黄油碟；12.甜品叉；13.甜品勺；14.白葡萄酒杯；15.红葡萄酒杯；16.水杯。各餐具之间的距离标准：（1）1、2、4、5、6、8与桌边沿距离为1厘米；（2）1与2、1与6、8与10、1与12之间的距离为1厘米，（3）9与11之间的距离为3厘米；（4）3、7与桌边沿的距离为5厘米；（5）6、7、8之间，2、3、4、5之间，12与13之间的距离为0.5厘米；（6）14、15、16杯肚之间的距离为1厘米

微示范2-5："西餐餐具摆放技巧"的示范要求及参考评价见表2-15。

表2-15　　　　　"西餐餐具摆放技巧"的示范要求及参考评价

| 示范项目 | 西餐餐具摆放技巧 | |
|---|---|---|
| 示范准备 | 酒店综合实训室 | |
| 示范要求 | 掌握西餐餐具的摆放技巧 | |
| 示范方法 | 1.将学生分组，每组5~6人<br>2.由教师指导，学生分组练习 | |
| 示范评价 | 知识应用 | 1.认识西餐餐具<br>2.掌握西餐餐具摆放的顺序 |
| | 能力提升 | 1.能够按照正确的顺序摆放西餐餐具<br>2.能够运用正确的方法摆放西餐餐具 |
| | 素质培养 | 1.积极、主动、热情、耐心的服务意识及强烈的社会责任感<br>2.一丝不苟、精益求精<br>3.具备自信的服务态度 |
| | 成果展示 | 按照西餐餐具摆放技巧进行摆台练习 |

### （三）摆台注意事项

1.主题要求

台面设计要主题明确，物品准备与布置符合主题要求。

2.整体要求

布件颜色要协调、美观，整体设计高雅、华贵。

3.操作要求

要求使用托盘操作，操作过程中动作规范、娴熟、敏捷、安静，姿态优美，能体现岗位气质。

## 【任务实施】

实施描述：请帮助小白和他的同事在规定时间内顺利完成西餐宴会摆台工作。

实施准备：西餐桌布、托盘、托盘垫、餐盘、餐巾、主菜刀叉、鱼刀、鱼叉、开胃品刀叉、甜品刀叉、长柄匙、面包盘、黄油刀、黄油碟、白葡萄酒杯、红葡萄酒杯、水杯、花瓶、烛台、椒盐瓶等。

实施步骤：

1.按照所学西餐宴会摆台程序和规范，以小组为单位，依次练习6人位的西餐宴会摆台。

2.要求无程序错误、不漏项，无物品落地、物品碰倒的情况。

## 【任务评价】

"西餐宴会摆台"考核评分标准见表2-16。

微示范2-5<br>西餐餐具<br>摆放技巧

知识拓展2-1<br>餐桌上的<br>清末新政：<br>慈禧太后<br>如何举办<br>一场正宗的<br>西餐宴会？

表 2-16                          "西餐宴会摆台"考核评分标准

| 序号 | 项目 | 操作程序及标准 | 分值 | 自评分 | 互评分 | 教师评分 |
|---|---|---|---|---|---|---|
| 1 | 物品准备 | 所备餐、酒具无残缺,摆放整齐有序,符合卫生标准和宴会要求。 | 5 | | | |
| 2 | 台布 | 台布中凸线向上,台布四边下垂均等,主人位方向台布交叠在副主人位方向台布上,铺设操作最多四次整理成型 | 10 | | | |
| 3 | 席椅定位 | 摆设操作从席椅正后方进行,从主人位开始按顺时针方向摆设,相对席椅的椅背中心对准,席椅边沿与下垂台布相距1厘米 | 10 | | | |
| 4 | 餐盘 | 从主人位开始顺时针方向摆设,盘边距离桌边沿1厘米,餐盘中心与餐位中心对齐,盘与盘之间距离均等,手持盘沿右侧操作 | 15 | | | |
| 5 | 刀、叉、匙 | 刀、叉、匙由内向外摆放,距桌边距离符合标准,刀、叉、匙之间及与其他餐具间距离均等 | 20 | | | |
| 6 | 面包盘、黄油刀、黄油碟 | 摆放顺序:面包盘、黄油刀、黄油碟,面包盘盘边距开胃品叉1厘米,面包盘中心与装饰盘中心对齐,黄油刀置于面包盘右侧边沿1/3处,黄油碟摆放在黄油刀尖正上方,相距3厘米,黄油碟左侧边沿与面包盘中心呈一条直线。 | 10 | | | |
| 7 | 杯具 | 摆放顺序:白葡萄酒杯、红葡萄酒杯、水杯(白葡萄酒杯摆在开胃品刀的正上方,杯底中心在开胃品刀的中心线上,杯底距开胃品刀尖2厘米),三杯呈斜直线,向右与水平线呈45°角,各杯身之间距离均等,操作时手持杯中下部或颈部 | 10 | | | |
| 8 | 餐巾花 | 造型逼真、美观、大方<br>突出正、副主人位 | 5 | | | |
| 9 | 其他用具 | 摆放位置正确,距离符合要求 | 5 | | | |
| 10 | 综合印象 | 台面整体整洁、美观、协调 | 10 | | | |
| 总分 | | | 100 | | | |
| 小组自评 | | | | | | |
| 小组互评 | | | | | | |
| 教师评价 | | | | | | |
| 小组成员个人得分 | 姓名 | | | | | |
| | 得分 | | | | | |
| 说明 | 小组任务得分=小组自评分×20%+小组互评分×30%+教师评分×50%。小组成员个人得分由小组长和教师根据个人任务完成中的工作情况分配分数 | | | | | |

# 任务六　斟酒技能

## 【任务目标】

### 知识目标：

1.了解斟酒的顺序、位置、时机

2.掌握酒水斟倒的相关操作要领与标准

3.了解酒水服务的注意事项

### 能力目标：

1.能够根据不同酒水的特点做好斟酒前的准备工作

2.能够按照操作要领与标准斟倒酒水

3.能够达到熟练操作、酒量适中、不滴不洒的要求

### 素质目标：

1.具有吃苦耐劳、敬业爱岗、忠于职守的工作态度

2.具有积极主动、热情、耐心的服务意识及强烈的社会责任感

## 【任务导入】

VIP包间今天接待的是商务宴请，餐前客人点了白酒、红葡萄酒、啤酒三种酒水。小白需要在整个用餐期间为客人提供斟酒服务。

任务要求：小白应如何为客人提供斟酒服务呢？斟酒服务包含哪些内容呢？斟酒的要领有哪些？斟酒时有哪些注意事项？

## 【知识储备】

无论是中餐还是西餐，客人在就餐过程中，都需要向客人提供各类酒水的斟倒服务，这就要求服务员须掌握酒水斟倒的相关技能。准确、熟练、优雅、规范的酒水斟倒服务不仅能使客人们获得精神上的满足和享受，还有利于营造友好、热烈的就餐氛围。酒水斟倒技能包含斟酒前的准备工作、斟酒方式、斟酒标准、斟酒顺序等。

### 一、斟酒前的准备工作

#### （一）检查酒水

检查酒标及瓶体，若发现酒标破损、酒瓶破裂或酒水变质，应及时调换。具体步骤为一看、二摸、三闻、四对光，见表2-17。

#### （二）擦拭酒瓶

在上餐台斟酒前，必须用餐巾将酒水瓶擦拭干净，特别要将瓶口部位擦净。

#### （三）根据酒水最佳饮用温度做好准备

服务员应了解各种酒水的最佳饮用温度，并采取升温或者降温的方法做好客人饮用的准备工作。

微课堂2-6-1

斟酒前的
准备工作

表 2-17 检查酒水步骤及方法

| 序号 | 检查酒水的步骤 | 具体方法 |
|---|---|---|
| 1 | 看 | 看酒标是否干净<br>看酒瓶有无裂缝<br>看酒瓶上的包装新旧程度、有无破损<br>看防伪标识有无破损<br>看包装封口标志有无破损等 |
| 2 | 摸 | 用手摸瓶颈附近，检查是否湿润，如有湿润表示瓶口可能已经破损 |
| 3 | 闻 | 拿起酒瓶，放在自己眼睛正前方，距离自己25厘米左右，轻轻吸一口气，闻一闻是否有酒味。如果有酒味，表示酒瓶可能已经破损 |
| 4 | 对光 | 对光看瓶内是否有悬浮物、是否浑浊、是否有沉淀物，不透明的酒瓶可以通过晃动酒瓶感觉瓶内酒的重量 |

1.冰镇（降温）

温度：啤酒、软饮料、香槟酒、气泡酒的最佳饮用温度为4℃~8℃；白葡萄酒的最佳饮用温度为8℃~12℃，轻盈型红葡萄酒的最佳饮用温度为12℃~18℃，所以要对酒进行冰镇处理。

冰镇方法：冰箱冷藏、冰桶降温、冰块溜杯。冰箱冷藏方法是提前将酒水放入冷藏柜内，使其缓缓降至饮用温度。冰桶降温方法是冰桶内放入冰块（冰块不宜过大或过碎），将酒瓶插入冰块中，10分钟左右可达到降温效果。冰块溜杯方法是服务员手持酒杯的下部，杯中放入冰块，摇转杯子，以降低杯子的温度。

2.加热（升温）

温度：黄酒和清酒的最佳饮用温度为60℃。

方法：水烫和烧煮。水烫方法是在暖桶中倒入开水，将酒水倒入酒壶后放在暖桶中升温。烧煮方法是将酒水注入耐热器皿中置于火上加热升温。

3.常温

温度：红葡萄酒、中国白酒、白兰地等酒水最佳饮用温度为18℃~22℃。

**（四）准备酒杯**

服务员应根据客人所点酒水配以相应的酒杯。酒杯摆放前应仔细检查杯子是否洁净，若发现裂痕、缺口应及时更换。

>> 业务链接2-5　　　一次性掌握的技能：品鉴葡萄酒的5大专业工具

葡萄酒是一种健康而讲究的酒精饮料，品鉴葡萄酒需要适合的"装备"。关于葡萄酒装备，可以从以下5种基础工具学起。

1.葡萄酒杯

纷繁多样的酒杯大致可分为红葡萄酒杯、白葡萄酒杯、甜酒杯、起泡酒杯和杂类葡萄酒杯，如图2-37所示。每大类包括多种常见的杯型。只有与"对"的葡萄酒杯相搭配，葡萄酒本身迷人的风味和香气才能够得到淋漓尽致的展现。

**酒杯类型**

杯身

杯柄

杯脚/杯托

白葡萄酒杯

红葡萄酒杯

标准杯　笛型杯　郁香型杯　酷派香槟杯　大酒杯　平底无脚酒杯

勃艮第杯　黑皮诺杯　大波尔多杯　赤霞珠酒杯　标准红葡萄酒杯

甜酒杯

白葡萄酒杯　霞多丽酒杯　波特酒杯　马德拉甜白酒杯　甜葡萄酒标准杯　雪利酒杯　苏玳甜白酒杯

起泡酒杯

杂类葡萄酒杯

年份起泡酒杯　郁金香型酒杯　笛型酒杯　阿尔萨斯酒杯　大酒杯　平底无脚酒杯

图2-37 葡萄酒杯

**2.开瓶器**

　　葡萄酒开瓶器种类繁多，功能多样，既有简单易学但费力的T型开瓶器，也有复杂笨重的双臂式杠杆型开瓶器，还有功能齐全、便于携带的"侍者之友"等，如图2-38所示。

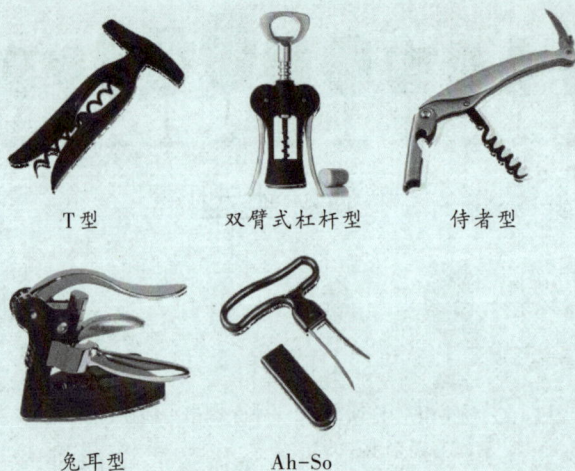

T 型　　　　双臂式杠杆型　　　　侍者型

兔耳型　　　　　Ah-So

图 2-38　开瓶器

**3. 醒酒器**

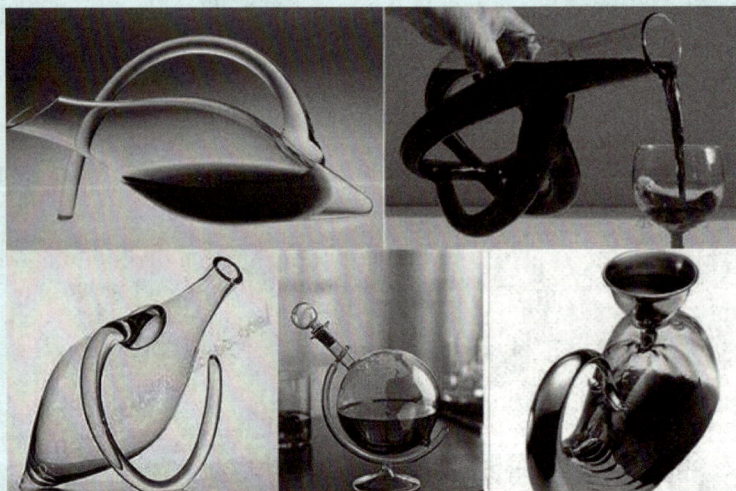

图 2-39　醒酒器

葡萄酒需要和空气充分接触才能达到最佳饮用状态。对于陈年红酒来说，由于单宁和色素会在漫长的岁月中形成沉淀物，倒在杯中既有碍观瞻，又会产生些许苦涩的味道。所以开瓶之后，原则上应该把葡萄酒平稳而缓慢地注入醒酒器，把沉淀物留在瓶底，如图 2-39 所示。这个过程即醒酒（Decanting），俗称"换瓶"。对于浅龄葡萄酒来说，通过注入醒酒器的开放时间（包括注入时的流动过程），可使酒液大面积接触空气，从而加速单宁软化，充分释放封闭的香气。这个过程也叫 Breathing，俗称"呼吸"。

**4. 酒柜**

酒柜就是专门存放酒的空间。其中，电子酒柜是最常用的一类，是模仿葡萄酒自然储藏条件而设计出来的一种电器，是一种小型的仿生酒窖，如图 2-40 所示。

**5. 冰桶**

起泡酒，如法国香槟、西班牙卡瓦和意大利普洛赛克等；酒体偏轻的白葡萄酒，如法国慕斯卡德、新西兰长相思和意大利灰皮诺等；甜葡萄酒，如苏玳甜白和匈牙利托卡伊等；部分酒体偏轻的红葡萄酒，如法国的博若莱、意大利的巴多力诺和瓦坡里切拉等，都适合稍微冰冻后再饮用。放入冰桶降温是常见的降温方法，如图2-41所示。

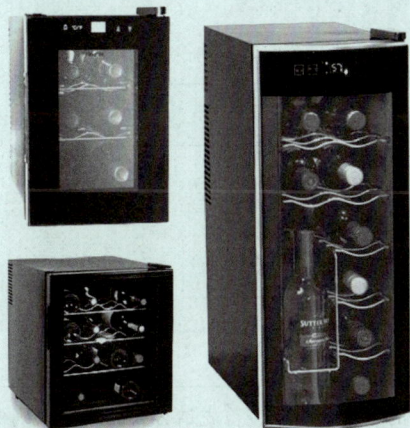

图2-40　电子酒柜

图2-41　冰桶

（资料来源：佚名. 红酒世界网［EB/OL］.［2016-07-11］. https：//m.wine-world.com/culture/pj/20160711124516444.有改动）

**（五）示酒**

宾客点用的整瓶酒，在开启之前应让主人先过目一下，具体操作程序见表2-18。

**（六）开瓶**

在客人确认酒水的品种及质量后，服务员应使用正确的开瓶器开启瓶盖或瓶塞。酒瓶的封口常见的有瓶盖和瓶塞两种，开瓶指开启瓶盖或瓶塞的方法。开瓶器有两大类型：一类是开瓶塞用的酒钻，另一类是开瓶盖用的启盖扳手。

1.葡萄酒开瓶方法

服务人员应先用洁净的餐巾把酒瓶包上，然后用开瓶器上的小刀割开瓶口部位的锡

表2-18　　　　　　　　　　　　　示酒操作程序

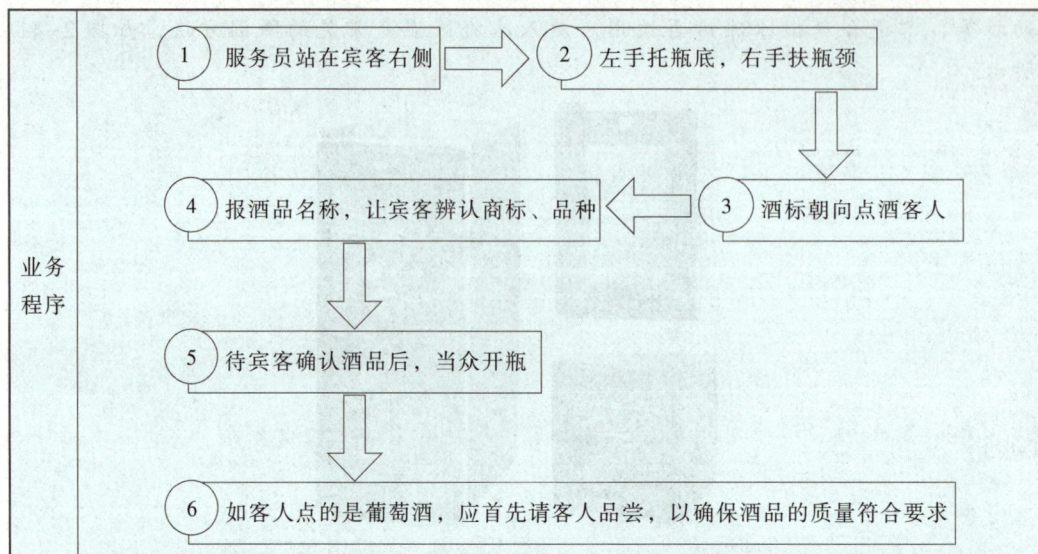

| 业务程序 | ① 服务员站在宾客右侧 → ② 左手托瓶底，右手扶瓶颈 |
| --- | --- |
| | ④ 报酒品名称，让宾客辨认商标、品种 ← ③ 酒标朝向点酒客人 |
| | ⑤ 待宾客确认酒品后，当众开瓶 |
| | ⑥ 如客人点的是葡萄酒，应首先请客人品尝，以确保酒品的质量符合要求 |

箔纸，并擦拭干净，将酒钻的螺旋锥钻入瓶塞，用开瓶器的支撑杆扣住瓶口，垂直提起开瓶器，将瓶塞慢慢提拉起来，用手摇松瓶塞后从瓶口拔出，再将瓶塞反向拧出。具体操作方法如图2-42所示。在开瓶过程中，动作要轻，以免摆动酒瓶而将瓶底的酒渣泛起，影响酒味。

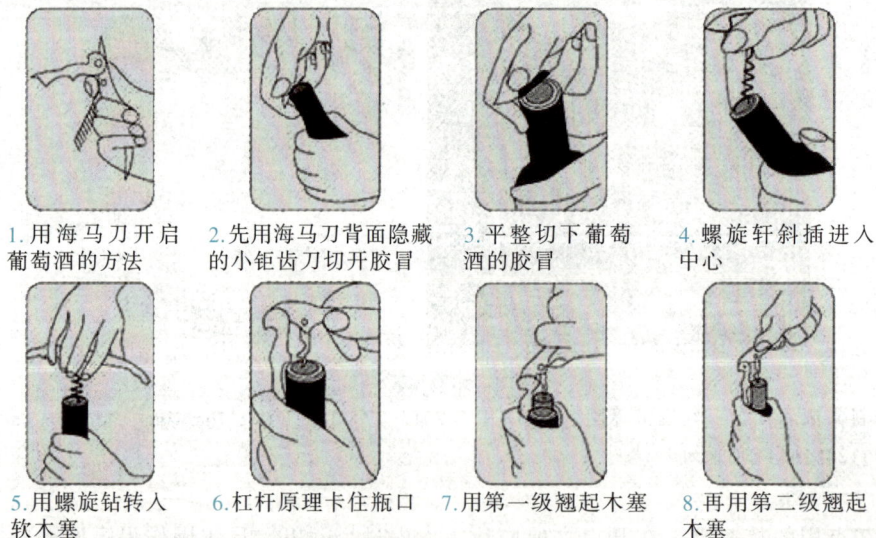

1.用海马刀开启葡萄酒的方法　2.先用海马刀背面隐藏的小钜齿刀切开胶冒　3.平整切下葡萄酒的胶冒　4.螺旋轩斜插进入中心

5.用螺旋钻转入软木塞　6.杠杆原理卡住瓶口　7.用第一级翘起木塞　8.再用第二级翘起木塞

图2-42　葡萄酒开瓶操作方法

（图片来源：https://baijiahao.baidu.com/s?id=1661737283089724739&wfr=spider&for=pc）

2.香槟酒（起泡酒）的开瓶方法

香槟酒因瓶内有较大气压，故软木塞的外面套有铁丝帽以防软木塞被弹出。开瓶时，首先将瓶口的锡纸剥除，然后用右手握住酒瓶身，以45°的倾斜角度拿着酒瓶并用大拇指紧压软木塞，左手将瓶颈外面的铁丝圈扭弯，直到铁丝帽裂开为止，然后将其取下。此时，用左手紧握软木塞，并转动瓶身，利用瓶内的气压逐渐将软木塞弹挤出来。

转动瓶身时，动作要轻而慢。具体方法如图2-43所示。

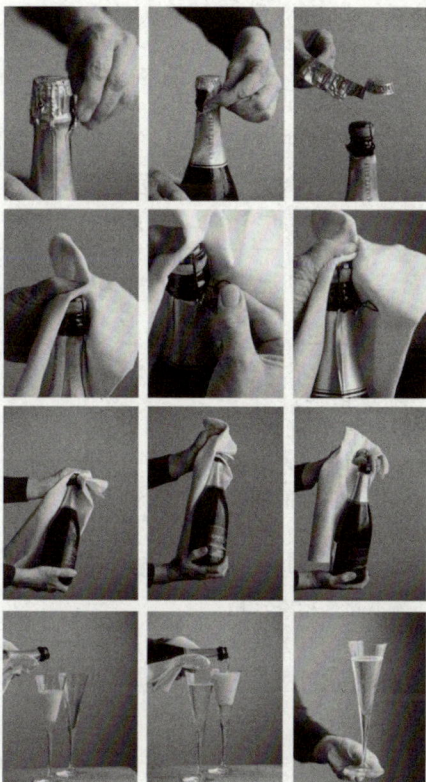

图2-43　香槟酒开瓶操作方法

（图片来源：http://news.sohu.com/a/475190558_102736）

3.烈性酒的开瓶方法

如果酒瓶是塑料盖或外部包有一层塑料膜，开瓶时先用火柴或打火机将塑料膜烧熔取下，然后旋转开盖即可。

如果酒瓶是金属盖，瓶盖下部常有一圈断点，开瓶时用力拧盖，使断点断裂便可开盖，如遇断点太坚固，难以拧裂的，可先用小刀将断点划裂，然后再旋转开盖。

4.罐装酒的开罐方法

一些带汽的饮品常以易拉罐的形式封装。开罐方法为：开启前要避免摇晃，当服务员开启易拉罐时，应将开口方向朝外，不能对着客人，并以手遮挡，以示礼貌。开启时只要拉起罐顶部的小金属环即可。

## 二、斟酒服务要领

### （一）斟酒方式

斟酒的基本方式有两种：桌斟和捧斟。

1.桌斟

桌斟是将酒杯放在桌上，托盘或徒手为宾客斟酒，是餐厅斟酒最常用的一种方法。

托盘斟酒时，左手托盘，右手持酒瓶斟酒，注意托盘不可越过客人的头顶，而应向后自然拉开，掌握好托盘的重心。服务员站在客人的右后侧，身体前倾，手臂前伸，商标朝向客人。

微示范2-6

桌斟服务技巧

徒手斟酒时，服务员左手持服务巾，背于身后，右手持酒瓶的下半部，商标朝外，正对客人，前脚跨在两椅之间，在客人右侧斟倒。

微示范2-6："桌斟服务技巧"的示范要求及参考评价见表2-19。

表2-19                     "桌斟服务技巧"的示范要求及参考评价

| 示范项目 | 桌斟服务技巧 | |
|---|---|---|
| 示范准备 | 酒店综合实训室 | |
| 示范要求 | 掌握桌斟徒手斟酒的服务技巧 | |
| 示范方法 | 1.将学生分组，每组5~6人<br>2.由教师指导，学生分组练习 | |
| 示范评价 | 知识应用 | 1.掌握斟酒服务的方法<br>2.掌握桌斟徒手斟酒的技巧 |
| | 能力提升 | 1.能够按照正确的操作标准进行斟酒服务<br>2.能够做到自信、热情地对客服务 |
| | 素质培养 | 1.积极、主动、热情、耐心的服务意识<br>2.一丝不苟、精益求精<br>3.备具自信的服务态度 |
| | 成果展示 | 按照桌斟的操作标准进行斟酒服务 |

**2.捧斟**

捧斟多适用于酒会和酒吧服务。一手握瓶，一手将酒杯捧在手中，站在宾客右侧，然后向杯内斟酒。斟酒动作应在台面以外的空间进行，斟酒时动作要准确、优雅、大方，斟好后将酒杯放置在宾客的右手处。

**（二）斟酒标准**

白酒，宴会一般斟倒八分满，中餐常根据客人需求斟满杯，西餐白酒一般不要超过酒杯的3/4。

葡萄酒，一般以红葡萄酒斟1/2杯，白葡萄酒斟2/3杯为宜。

香槟酒，分两次斟倒，第一次斟1/3杯，待泡沫平息后再斟至2/3杯或3/4杯即可。

啤酒，因其泡沫较多，一般斟八分酒液，二分泡沫。

白兰地，一般斟白兰地杯的1/8为宜，俗称"1P"。

黄酒，一般以斟八分满为宜。

冰水，一般为半杯水加入适量的冰块，不加冰块时应斟水杯的3/4。

**>> 头脑风暴2-5      生气的李先生**

性格直率豪爽的李先生在兰花厅宴请生意上的伙伴及好友，刚进入餐饮部工作的服务员米多按照工作标准及流程认真地为客人进行服务工作。在为客人斟倒白酒之后，李先生突然面露不悦之色。米多非常慌张，心想为客人斟酒这个环节，从示酒，到开瓶再到斟酒量都是按照标准要求做的，思来想去也不清楚自己哪里出了差错让客人不满。这时李先对米多说："哪有你这样倒酒的，把酒都倒满。"听后米多很委屈，心想自己可是按照标准来的呢。

讨论：客人很生气，米多也很委屈，那到底是谁的错呢？以后米多再为客人进行斟酒服务时应该如何做呢？

**（三）斟酒顺序**

一般场合，服务人员应先为一桌的主宾或者长者斟酒。

1.中餐斟酒顺序

大型宴会一般在宴会开始前10分钟左右将烈性酒、葡萄酒或软饮料斟好。

中餐宴会一般从主宾开始，再为主人斟酒，然后按顺时针方向绕台进行斟酒服务。

2.西餐斟酒顺序

西餐宴会用酒较多，几乎每道菜都配一种酒，吃什么菜喝什么酒，应先斟酒后上菜。较高级的西席宴会，一般要用七种以上的酒，也就是说，每道菜都配一种酒。斟酒的顺序以上菜的顺序为准（见表2-20）。

表2-20　　　　　　　　　　　　斟酒的顺序

| 斟酒顺序 | 菜品 | 对应酒水 |
| --- | --- | --- |
| 1 | 开胃菜（头盆） | 开胃酒（如鱼子酱要用俄罗斯或波兰生产的伏特加酒；虾味鸡尾杯则用白葡萄酒，口味选用干型或半干型） |
| 2 | 汤 | 不同的汤应配不同的酒（如牛尾汤配雪利酒，蔬菜汤配干味白葡萄酒等） |
| 3 | 鱼类及海味菜肴 | 度数较低的白葡萄酒（用白葡萄酒杯并用冰桶） |
| 4 | 主菜（肉类） | 红葡萄酒 |
| 5 | 甜品 | 一般配甜葡萄酒或葡萄汽酒（如德国莱茵白葡萄酒、法国香槟酒等） |

斟酒前先请主人确认所点酒水的标识，并请主人先行品尝，然后按女主宾、女宾、女主人、男主宾、男宾、男主人的顺序依次斟酒。若有国家元首（男宾）参加，则应先为男主宾斟酒，后为女主宾斟酒。

### 三、斟酒服务的注意事项

斟酒服务的注意事项有：

（1）为客人斟酒不可太满，一般酒水斟八分满为宜。

（2）斟酒时，酒瓶不可拿得过高，以防酒水溅出杯外；瓶口也不可搭在杯口上，以相距1~2厘米为宜。

（3）当因操作不慎，将杯子碰倒时，应立即向客人表示歉意，并检查酒杯有无破损。如有破损，应立即更换新杯；如无破损，则迅速在酒水痕迹处铺上干净的餐巾，然后将酒杯放回原处，重新斟酒。

（4）因啤酒泡沫较多，斟倒时速度要慢，让酒沿杯壁流下，这样可减少泡沫。

（5）斟酒时要随时注意瓶内酒量的变化情况，以适当的倾斜度控制酒液流出的速度。瓶内酒量越少，流速越快，酒流速过快容易溢出杯外。

（6）当客人祝酒讲话时，服务员要停止一切服务，端正肃立在适当的位置，不可交头接耳，要注意保证每位客人杯中都有酒水；讲话即将结束时，要向讲话者送上一杯酒，供祝酒之用。

（7）主人离位或离桌去祝酒时，服务员要托着酒，跟随主人，以便及时给主人和其他客人续酒；在宴会进行过程中，看台服务员要随时注意每位客人的酒杯，见到杯中酒水不足1/3时，应及时续添。

## 【任务实施】

实施描述：请帮助小白根据客人的要求斟倒不同的酒水。

实施准备：托盘、托盘垫、白酒杯、红酒杯、啤酒杯、白酒、红酒、啤酒。

实施步骤：

1.练习托盘斟酒。托盘上放置1瓶白酒、1瓶红酒，根据客人要求斟倒不同的酒水。以小组为单位，依次扮演服务员和客人，要求无程序错误、动作规范、不滴不洒、不少不溢。

2.练习徒手斟酒。采用捧斟方式为10位宾客斟倒红酒、啤酒，要求做到斟酒均匀、不滴不洒、注意酒标的展示及手持瓶的位置。

## 【任务评价】

"斟酒技能"考核评分标准见表2-21。

表2-21 "斟酒技能"考核评分标准

| 序号 | 项目 | 操作程序及标准 | 分值 | 自评分 | 互评分 | 教师评分 |
|---|---|---|---|---|---|---|
| 1 | 物品准备 | 托盘、干净的餐巾、啤酒、葡萄酒、白酒 | 5 | | | |
| 2 | 开瓶 | 方法得当<br>姿势标准、优美 | 10 | | | |
| 3 | 示酒 | 站在客人的右后侧示酒，酒标朝向客人 | 15 | | | |
| 4 | 斟酒顺序 | 能够按照先宾后主的顺序依次进行 | 15 | | | |
| 5 | 斟酒姿势 | 酒水商标朝向客人<br>瓶口不能触碰杯口，相距1~2厘米<br>握瓶姿势规范，步法正确<br>收瓶姿势规范，动作优美 | 35 | | | |
| 6 | 斟酒标准 | 站在宾客的右后侧<br>斟酒量达到要求<br>不滴不洒，不少不溢 | 20 | | | |
| | 总分 | | 100 | | | |
| | | | | | | |
| 小组自评 | | | | | | |
| 小组互评 | | | | | | |
| 教师评价 | | | | | | |
| 小组成员<br>个人得分 | 姓名 | | | | | |
| | 得分 | | | | | |
| 说明 | 小组任务得分=小组自评分×20%+小组互评分×30%+教师评分×50%。小组成员个人得分由小组长和教师根据个人任务完成中的工作情况分配分数 | | | | | |

## 学而时习

学：古代托盘的雅称叫什么？

托盘是一种用来搬运、摆放物品的器具，早在古代就有出现。我们平时可能习惯称呼它为"托盘"，但在古代，托盘也有着各种雅称，如琢盘、瑶盘、漆盘等。这些雅称不仅让托盘显得高雅，更展现了古代人们对工艺美术的深厚认知和审美理念。

琢盘是一种制作精美的托盘，多用于宴席等场合。这种托盘的优美在于其材质。制作"琢盘"常用的材料是玉石、赤铜等贵重材质，使用琢磨等精湛工艺进行制作而成。这样制作出的托盘表面光滑坚固，洁白素雅。在古代，《荀子·法行》中曾提道："重檐之盘，不如琢之鸜状"，可见古人对琢盘的认可和评价。

瑶盘也是一种精美的托盘。这一雅称，与其材质有关。瑶是指美玉，而瑶盘就是用玉石制作的托盘。不过，瑶盘不仅制作材质高贵，其造型和纹饰也有严格规范。例如，制作瑶盘时要注意形状的舒展和圆润，纹饰要精细而不失简洁。这些规范让瑶盘既美观又实用，非常受古代贵族的喜爱。

漆盘也是一种实用的托盘，但与琢盘、瑶盘不同的是，它的制作材料是漆器。漆器工艺是中国传统的制作工艺之一，使用漆器制作的托盘，不仅表面颜色鲜艳，而且质地轻盈，容易携带。在古代，漆盘常常被用于贵宾招待、赠礼等场合，是一种既实用又富有文化内涵的工艺品。

总的来说，古代托盘的雅称，反映了古人对工艺美术的高度重视。在古代社会，托盘虽然只是一种日常用品，但人们却从中发现了美好的艺术价值。随着时代的变迁，现代的托盘虽然材质、工艺等方面都有很大的改进，但古代托盘的雅称却一直流传至今。这些雅称，让我们看到了古代艺术发展的历程和人们审美理念的演变。

（资料来源：佚名. 古代托盘的雅称［EB/OL］.［2023-03-08］. https://wenku. baidu.com/view/77c8be42ff4ffe4733687e21af45b307e971f951.html?_wkts_=1710072457846&bdQuery=古代端菜的托盘叫什么.)

习：通过使用服务用具表达对客人的尊重。

《后汉书·梁鸿传》："为人赁舂，每归，妻为具食，不敢于鸿前仰视，举案齐眉。"举案齐眉中的"案"就是进送食物所用的托盘。这个托盘有各种样式，比如长方形、圆形托盘，长方形的托盘下面是四足，圆形的托盘下面是三足，这样就可以放在地上，这就是我们所说的食案。除了食案之外，还有书案。书案与食案相似，也有长方形，两边会有向上凸起并向内略有凹陷的宽边，防止书籍掉落。当时的案都不是很高，后来因为我们坐的方式发生变化，才有了现在的案几和桌椅等。

举案齐眉原意指的是古代一种尊敬的待客方式，即送饭时把托盘举得跟眉毛一样高，用以表达对客人的尊敬。在现代，在餐饮对客服务中，为了卫生和方便，在托运用餐所需各种物品时，托盘同样是非常重要的工具之一。正确地使用托盘，不但可以提高我们的工作效率，还能美化服务人员的服务姿态，表达对顾客的尊重，营造良好的用餐环境。

（资料来源：佚名. 中国古代什物［EB/OL］.［2020-05-21］. https://www.sohu.com/a/396720582_620425.有改动.)

## 项目微测试

### 一、不定项选择题

微测试
项目二

1.餐巾花按造型分,大体可分为(　　　)三大类。

A.实景造型　　　　　　　　　　B.实物造型

C.动物造型　　　　　　　　　　D.植物造型

2.托盘按质地分有(　　　)。

A.木质托盘　　　　　　　　　　B.金属托盘

C.塑料托盘　　　　　　　　　　D.合成材料托盘

3.西餐宴会的三套杯摆放从左到右依次是(　　　)。

A.水杯、白葡萄酒杯、红葡萄酒杯

B.水杯、红葡萄酒杯、香槟杯

C.水杯、红葡萄酒杯、白葡萄酒杯

D.白葡萄酒被、香槟杯、红葡萄酒杯

4.中餐宴会的摆台,操作时左手托盘,从(　　　)摆放餐具。

A.主宾座位按顺时针方向依次用右手

B.主宾座位按逆时针方向依次用右手

C.主人座位按顺时针方向依次用右手

D.主人座位按逆时针方向依次用右手

5.斟酒的方法主要有(　　　)。

A.桶斟　　　　　　B.桌斟　　　　　　C.捧斟　　　　　　D.杯斟

### 二、判断题

1.托盘是餐厅运送各种物品的基本工具。　　　　　　　　　　　　　　(　　　)

2.杯花目前被中、西餐厅广泛使用。　　　　　　　　　　　　　　　　(　　　)

3.中餐摆台要求轻拿轻放,使用托盘操作,以保证卫生和提高工作效率。　(　　　)

4.折叠是最基本的餐巾折花手法,几乎所有折花都会用到。　　　　　　(　　　)

5.正方形台布四边垂下部分的长度以 15~20 厘米为宜。　　　　　　　　(　　　)

### 三、简答题

1.餐巾花型选择总的原则是什么?

2.餐厅摆台的基本要求是什么?

3.中餐宴会的座次怎样安排?

## 项目评价

"餐饮服务基本技能"参考评价表见表2-23。

表2-23 　　　　　　　　　　　 "餐饮服务基本技能"参考评价表

| 考核日期: | | | | | 总评成绩: | | |
|---|---|---|---|---|---|---|---|
| | 序号 | 内容 | 完成情况 | | 标准分 | 自评分 | 教师评分 |
| | | | 完成 | 未完成 | | | |
| 自测内容 | 1 | 了解托盘的种类、用途及使用方法等相关知识 | | | 5 | | |
| | 2 | 掌握托盘使用的操作程序及要领 | | | 5 | | |
| | 3 | 掌握餐饮督导管理者的工作方法 | | | 5 | | |
| | 4 | 掌握餐巾折花的造型种类与选择 | | | 5 | | |
| | 5 | 掌握餐巾花的使用方法 | | | 5 | | |
| | 6 | 能够熟练运用中、西餐台布铺设的基本方法 | | | 5 | | |
| | 7 | 掌握铺台布的基本要领 | | | 5 | | |
| | 8 | 能够进行中餐宴会的布局及席位安排 | | | 5 | | |
| | 9 | 掌握中餐摆台的操作标准 | | | 5 | | |
| | 10 | 能够进行西餐宴会的布局及席位安排 | | | 5 | | |
| | 11 | 掌握西餐摆台的操作标准 | | | 5 | | |
| | 12 | 掌握斟酒的顺序、位置、时机 | | | 5 | | |
| | 13 | 掌握酒水斟倒的相关操作要领与标准 | | | 5 | | |
| | 14 | 自我管理 | | | 5 | | |
| | 15 | 规范操作 | | | 5 | | |
| | 16 | 爱岗敬业 | | | 5 | | |
| | 17 | 团队协作 | | | 5 | | |
| | 18 | 沟通表达 | | | 10 | | |
| | 19 | 创新创造 | | | 5 | | |

## 数字餐饮实验室

### 数字技术助力餐饮服务

　　特斯拉在北京时间10月11日举行了名为"We, ROBOT"的发布会，正式发布了名为Cybercab的无人驾驶出租车和人形机器人Optimus。在Cybercab活动期间，埃隆·马斯克发布了特斯拉最新版人形机器人Optimus，再次吸引了全球关注。

　　这些先进的机器人具有可能彻底改变多个行业（包括餐饮业）的功能。在活动中，

Optimus 不仅在观众中穿梭，与与会者交谈，还展示了一项令人印象深刻的新技能：调酒、端上饮料。

在演示过程中，马斯克展示了几段视频，视频中可以看到擎天柱与物体互动、小心翼翼地拿着饮具、端上饮料。活动中最令人难忘的时刻之一是，其中一个机器人顺利地为客人端上啤酒，凸显了它在某些服务岗位上取代人类员工的潜力。

马斯克详细阐述了这些由特斯拉人工智能和该公司的 Grok 平台驱动的机器人最终如何成为饮料服务专家。他指出，这些机器人很快就能访问庞大的数据库，根据每位顾客的喜好推荐葡萄酒、啤酒和鸡尾酒。马斯克表示，这种个性化服务将提升酒吧和餐厅的顾客体验，提供更快、更高效的服务，而不需要人工服务员或调酒师。

（资料来源：佚名. 埃隆·马斯克的上天、入地+ "调酒师" [EB/OL]. [2024-10-26]. https://www.163.com/dy/article/JFEOP7SS0522KE2O.html.）

餐饮数字技术对未来餐饮服务的创新意义：

1.提升服务效率：Optimus 能够自动完成调酒和端上饮料的任务，减少了人工操作的时间和错误率，提高了服务效率。机器人可以快速响应顾客的需求，减少顾客等待时间，提升整体用餐体验。

2.个性化服务：Optimus 能够根据顾客的偏好和历史数据，提供个性化的饮料推荐，提升顾客满意度。机器人调酒不仅提供标准配方，还能创造新的配方，为顾客带来独一无二的体验。

3.降低人力成本：机器人可以承担部分服务岗位的工作，减少对人工服务员的依赖，降低人力成本。酒店和餐厅可以将更多资源投入其他关键领域，如菜品研发和客户关系管理。

4.提升服务质量：机器人能够提供标准化的服务，确保每次服务的质量一致，提升整体服务质量。机器人在操作过程中减少了人为错误，提高了服务的准确性和可靠性。

5.增强顾客体验：机器人与顾客的互动增加了用餐的趣味性和科技感，提升了顾客的整体体验。机器人调酒和端上饮料的场景为餐厅增添了科技感和未来感，能够吸引更多的顾客前来体验。

讨论：餐饮数字技术助力餐饮服务的未来发展

1.请列举出数字化技术应用在餐饮服务技能中的主要优势。这些优势如何帮助餐厅提升竞争力？

2.讨论这些技术与传统餐饮服务技能相比是如何改进宾客的用餐体验的。

分组讨论：以小组为单位，每组针对上述问题进行讨论，并准备简短的汇报。

全班分享：每组推选一名代表进行汇报，其他小组可以提问和补充。

做一做：设计一个数字化技术应用到餐饮服务技能的项目

假设你是一名餐饮服务经理，请结合当地餐厅特色和目标客户群体，为本地餐厅设计一个类似 Optimus 的人形机器人，能够服务于餐饮工作的项目，从而提升餐厅的工作效率。

操作形式：小组进行项目设计，准备详细的项目策划书和演示文稿。

汇报与评审：每组汇报展示设计方案，其他小组和教师进行点评，提出改进建议。

# 项目三  服务至上  宾至如归——不同类型餐饮服务

同学们会在餐饮部的中餐厅、西餐厅、自助餐厅和酒吧轮岗体验，请思考：各个部门对客服务的标准工作流程和规范是什么呢？怎样才能做好各个部门的服务工作呢？

## 任务一  中餐厅服务

### 【任务目标】

知识目标：

1.了解中餐文化的特点和中餐的分类

2.掌握中餐零点服务流程

3.掌握中餐宴会服务流程

能力目标：

1.能够熟练地对中餐零点散客进行服务

2.能够熟练地对中餐宴会客人进行服务

3.能够灵活应对中餐厅服务过程中的一些特殊情况

素质目标：

1.养成积极认真、敬业爱岗的工作态度

2.树立敬畏岗位、热情有礼的职业意识

### 【任务导入】

在中餐零点餐厅跟岗学习四天后，小白今天要第一次独立服务。这时电话铃声响了，是一位男士，他中午12点要来餐厅请他的一位男同事吃饭。在记录了客人的基本预订信息、挂断电话后，小白长舒了一口气，对自己刚才的表现还算满意。

任务要求：请给小白一些建议，他该做好哪些餐前准备工作，餐中该遵循哪些服务流程和规范，餐后又该如何送客和收尾呢？

### 【知识储备】

微课堂3-1-1

中餐认知

#### 一、中餐认知

##### （一）中餐文化

中华优秀传统文化源远流长、博大精深，是中华文明的智慧结晶。其中，中国饮食文化重视养助益充的营卫论（素食为主，重视药膳和进补）、五味调和的境界说

（风味鲜明，适口者珍，有"舌头菜"之誉）、奇正互变的烹调法（厨规为本，灵活变通）、畅神怡情的美食观（文质彬彬，寓教于食），有着不同于海外各国饮食文化的特点。中国的饮食文化除了讲究菜肴的色彩搭配要明媚如画外，还讲究与用餐的氛围和谐统一，它是中华民族的个性与传统，更是中华民族传统礼仪的表现方式。中餐是以五谷为养、五果为助、五畜为益、五菜为充的古代营养卫生理论为依据的。

>> 业务链接3-1　　　何为"五谷""五果""五畜""五菜"

五谷是稻、黍、稷、麦、菽；
五果为桃、李、杏、枣、栗；
五畜为牛、羊、犬、豕、鸡；
五菜为葵、藿、葱、韭、薤。

中国饮食文化直接影响到日本、蒙古国、朝鲜、韩国、泰国、新加坡等国家，是东方饮食文化圈的轴心；与此同时，它还间接影响到欧洲、美洲、非洲和大洋洲，中国的素食文化、茶文化、酱醋、面食、药膳、陶瓷餐具和大豆制品等，惠及全世界数十亿人。

（二）国菜五品

中餐讲究食材五品，即"色、香、味、意、形"，见表3-1。

表 3-1　　　　　　　　　　　　　　国菜五品

| 五品 | 含义 |
|---|---|
| 色 | 色指为了装点颜色而添加的食材。比如在鱼翅羹里加一点藏红花。在中国菜的习俗中，任何点缀的东西都应该是可以食用的 |
| 香 | 香指为了增加香味而设计的一些食材。比如胡椒、茴香等一些香辛料主要用于调味和去除食材的腥、膻或异味；用荷叶包裹的"叫花鸡"，闻起来有一股清香；加入鲜花的鲜花饼，吃起来如临花圃之中 |
| 味 | 味指为了增强食物的味道而选择的食材。比如虾饺中加入虾脑，使其更鲜美 |
| 意 | 意指食材的名称、形状可代表菜肴意境。比如古时举子在赶考的时候要吃条红色鲤鱼意为鲤鱼跃龙门 |
| 形 | 形是慢慢从"色"中分割出来的，主要讲究成菜的形状以及装饰 |

除此之外，现代中餐十分注重"养"，一些食材有丰富的营养价值，甚至还有药用性，例如，红枣猪手汤的部分食材富含动物胶，对孕妇非常有营养。

（三）中餐的特点

中餐烹饪常采用蒸、焖、煮、炒、煎等方法，选料讲究、刀工精细、注重火候、善于调味。

1.选料讲究

在选料上，由于我国多数人在饮食上受宗教的禁约约束较少，且人们在饮食上又喜欢猎奇，讲究物以稀为贵，所以中餐的选料非常广泛，几乎是飞、潜、动、植无所不食。

2.刀工精细

在原料加工上，中餐厨师非常讲究刀工，可以把原料加工成细小的丝、片、末等。

### 3.方法多样

在烹调上，中餐做菜一般使用圆底锅、明火灶，所以中餐的烹调方法非常多，如炸、熘、爆、炒、烹、炖、焖、烩、熏、焓等。

### 4.口味丰富

口味上，中餐菜肴大都有明显的咸味，并富于变化，多数菜肴都是完全熟后再食用。

### 5.主食明确

主食上，中餐有明确的主、副食概念，主食有米、面等多种制品。

## （四）中餐分类

我国地域辽阔，人口众多，不同的民族、不同的地理环境、不同的生活习惯和不同的文化形成了众多不同的菜肴风味。按照地区、历史和风味等特点分，中国菜可分为地方菜、宫廷菜、官府菜、素菜、少数民族菜。

### 1.地方菜

地方菜是选用当地出产的质地优良的烹饪原料，采用当地独特的烹调方法，制作出具有浓厚地方风味的菜肴。根据地域划分，人们通常把中国菜划分为四大菜系或八大菜系。四大菜系指川菜、鲁菜、苏菜和粤菜，再加上浙菜、闽菜、徽菜、湘菜，就是八大菜系。

**》》 业务链接3-2　　　中国八大菜系**

#### 1.四川菜

四川菜，简称川菜，由成都、重庆两地的地方菜组成，还包括乐山、江津、自贡、合川等地的菜，其最大的特点是十分注重调味，调味品复杂多样又富有特色，以麻辣味著称，在国际上享有"食在中国，味在四川"的美誉。川菜中的六大名菜是：鱼香肉丝、宫保鸡丁、夫妻肺片、麻婆豆腐、回锅肉、东坡肘子。

#### 2.山东菜

山东菜，简称鲁菜，由济南和胶东两地的地方菜发展而成。其特点是选料讲究、刀工精、重视火候，以爆、炒、炸、扒见长，口味上注重突出原料本身的鲜味，以清淡鲜嫩为主，汤醇味正，原汁原味。鲁菜是宫廷第一大菜系，以孔府风味为龙头。用高汤调制是鲁菜的一大特色。鲁菜著名菜肴有糖醋鲤鱼、九转大肠、汤爆双脆、奶汤蒲菜等。

#### 3.广东菜

广东菜，简称粤菜，由广州、潮州、东江三地的地方菜发展而成。其特点是选料精细、花色繁多、新颖奇异，口味以清淡、生脆、爽口为主。粤菜是国内民间第二大菜系，地位仅次于川菜。粤菜口味偏甜，甜度超过杭州菜，但不如江苏菜和本帮菜。粤菜著名菜肴有广州文昌鸡、龙虎斗、白灼虾、烤乳猪、香芋扣肉、黄埔炒蛋、炖禾虫、狗肉煲、五彩炒蛇丝等。

#### 4.江苏菜

江苏菜，简称苏菜，常常被称为"淮扬菜"，由扬州、南京、苏州三地的地方菜发展而成。淮扬菜是宫廷第二大菜系，如今的国宴仍以淮扬菜为主。江苏菜选料讲究，刀工精细，造型精美，特色鲜明。由于江浙地区气候潮湿，又靠近海，所以往往会在菜中加糖，来去除湿气。苏菜著名菜肴有清炖蟹粉狮子头、大煮干丝、三套鸭、霸王别姬、沛公狗肉等。

5.福建菜

福建菜，简称闽菜，由福州、泉州、厦门等地的地方菜发展而成，其中以福州菜为主要代表。其特点是多以海鲜为原料，选料精细，刀工严谨，讲究火候，色调美观，滋味清鲜，常用红糟调味。闽菜五大代表菜为佛跳墙、鸡汤氽海蚌、淡糟香螺片、荔枝肉、醉糟鸡，闽菜五碗代表为太极芋泥、锅边糊、肉丸、鱼丸、扁肉燕。

6.湖南菜

湖南菜，简称湘菜，以长沙菜为主要代表，是民间第三大菜系。其特点是常用熏腊原料，口味咸香酸辣，油重色浓，姜豉突出，以烧、腊、蒸见长。湖南菜有两大特色，一是辣，二是腊。湘菜著名菜肴有东安子鸡、剁椒鱼头、腊味合蒸、组庵鱼翅、冰糖湘莲、红椒腊牛肉、发丝牛百叶、干锅牛肚、平江火焙鱼、吉首酸肉、湘西外婆菜、换心蛋等。

7.安徽菜

安徽菜，简称徽菜，由皖南菜、沿江菜、沿淮菜三个支系构成。其特点是擅长制作山珍野味，精于烧、炖、烟熏和糖调。徽菜重油、重色、重火功，原汁原味，山乡风味浓郁。不少菜肴是用木炭火单炖、单原锅上桌，不仅体现了安徽菜古朴典雅的风格，而且香气四溢，诱人食欲。徽菜著名菜肴有清炖马蹄鳖、黄山炖鸽、腌鲜鳜鱼、徽州毛豆腐、徽州桃脂烧肉等。

8.浙江菜

浙江菜，简称浙菜，由杭州菜、宁波菜、绍兴菜、温州菜四个分支构成。其特点是鲜嫩、软滑、精细，注重原味，鲜咸合一，擅长调制海鲜、河鲜与家禽。浙江点心中的团、糕、羹、面品种多、口味佳，例如，嘉兴肉粽、宁波汤圆、舟山虾爆鳝面等。浙菜著名菜肴有龙井虾仁、虾爆鳝背、西湖醋鱼、剔骨锅烧河鳗、苔菜小方、烤荷叶粉蒸肉、黄鱼海参羹、彩熘全黄鱼等。

2.宫廷菜

宫廷菜是指我国历代封建帝王用膳的菜肴。我国的宫廷风味菜肴主要以几大古都为代表，有南味、北味之分。南味以金陵、益都、临南、郢都为代表，北味以长安、洛阳、开封、北京、沈阳为代表。其共同特点是华贵珍奇，配菜典式有一定的规格。

**≫ 业务链接3-3    宫廷菜的发展历史**

宫廷菜从商周以来一直保留到现在。元明以来，宫廷菜主要指北京宫廷菜，其特点是选料严格，制作精细，形色美观，口味以清、鲜、酥、嫩见长。著名的菜点有溜鸡脯、荷包里脊、四大抓、四大酱、四大酥、小糖窝头、豌豆黄、芸豆卷等。现在北京的仿膳餐厅仍经营这种传统的宫廷风味菜点。西安部分餐厅也仿制了唐代宫廷菜对外供应，主要有长安八景、龙凤宴、烧尾宴、沉香宴四种宴席，共50多种菜品。宫廷菜的特色可用"稀贵、奇珍、古雅、怪异"八字概括，它在色、质、味、意、形上都特别考究，具有皇家雍容华贵的气质，极富艺术美感。

### 3.官府菜

官府菜又称官僚士大夫菜，是历代封建王朝的高官为在自己官府中宴请宾朋而网罗名厨，进行菜肴制作和研究，而形成的具有一定影响力的菜肴，也包括一些出自豪门之家的名菜。官府菜在规格上一般不得超过宫廷菜，而又与庶民菜有极大的差别。

具有影响力的官府菜有孔府菜、东坡菜、云林菜、随园菜、谭家菜、段家菜。其中，南京随园菜与曲阜孔府菜、北京谭家菜并称为中国三大官府菜。

**≫≫ 业务链接3-4　　　中国三大官府菜**

孔府菜历史悠久，烹调技艺精湛，独具一格，是我国延续时间最长的典型官府菜。孔府菜的形成，主要是由于孔府的历代成员秉承孔子食不厌精、脍不厌细的遗训，素精饮馔。孔府烹饪，基本上分为两大类，一类是宴会饮食，另一类是日常家餐。

谭家菜产生于中国清朝末年的官人谭宗浚家中。谭家菜的菜品有四大特点：一是选料考究，二是下料好，三是火候足，四是慢火细做，追求香醇软烂。谭家菜以燕窝和鱼翅的烹制最为有名。

随园菜得名于清代文学家袁枚所著的《随园食单》，该书所载名馔以当时的南京特色风味为主，兼收江、浙、皖各地风味，以选料严、烹饪精著名。其代表性菜肴有酱炒甲鱼、白玉虾圆、火瞳鱼翅、雪菜汤鳗、白鹭蓝天等。随园菜的特点是：一物各献一性，一碗各成一味。

### 4.素菜

素菜是以植物类、菌类食物为原料制成的菜肴。中国的素菜历史悠久，它产生于春秋战国时期，主要用于祭祀和重大的典礼。魏晋南北朝时，随着佛教的传入，"吃素"理论逐渐形成，对素菜的发展起到了极大的推动作用。从此，素菜便自成体系，独树一帜，风格别致，成为丰富多彩的中国菜肴和饮食文化的一个重要组成部分。中国素菜以寺院菜、宫廷素菜、民间素菜三大派系著称。素菜的特征主要有：时鲜为主，清爽素净，花色繁多，制作考究，富含营养。我国素菜发展到现在，品种已达8 000多种。按其制作方法，大体可分为三类，见表3-2。

表3-2　　　　　　　　　　　　　　素菜制作方法

| 类别 | 特色菜品 |
| --- | --- |
| 卷货类 | 用油皮包馅卷紧，淀粉勾芡，烧制而成，如素鸡、素酱肉、素肘子、素火腿等 |
| 卤货类 | 以面筋、香菇为主，烧制而成，如素什锦、香菇面筋、酸辣片等 |
| 炸货类 | 过油煎炸而成的素食，如素虾、香椿鱼、小松肉、咯吱盒等 |

### 5.少数民族菜

少数民族菜又称民族风味菜，主要指少数民族食用的风味菜。主要代表有回族菜、朝鲜菜、维吾尔族菜、满族菜和藏族菜等。

▶ 知识拓展 3-1    2014年APEC国宴菜单揭秘

菜单
menu

钱塘风味冷盘
Cold Dishes of Qiantang Flavor

江南特色小碟
Jiangnan-style Small Dishes

松茸鲜菌汤
Matsutake and Fresh Mushroom Soup

龙井虾仁
Shelled Shrimp with Longjing Tea

西湖醋鱼
West Lake Fish in Vinegar Gravy

竹香牛排
Steak with Bamboo Fragrance

秋分时蔬
Seasonal Vegetable

杭州小笼包
Hangzhou Steamed Bao

杭式葱油拌面
Hangzhou-style Noodles in Scaltion，Oil and Soy Sauce

浙江传统名点
Zhejiang Traditional Desserts

淇淋鲜果
Ice Cream with Fresh Fruits

桂花九曲红梅·咖啡
Jiuqu Hongmel Tea with Osmanthus·Coffee

2023年9月23日中午，杭州亚运会欢迎宴会在西湖四大名园之一的西子宾馆举行。西子宾馆背靠雷峰塔，面朝西湖，拥有绝佳视野景观！此次国宴菜单充分体现了杭州元素，冷盘是钱塘风味冷盘、江南特色小碟；例汤是松茸鲜菌汤；主菜为龙井虾仁、西湖醋鱼、竹香牛排和秋分时蔬。宴会用酒为张裕2016年份红葡萄酒和2020年份白葡萄酒。同时配有30年陈古越龙山黄酒，供每位客人品尝，主打一个清新淡雅，兼顾各方客人口味。

（资料来源：雪竹居士. 2023杭州第十九届亚运会欢迎宴会菜单［EB/OL］. ［2023-09-26］. https://www.dingxinwen.cn/detail/5040249.有删减.）

## （五）中餐厅类型

中餐厅就是经营以中式烹调方法烹饪的风味餐食为主的餐厅，是向国内外宾客宣传中国饮食文化的经营服务场所。由于各地的物产、气候、风俗习惯及历史情况不同，各地的中餐厅也颇具地方特色。

### 1.零点餐厅

零点餐厅的特征主要体现在服务方式上。除了旺季，在这种餐厅用餐不用事先预订座位，客人通常是随到随吃，服务也是按先到者先服务的原则进行。

零点餐厅的装潢设计简洁明快，各种设备、器皿配置比较实用，环境舒适，并具有时代特征。在这类餐厅用餐，气氛比较轻松随便，更具有家庭式的气氛，一般不会因环境压力而拘谨。

### 2.中式宴会厅

中式宴会厅应是多功能的，它可以用活动门间隔成许多小厅。在这里可以举行大中型宴会、酒会、茶话会、冷餐会，也可以举办国际会议、服装表演、商品展览、音乐舞会等。这种餐厅应是高雅、华丽、设备齐全的豪华餐厅。

### 3.快餐厅

当今人们的生活节奏加快，许多人不愿意在吃饭上浪费太多的时间，快餐厅满足了这部分客人的需要。快餐厅的内部装潢简洁而明快，所提供的食品都是事先准备好的，以保证能向客人迅速提供所需的食品。同时，质量稳定、清洁卫生、价格低廉以及分量充足是其特色。

### 4.自助式餐厅

自助式餐厅是一种自我服务餐厅，主要满足希望迅速、简单就餐客人的需要。它的特点是客人可以自我服务，菜肴不用服务员传递和分配，饮料也是自斟自饮。

### 5.特色餐厅

（1）风味餐厅。

风味餐厅是一种专门制作一些富有地方特色菜式的餐厅。这些餐厅在取名上也颇具地方特色。

（2）海鲜餐厅。

海鲜餐厅是以鲜活海、河鲜产品为主要原料烹制食品的餐厅。

（3）古典餐厅。

古典餐厅的装饰，服务人员的服饰、服务方式，以及所供应的菜点均为古典风格，而且其古典风格往往还具有某一时代的典型特点，如唐代、宋代、明代、清代。

（4）食街。

食街是供应家常小吃的餐厅，兼具南北风味各地食品，以营业时间长、品种多、有特色、供应快捷，而受客人普遍欢迎。这种餐厅虽然消费低，但营业额高，在广州中国大酒店等大型宾馆里均有食街。

（5）旋转餐厅。

旋转餐厅是一种建在高层酒店顶楼的观景餐厅。一般提供自助餐，但也有点菜的或只喝饮料、吃点心的。旋转餐厅一般1至2小时旋转一周，客人就餐时可以欣赏窗外的景色。

▶▶▶ 知识拓展3-2　　　　主题餐厅

随着经济的发展和文化水平的提高，人们经历了从吃饱到吃好的需求变化，吃逐渐演变成一种文化消费。在品尝美味佳肴的时候，人们开始关注用餐环境的文化氛围与个性化。为求新求变，一种非常流行的餐厅形式——主题餐厅悄然出现。

一、主题餐厅的内涵

1.主题餐厅的定义

主题餐厅是以一个或多个历史或其他的主题为吸引标志，向顾客提供饮食所需的基本场所。其最大特点是赋予餐厅某种主题，围绕既定的主题来营造餐厅的经营气氛，餐厅内所有的产品、服务、色彩、造型以及活动都为主题服务，使主题成为顾客识别餐厅的特征和产生消费行为的刺激物。

2.主题餐厅与特色餐厅的区别

人们习惯上将主题餐厅与特色餐厅等同起来，事实上，两者是不同的概念。首先，主题餐厅一定是一个特色餐厅。主题餐厅的必备特质是特色，即主题餐厅生存和发展的资本是"个性化"的特色。但是，特色餐厅不一定是主题餐厅。在现实餐饮市场上，存在着许多特色餐厅，但是，从严格意义上讲，其中许多不能称为主题餐厅。因为主题餐厅除了要有特色鲜明的各类特色菜之外，还非常注重主题文化的深度开发，注重相应环境的营造，借助环境突出其主题特色。较之于特色餐厅，主题餐厅更强调从菜式到环境的全方位的特色化和鲜明化。

二、世界各地特色主题餐厅

1.厦门——动漫岛主题餐厅

动漫岛主题餐厅位于厦门博物馆地铁站对面，偌大的主题餐厅是动漫的海洋，这里以主流日系动漫及经典动漫为主。

2.马尔代夫——海底主题餐厅

马尔代夫伦格里岛有一家名为"Ithaa"的海底餐厅。"Ithaa"在马尔代夫语中是珍珠之母的意思，Ithaa海底餐厅位于伦格里岛水下16米处，其向顾客提供180度全视角观赏平台，用餐时你可以看到色彩鲜艳的珊瑚礁和穿梭于其间的各种海洋生物。此外，该餐厅每餐仅供应六道菜，采用欧洲客饭定价标准。

3.美国——牧羊主题餐厅

威斯康星州有一家屋顶牧羊的瑞典餐厅（Al Johnson's Swedish Restaurant &Butik）。在这里，山羊在青草覆盖的屋顶上吃草，而客人则在山羊的注视下进餐。该餐厅向顾客提供传统的瑞典特色食品，从夹着越橘的薄饼到瑞典肉丸，应有尽有。

微课堂3-1-2

中餐零点服务

## 二、中餐零点服务

中餐零点服务是指酒店中餐厅对用餐的散客进行服务的形式。

### （一）中餐零点服务的特点

中餐零点服务的特点是客人多而杂，人数不固定，口味需求不一，用餐时间交错，客人的个性化需求较多。因此，餐厅接待量不均衡，服务工作量较大，营业时间较长。餐厅服务员在提供热情、周到、细致、体贴的服务的同时还要做到迅速、快捷而不慌乱。

### （二）中餐零点服务的分类

中餐零点服务分为早餐服务和午、晚餐服务。

### （三）中餐午、晚餐零点服务流程

中餐的午、晚餐零点服务在酒店的中餐厅服务中是比较正式和隆重的，对于任何档次的餐厅来说，午、晚餐都相对复杂和烦琐，具体服务流程见表3-3。

表 3-3　　　　　　　　　　　中餐午、晚餐零点服务流程

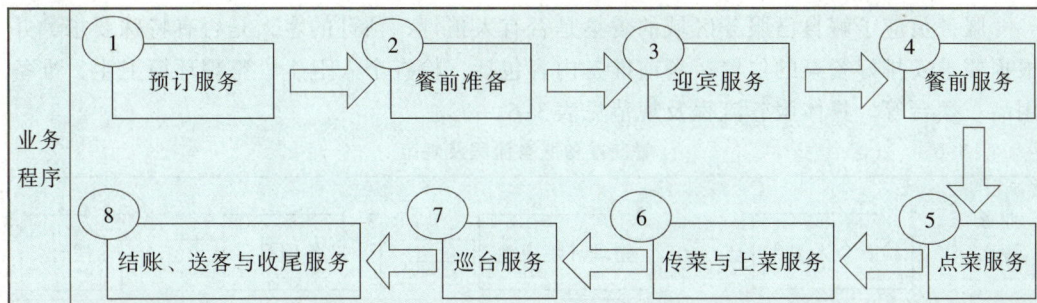

| 业务程序 | ① 预订服务 → ② 餐前准备 → ③ 迎宾服务 → ④ 餐前服务 |
|---|---|
| | ⑧ 结账、送客与收尾服务 ← ⑦ 巡台服务 ← ⑥ 传菜与上菜服务 ← ⑤ 点菜服务 |

### 1.预订服务

一般情况下，客人多选择电话预订的方式，预订员要根据餐厅的接待能力与时间安排，决定是否接受预订。如果可以，应该记录客人姓名、人数、联系方式、用餐时间、用餐标准、大厅还是包间、吸烟区还是非吸烟区及有无其他特殊要求等。如果餐厅接受客人的预订有困难，应礼貌地告知客人，并请客人下次有机会再来餐厅就餐。电话预订的服务流程及规范见表 3-4。

表 3-4　　　　　　　　　　　电话预订的服务流程及规范

| 业务程序 | | ① 接起电话 → ② 询问 → ③ 记录与复述 → ④ 致谢道别 |
|---|---|---|
| 业务规范 | 步骤1 | （1）电话铃响三声之内，服务员应迅速拿起电话问好、报餐厅名 |
| | 步骤2 | （1）如果是预订电话，应询问客人的姓名、房号或单位名称、人数、用餐时间及具体要求，并留下客人的联系电话。<br>（2）当餐厅预订已满，不能接受客人预订时应向客人做好解释，并告诉客人需要等候的准确时间 |
| | 步骤3 | 准确记录电话内容并进行复述，提醒客人餐厅留座时间等事项 |
| | 步骤4 | 通话结束时，应向客人致谢，并在客人放下电话后再挂断电话 |

微示范 3-1："中餐电话预订服务"的示范要求及参考评价见表 3-5。

表 3-5　　　　　　　"中餐电话预订服务"的示范要求及参考评价

| 示范项目 | | 中餐电话预订服务 |
|---|---|---|
| 示范准备 | | 酒店综合实训室 |
| 示范要求 | | 掌握电话预订服务的程序 |
| 示范方法 | | 1.将学生分组，每组5~6人<br>2.由教师指导，学生分组练习 |
| 示范评价 | 知识应用 | 1.掌握电话预订服务的程序<br>2.掌握电话预订服务的技巧 |
| | 能力提升 | 1.能够按照正确的方法进行电话预订服务<br>2.能够做到自信、热情地对客服务 |
| | 素质培养 | 1.积极、主动、热情、耐心的服务意识<br>2.一丝不苟、精益求精<br>3.具备自信的服务态度 |
| | 成果展示 | 模拟情景进行电话预订服务练习 |

### 2.餐前准备

服务员应了解自己服务区域的餐桌是否有人预订，预订的客人是否有特殊要求，并根据要求安排好餐桌的位置。餐前准备内容包括：检查个人卫生、整理环境卫生、准备用品、摆台等。具体服务流程及规范见表3-6。

表3-6 餐前准备服务流程及规范

| 业务程序 | ① 检查个人卫生 ⇒ ② 整理环境卫生 ⇒ ③ 准备用品 ⇒ ④ 摆台 | |
|---|---|---|
| 业务规范 | 步骤1 | 按餐厅要求着装，注重仪容仪表，佩戴好工号牌，按时到岗，接受分工任务 |
| | 步骤2 | 按餐厅卫生标准做好环境卫生整理工作，如对餐厅墙壁、设备设施、地面的清洁。<br>（1）按照从上到下的顺序，依次检查并清理天花板、灯具、窗帘、窗台、墙面、木质结构、电视机（遥控器）、茶几、沙发、绿植、装饰物、餐椅、酒水车、地脚线、地毯等的卫生。<br>（2）（上午10：30，下午5：00）开启消毒柜，对餐具进行40分钟的消毒处理。（上午10：30，下午4：30）开启空调，按照不同季节的标准设定温度：夏季设定24℃，冬季设定22℃。<br>（3）检查房间灯光是否正常，如有损坏上报主管 |
| | 步骤3 | （1）准备好餐具、用具、菜单、服务用品。<br>（2）将开餐所需餐具、用具消毒后摆放在备餐柜中。<br>（3）备好托盘、开瓶工具、餐巾纸、牙签、调料、菜单等。<br>（4）备好要供应的酒水、茶叶、开水。 |
| | 步骤4 | 按中餐零点标准摆台 |
| 备注 | 开餐前30分钟，当班领班主持召开员工餐前例会。由领班检查全体员工的仪容仪表，根据预订记录通报当日客情，对服务员进行具体分工等 | |

微示范3-2

餐前准备用品

微示范3-2："餐前准备用品"的示范要求及参考评价见表3-7。

表3-7 "餐前准备用品"的示范要求及参考评价

| 示范项目 | 餐前准备用品 | |
|---|---|---|
| 示范准备 | 酒店综合实训室 | |
| 示范要求 | 掌握餐前准备用品的方法 | |
| 示范方法 | 1.将学生分组，每组5~6人<br>2.由教师指导，学生分组练习 | |
| 示范评价 | 知识应用 | 1.掌握餐前准备用品的种类<br>2.掌握餐前准备用品的方法 |
| | 能力提升 | 1.能够将餐前服务用品准备齐全<br>2.能够按照正确的方法准备用品 |
| | 素质培养 | 1.积极、主动、热情、耐心的服务意识<br>2.一丝不苟、精益求精<br>3.具备敬业的服务态度 |
| | 成果展示 | 熟练地进行餐前用品准备 |

微示范3-3："整理餐具"的示范要求及参考评价见表3-8。

微示范3-3

整理餐具

表3-8　　　　　　　　　　　"整理餐具"的示范要求及参考评价

| 示范项目 | 整理餐具 | |
|---|---|---|
| 示范准备 | 酒店综合实训室 | |
| 示范要求 | 掌握整理餐具的方法 | |
| 示范方法 | 1.将学生分组，每组5～6人<br>2.由教师指导，学生分组练习 | |
| 示范评价 | 知识应用 | 1.掌握整理餐具的主要内容<br>2.掌握整理餐具时的注意事项 |
| | 能力提升 | 1.能够在开餐前进行餐具的整理<br>2.能够按照规范进行餐具整理 |
| | 素质培养 | 1.积极、主动、热情、耐心的服务意识<br>2.一丝不苟、精益求精<br>3.具备敬业的服务态度 |
| | 成果展示 | 按照流程进行餐具的整理 |

**3.迎宾服务**

迎宾服务是就餐接待的第一个环节，具体流程及规范见表3-9。

表3-9　　　　　　　　　　　　迎宾服务流程及规范

| 业务程序 | ① 迎候客人 → ② 礼貌问候并确认 → ③ 引领客人 ↓ ⑥ 递上菜单 ← ⑤ 协助客人挂好衣物 ← ④ 餐前服务 | |
|---|---|---|
| 业务规范 | 步骤1 | 在开餐前5～10分钟，迎宾员和服务员各自站在指定的位置上恭候客人的到来 |
| | 步骤2 | （1）对进入餐厅的客人行注目礼，使用礼貌用语问候，如"您好！欢迎光临！"等。询问客人是否有预订。<br>（2）如果有预订，问清以什么姓名或单位名称预订的，按事先预订的要求进行安排。<br>（3）如果无预订，询问客人一共有几位用餐，然后引领至合适的餐位 |

| | | |
|---|---|---|
| 业务规范 | 步骤3 | (1) 迎宾员左手拿菜单，引领时应在宾客的左前方，右手向客人示意，并说"请这边来"。与客人保持1米左右的距离，并不时回头与客人交流。<br>(2) 步速与客人保持一致，在楼梯口或拐弯处应稍作停留并提醒客人注意。<br>(3) 将客人引领至餐桌前，然后轻声询问客人意见："您喜欢这个位置吗?"如果客人不太满意，则应重新为客人安排餐位 |
| | 步骤4 | (1) 引领客人至适当位置后拉椅请客人入座。<br>(2) 拉椅时注意遵循先宾后主、先女士后男士的原则，其余客人按顺时针方向拉椅，如有幼儿应及时送上儿童椅 |
| | 步骤5 | (1) 主动征询客人是否需要协助其将衣物存放至衣帽间，得到允许后，将客人的衣物放好。<br>(2) 主动提示客人保管好自己的物品，注意不要与邻桌客人的衣物混放，以免造成客人物品的遗失 |
| | 步骤6 | (1) 值台服务员也应热情欢迎客前来用餐，微笑问候，并协助拉椅让座。<br>(2) 待宾客就座后，迎宾员打开菜单第一页，站在客人右侧双手递上菜单，向客人介绍值台服务员并祝客人用餐愉快 |

微示范3-4

迎宾引领服务

微示范3-4："迎宾引领服务"的示范要求及参考评价见表3-10。

表3-10　　　"迎宾引领服务"的示范要求及参考评价

| | | |
|---|---|---|
| 示范项目 | 迎宾引领服务 | |
| 示范准备 | 酒店综合实训室 | |
| 示范要求 | 掌握迎宾服务的流程 | |
| 示范方法 | 1.将学生分组，每组5～6人<br>2.由教师指导，学生分组练习 | |
| 示范评价 | 知识应用 | 1.掌握迎宾引领服务的规范程序<br>2.掌握迎宾引领服务的方法 |
| | 能力提升 | 1.能够正确地进行迎宾引领服务<br>2.能够热情地进行迎宾引领服务 |
| | 素质培养 | 1.积极、主动、热情、耐心的服务意识<br>2.一丝不苟、精益求精<br>3.具备敬业的服务态度 |
| | 成果展示 | 熟练地进行迎宾引领服务 |

**4.餐前服务**

服务人员可以按照下列流程及规范为客人提供餐前服务，见表3-11。

表 3-11　　　　　　　　　　　　　　餐前服务流程及规范

| 业务程序 | ① 递送香巾　→　② 送餐巾、撤筷套　→　③ 斟倒茶水<br>⑥ 推荐与接受点菜　←　⑤ 准备点菜　←　④ 增减餐具 | |
|---|---|---|
| 业务规范 | 步骤1 | 值台服务员要站在客人的右边并使用敬语"请用香巾"，及时为客人递送香巾 |
| | 步骤2 | （1）值台服务员为客人介绍本餐厅所提供的茶水品种。在询问客人意见的同时，要为客人送餐巾、撤筷套。<br>（2）撤筷套遵循先宾后主、先女士后男士和顺时针的原则 |
| | 步骤3 | （1）为宾客冲泡茶水，站于客人的右后侧为客人斟茶，并使用敬语"请用茶"。<br>（2）斟茶应斟八分满，要为每一位宾客斟倒一杯礼貌茶 |
| | 步骤4 | （1）服务员应根据客人人数的多少进行餐位的增减，在增减餐具时要使用托盘。<br>（2）如有外宾不习惯用筷子就餐，应主动提供刀叉 |
| | 步骤5 | （1）要做好点菜准备，备好点菜用品。<br>（2）留心观察客人的举动，站在适当的位置，随时准备帮助客人点菜 |
| | 步骤6 | 推荐与接受客人点菜 |

## 5.点菜服务

点菜服务是一项考验服务人员技巧和能力的工作，要求服务人员了解宾客的需求、熟悉菜单、主动提供信息、规范安排菜品。点菜服务具体流程及规范见表3-12。

表 3-12　　　　　　　　　　　　　　点菜服务流程及规范

| 业务程序 | ① 准备点菜　→　② 主动推荐　→　③ 复述确认<br>⑤ 确认点菜　←　④ 特殊要求 | |
|---|---|---|
| 业务规范 | 步骤1 | 当宾客示意点菜时，服务员应立即上前询问："先生/小姐，请问现在可以点菜了吗?"并站在客人的左后侧或右后侧提供服务 |
| | 步骤2 | 服务员应主动介绍菜式特点，帮助宾客挑选本餐厅的特色菜，但切忌强行推销，注意荤素搭配，数量适中 |
| | 步骤3 | 客人点完菜之后，应向客人复述并确认。主动征询宾客是否还需要酒水饮料 |
| | 步骤4 | 注意客人对菜品的特殊要求，如分量、制作方法、口味禁忌等 |
| | 步骤5 | 使用无线点菜机点菜，应在客人确认菜单后立即确认发送，尽量缩短客人的等候时间 |

微示范 3-5

微示范 3-5："确认菜单"的示范要求及参考评价见表 3-13。

表 3-13 "确认菜单"的示范要求及参考评价

| 示范项目 | 确认菜单 | |
|---|---|---|
| 示范准备 | 酒店综合实训室 | |
| 示范要求 | 掌握确认菜单的方法 | |
| 示范方法 | 1.将学生分组，每组 5~6 人<br>2.由教师指导，学生分组练习 | |
| 示范评价 | 知识应用 | 1.掌握确认菜单的规范程序<br>2.掌握确认菜单的方法 |
| | 能力提升 | 1.能够规范地对客进行菜单的确认<br>2.能够热情地进行点菜服务 |
| | 素质培养 | 1.积极、主动、热情、耐心的服务意识<br>2.一丝不苟、精益求精<br>3.具备敬业的服务态度 |
| | 成果展示 | 熟练地进行确认菜单服务 |

### 6.传菜与上菜服务

除非客人有特殊要求，一般情况下按冷菜、热菜、汤菜、主食的顺序进行，具体流程及规范见表 3-14。

表 3-14 传菜与上菜服务流程及规范

| 业务程序 | ① 了解上菜顺序 → ② 报菜名 → ③ 整理台面 → ④ 上菜完毕 | |
|---|---|---|
| 业务规范 | 步骤1 | (1) 传菜人员应先了解客人所点菜品、分量及上菜顺序，与厨房密切配合，对客人用餐时间要有所掌握，避免上菜时机不当。<br>(2) 传菜人员应事前准备传菜时所需的大小托盘及上菜时所需使用的器皿，并保持干净与美观。<br>(3) 一般情况下，第一道菜应该在点菜后 15 分钟内上桌 |
| | 步骤2 | (1) 上菜时，应双手端菜盘并报菜名，特色菜肴应稍作介绍。<br>(2) 有配料和洗手盅的菜肴，应先上配料后上菜，配料应放在菜的右下角，然后上洗手盅，放在菜的左侧 |
| | 步骤3 | 整理台面，给将要上桌的菜肴挪出位置，对所剩分量较少的菜肴，征询主人的意见，或为客人分完，或改用小盘盛装 |
| | 步骤4 | 服务员上最后一道菜时，应礼貌地告诉客人："您的菜已经上齐，请慢用。"同时，询问客人是否需要增添菜品 |

### 7.巡台服务

客人用餐过程中，要及时更换烟灰缸、骨碟等餐具，及时清理台面，撤换前应征询客人的意见。注意当烟灰缸内有两个及两个以上烟头或有纸团和杂物时，服务员应立即更换，客人杯中酒水少于 1/3 时，要及时添加酒水或饮料。

8.结账、送客与收尾服务

在客人用餐结束前，服务员应对所用菜点进行核对与确认，随时配合客人结账。当客人示意结账时，服务员应马上清点菜单、酒水，将客人多余的酒水退回，根据客人要求的结算方式提供相应的结账服务，礼貌欢送客人，并提醒客人带好随身物品，餐后认真做好检查和收尾工作。

微示范3-6："结账服务"的示范要求及参考评价见表3-15。

表3-15 "结账服务"的示范要求及参考评价

| 示范项目 | 结账服务 | |
|---|---|---|
| 示范准备 | 酒店综合实训室 | |
| 示范要求 | 掌握结账服务的程序及方法 | |
| 示范方法 | 1.将学生分组，每组5~6人<br>2.由教师指导，学生分组练习 | |
| 示范评价 | 知识应用 | 1.掌握结账服务的规范程序<br>2.掌握结账服务的要领 |
| | 能力提升 | 1.能够按照规范程序为客人进行结账服务<br>2.能够热情、耐心地进行结账服务 |
| | 素质培养 | 1.积极、主动、热情、耐心的服务意识<br>2.一丝不苟、精益求精<br>3.具备敬业的服务态度 |
| | 成果展示 | 熟练地进行结账服务 |

>> 头脑风暴3-1    让顾客喜笑颜开的服务用语技巧

在餐厅服务过程中，服务员都希望顾客认同自己的观点，要做到让顾客在短时间内认同自己，很多服务员会认为这比登天还难。如何让顾客一进门就认同自己，对自己点头呢？方法很简单，用事实说话，不能反驳的就是事实。请看以下示例：

1."今天的天气真热！"

夏天天气很热的时候，服务员可以对顾客说："今天的天气真热！"一般来说，顾客都会同意你的观点，因为这是不能反驳的事实。如果是北方，冬天会非常冷，当顾客一进餐厅的门，看到顾客穿着厚厚的羽绒服，服务员可以这样说："姐，今天外面真冷，赶紧进来暖和暖和吧！"这时再给顾客端过一杯热水接着说："喝杯热水暖和一下。"这一连串的行动和语言，顾客是不能反驳的，内心自然也就非常容易认同服务员了。

2."今天您自己一个人逛街？"

看到顾客一个人进餐厅，我们可以这样说："今天您自己一个人逛街？"如果顾客是自己一个人来的，顾客会点头或用其他的方式认同服务员所说的话，因为其没有办法反驳。如果顾客是两个人一起进来的，就可以说："今天您二位一起逛街，两位知心的朋友在一起是很幸福的事啊！"顾客听了这样的话，会有什么反应呢？当然是非常高兴了。

3. "我来帮您吧！"

给顾客一点帮助。当顾客一进店门，服务员看到顾客提了很多东西，可以走上前说："今天您收获了这么多满意的东西，我来帮您提一下吧"，或说："东西可以先放在前台，我帮您看着，您就放心吧"。顾客听着这话，即便不让服务员帮其拎东西，但是内心也会非常认可服务员。

4. "看您这么开心，是不是今天有什么喜事啊？"

看到顾客脸上的笑容，这是描述事实，如果后面再跟上一个快乐的假设，顾客会更加开心。

5. "你俩一起逛街，一定是感情很好的朋友。"

看到两个人进来，根据年龄和两人的对话，可以判断出两者之间的关系，你只需要将事实描述出来就可以了。

讨论：参照以上示例，请思考在以下情景，服务员该如何表达？

1.一位漂亮的女孩独自来餐厅用餐。

2.服务对象是一位年纪稍长的女士。

3.听到有些顾客声音很好听的时候该如何互动？

（资料来源：佚名. 让顾客喜笑颜开的服务用语技巧［EB/OL］.［2016-01-04］. http: //www.canyin168.com/glyy/cygl/cyal/201601/65390.html.有改动）

行业对接3-1

舜和国际
酒店督中
服务作业
规程38条

微课堂3-1-3

中餐宴会
服务

## 三、中餐宴会服务

中餐宴会是政府机关、社会团体及企事业单位、公司或个人之间为了表示欢迎、答谢、祝贺、庆祝等社交活动的需要，根据接待规格和礼仪程序而举行的一种隆重、正式的餐饮活动。

### （一）中餐宴会服务的特点

中餐宴会具有就餐人数多、就餐时间长、消费标准高、菜色品种多、气氛隆重热烈、接待服务讲究等特点。宴会要求格调高雅，因此在环境布置及台面布置上既要舒适、干净，又要突出隆重热烈的气氛；在菜色选配上讲究色、香、味、意、形，注重菜色的季节性，用拼图及雕刻等形式烘托喜庆、热烈的气氛；在接待服务上强调周到、细致，讲究礼节礼貌，注重服务技艺和服务规格。

### （二）中餐宴会服务的分类

中餐宴会服务可以按照宴会规格进行分类，见表3-16。

### （三）中餐宴会服务流程

中餐宴会服务是酒店餐饮部实现产品销售的重要环节，服务水平的高低也直接影响宾客对整个宴会产品的满意度。中餐宴会服务程序分为预订服务、宴会前的准备工作、宴会迎宾工作、宴会中的就餐服务和宴会结束工作五个基本环节，具体服务流程见表3-17。

表 3-16                                    中餐宴会分类

| 类型 | 特点 |
|------|------|
| 国宴 | （1）国宴是国家的元首或者政府首脑为国际庆典或为欢迎外国元首、政府首脑而举行的正式宴会。国宴是最隆重、最高级别的宴会。<br>（2）宴会厅内要悬挂国旗、会旗；乐队演奏两国国歌及席间乐，席间有祝辞或祝酒；菜单和席位卡上均印有国徽、会标。<br>（3）宾主均按身份排位就座，礼仪严格。<br>（4）餐具、菜点、酒水必须具有本国特色；宴会厅布置体现庄重、热烈的气氛 |
| 正式宴会 | （1）正式宴会是政府或团体等有关部门为欢迎应邀来访的客人或来访的客人为答谢主人而举办的宴会。<br>（2）这种宴会不挂国旗，不演奏国歌，有时安排乐队奏席间乐，宾主按身份排位就座，礼仪要求比较严格。<br>（3）许多国家的正式宴会也讲究排场，对餐具、酒水、菜肴道数、餐厅陈设、服务员的装束及仪态等都有严格的要求，在请柬上会注明对宾客的服饰要求 |
| 便宴 | （1）这种宴会不拘严格的礼仪，随意、亲切，多用于招待亲朋好友。<br>（2）这种宴会规模小、简便，不用排座次，不进行正式致辞或祝酒，用餐标准可高可低 |

表 3-17                                    中餐宴会服务流程

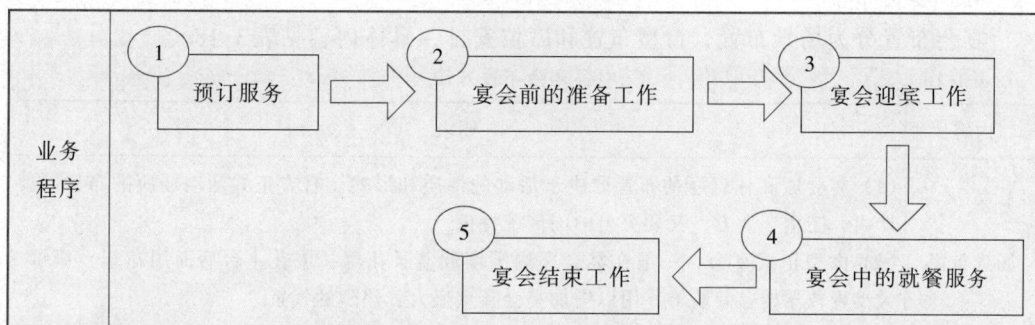

| 业务<br>程序 | ① 预订服务 → ② 宴会前的准备工作 → ③ 宴会迎宾工作 ↓<br>⑤ 宴会结束工作 ← ④ 宴会中的就餐服务 |
|------|------|

**1.预订服务**

宴会预订通常有电话预订、面谈预订、信函预订、传真预订等形式。电话预订、面谈预订是最为常见的预订方式。面谈预订通常遵循以下工作程序：

（1）当客人前来面谈预订时，宴会预订员应热情、礼貌地进行接待。

（2）仔细倾听客人对宴会的要求，认真做好记录，同时应主动向客人介绍酒店宴会设施和宴会菜单，做好推销工作并回答客人的提问。

（3）根据面谈信息认真填写宴会预订单的各项内容：宴请单位名称、宴请单位电话、出席人数、宾主身份、宴会类型、宴会标准、结账方式、开宴时间、场地安排、菜单、酒水、预订员姓名、联系电话以及举行宴会所需的特殊设施设备等。

（4）签写宴会预订单及合同书。预订单一式两份，并请客人在预订单上签名。在填写完宴会预订单后，宴会预订所涉及的内容和细节得到主办单位或个人的确认后，就可以签订宴会合同书。合同书一式两份，经双方签字后生效。

（5）收取订金。在签订合同时，为了保证宴会预订的确认。酒店通常要求已确定日期的客人预付一定数量的订金，一般为宴会费用的10%～15%。

2.宴会前的准备工作

（1）掌握宴会信息。

接到"宴会通知单"后，中餐厅宴会服务员应对宴会安排进行全面的了解，一般要做到"八知""三了解"。

▶▶ 业务链接3-5 "八知""三了解"

八知：

知宴请单位（个人）；知被请单位（个人）；知宾客国籍；知开餐时间；知人数；知标准；知菜单；知结账方式及主要负责人。

三了解：

了解宴会性质；了解宾客特殊喜忌；了解菜品供应情况。

（2）人员合理分工。

规模较大的宴会，要确定指挥人员，由指挥人员进行工作分工。根据宴会要求，对迎宾、衣帽间、贵宾室、值台、传菜、酒吧等岗位人员，要有明确的分工和具体的任务要求。人员数量应根据宴会类别、宴会档次、宴会标准确定。

（3）宴会布置

宴会布置分为场景布置、台型布置和席位安排，具体内容见表3-18。

表3-18 中餐宴会布置方法

| 内容 | 要求 |
|---|---|
| 场景布置 | （1）宴会厅和休息厅的布置取决于活动的性质和形式。官方正式活动场所的布置既要严肃、庄重、大方，又要突出中国传统特色。<br>（2）大型正式宴会，一般在宴会厅周围摆放盆景花草，或在主台后面用花坛、画屏、大型青枝翠树盆栽装饰，用以增加宴会隆重盛大、热烈的气氛。<br>（3）宴会可以用圆桌也可以用长桌或方桌 |
| 台型布置 | （1）宴会台型布置要按"中心第一、先右后左、高近低远"的原则来设计，要做到突出主桌、布局合理、整齐美观。<br>（2）一般采用圆桌，每桌10人，每桌占地面积标准为10～12平方米，桌与桌之间的距离在2米以上 |
| 席位安排 | 中餐宴会排列席位有四个原则：一是面门为上；二是主宾居右；三是好事成双；四是各桌同向（参见项目2） |

（4）熟悉菜单。

服务员应熟悉宴会菜单内容和主要菜肴的风味特点等，包括每道菜的名称，风味特色、配菜调料和制作方法，做好上菜、派菜和回答宾客询问的准备。同时，应了解每道菜的服务程序和服务方法，确保准确无误的上菜。

（5）准备物品与摆台。

大型宴会需要大量的餐、酒用具，根据宴会菜单，要准备好各种银器、瓷器、玻璃器皿等餐、酒具，以及相应数量的口布、台布、托盘、牙签等。并将所准备的餐具按规定擦拭干净。

（6）铺好餐台。

宴会开始前1小时，服务员应根据宴会餐别，按规格摆好餐具和台上用品，在副主位的左边，面向宴会厅的入口摆上席次卡，菜单放在正、副主位餐碟的右上侧。具体摆台方法参见项目二。

（7）摆设冷盘。

服务员应在宴会开始前15分钟左右摆上冷盘，冷菜主盘或大拼盘摆在席面中心，其他冷盘摆在主盘四周。若是花拼，应将正面朝向主宾，同时冷菜的色调、荤素、口味要互相搭配。若有宴会酒水，也应提前5分钟，按斟酒要求斟上白酒和红酒。

（8）餐前检查。

在上述各项准备工作做好后，应全面检查餐具、酒具、卫生设备、安全等，如发现问题应及时处理。

3.宴会的迎宾工作

根据宴会的入场时间，宴会主管人员和迎宾员要提前在宴会厅门口迎候宾客，值台服务员站在各自负责的餐桌旁准备服务。宾客到达时要热情迎接，微笑问好。如宾客到达较早，服务员应将宾客带到休息室休息，主动接过宾客衣物和其他物品，然后为其斟倒茶水或饮料，送上小毛巾。根据宴会的具体要求，服务员也可直接将宾客引到宴席就座。

4.宴会中的就餐服务

宴会中的就餐服务同中餐厅零点午、晚餐服务。

5.宴会结束工作

宴会结束后，中餐厅宴会服务员应做好送客服务，请宴会主办方按约定方式结账。

**>> 业务链接3-6　　　宴会服务的注意事项**

1.服务员操作时注意轻拿轻放，严防打碎餐具和碰翻酒瓶、酒杯，以免影响场内气氛。

2.宴会服务应注意节奏，不能过快或过慢，应以宾客进餐速度为标准。

3.服务员之间要分工协作，讲究默契，服务出现漏洞时，要互相弥补。

4.宴会期间，两个服务员不应在宾客的左右同时服务，以免宾客左右为难，应有先后次序。

5.当宾主在席间讲话或在国宴中演奏国歌时，服务员要停止操作，迅速退至工作台两侧肃立，姿势要端正，排列要整齐，餐厅内要保持安静，切忌发出响声。

6.宴会进行过程中，如有客人不慎将餐具掉落在地上，值台服务员应及时送上干净餐具，并迅速清理掉在地上的餐具。

7.席间若有宾客突感身体不适，应立即请医务室协助并向领导报告，将食物原样保存，留待化验。

8.宴会结束后，应主动征求宾客对服务和菜点的意见，礼貌地与宾客道别。

行业对接 3-2

舜和国际酒店中餐婚宴接待流程

行业对接 3-3

舜和国际酒店中餐部清真接待流程

## 【任务实施】

实施描述：请帮助小白和他的小伙伴完成一次中餐零点晚餐服务。

实施准备：中餐实训室、中餐餐具等。

实施步骤：

1.按照所学中餐零点晚餐服务程序和规范，以小组为单位，进行模拟服务。

2.利用前面所学的预订服务程序、上菜与分菜服务、席间服务、结账服务等服务规程，综合整理出一套完整的服务流程。

## 【任务评价】

"中餐零点晚餐服务"考核评分标准见表3-19。

表 3-19            "中餐零点晚餐服务"考核评分标准

| 序号 | 项目 | 标准 | 分值 | 自评分 | 互评分 | 教师评分 |
|---|---|---|---|---|---|---|
| 1 | 仪容仪表 | 着装符合中餐厅零点服务要求，端庄、大方、得体<br>妆容符合酒店业、餐饮业从业要求 | 10 | | | |
| 2 | 礼仪举止 | 面带微笑，动作规范得体，体现行业风采，符合中餐礼仪 | 10 | | | |
| 3 | 团队精神 | 小组成员参与度高，整体的协调性好，体现默契、沟通及友爱 | 10 | | | |
| 4 | 情景设计 | 情景设计符合餐饮礼仪要求，具有一定的感染力 | 20 | | | |
| | | 情节完整，包含预订、迎宾、开餐、餐中服务和结账送客服务全过程 | 20 | | | |
| 5 | 菜点与酒水 | 菜点和酒水符合中餐文化 | 10 | | | |
| 6 | 总体印象 | 操作过程中程序规范，落落大方 | 20 | | | |
| 总分 | | | 100 | | | |
| 小组自评 | | | | | | |
| 小组互评 | | | | | | |
| 教师评价 | | | | | | |
| 小组成员<br>个人得分 | 姓名 | | | | | |
| | 得分 | | | | | |
| 说明 | 小组任务得分=小组自评分×20%+小组互评分×30%+教师评分×50%。小组成员个人得分由小组长和教师根据个人任务完成中的工作情况分配分数 | | | | | |

# 任务二  西餐厅服务

## 【任务目标】

知识目标：

1.了解西餐文化的特点和西餐的分类

2.掌握西餐零点服务流程

3.掌握西餐宴会服务流程

能力目标：

1.能够熟练地对西餐零点散客进行服务

2.能够熟练地对西餐宴会客人进行服务

3.能够灵活应对西餐厅服务过程中的一些特殊情况

素质目标：

1.具有吃苦耐劳、敬业爱岗、忠于职守的工作态度

2.具有积极主动、热情、耐心的服务意识及强烈的社会责任感

## 【任务导入】

临近十一点，西餐零点餐厅接到了一个预订电话，一位法国留学生即将结束学业回国，临行前要请他的中国老师吃饭，以答谢老师四年来对他学业和生活的照顾。小白在校期间选修过法语，口语还不错，领班就安排小白负责接待。小白接到接待任务后，温习了法式服务的特点和程序。

任务要求：请给小白一些建议，他还需要掌握哪些西餐零点正餐服务的流程和规范。

## 【知识储备】

微课堂3-2-1

西餐认知

### 一、西餐认知

#### （一）西餐文化

西餐是中国人对欧美菜肴的总称，常指法国、意大利、美国、英国、俄罗斯等国的菜肴，同时，希腊、德国、西班牙、葡萄牙、荷兰、瑞典、丹麦、匈牙利、奥地利、波兰等欧洲各国的菜肴也很著名，并有着自己的特色。

#### （二）西餐的菜系特点

据资料记载，早在古巴比伦时期，就有关于西餐的种类和烹调方法的记载。经过数千年的发展，西餐已经发展成为以英国菜、法国菜、美国菜、意大利菜、俄式菜等为代表的菜肴，各个菜系的特点见表3-20。

表3-20                                                                    西餐五大菜系

| 西餐菜系 | 特点 |
|---|---|
| 英国菜 | 口味清淡、酥香、用油少，调味很少用料酒，调味品一般放在桌上供客人自己选用 |
| 法国菜 | 选料广泛，用料新鲜，调味较重，讲究不同的菜配不同的酒 |
| 美国菜 | 咸里带甜，生菜多、冷菜多、淡菜多，常用水果作为菜肴的配料 |
| 意大利菜 | 原汁原味，喜欢面食，如意大利通心粉、比萨饼等 |
| 俄式菜 | 油大味重，制作较简单，调味喜欢用酸奶油 |

▶ **知识拓展3-3**          西餐在我国的发展

西餐传入我国，可追溯到13世纪。据说，意大利旅行家马可·波罗到中国旅行时，曾将某些西餐菜肴传入中国。

1840年，鸦片战争以后，一些西方人进入中国，将许多西餐菜肴制作方法带到中国。清朝后期，欧美人在我国的上海、北京、天津开设了一些西餐酒店，厨师长由外国人担任。

1885年，中国第一家西餐厅太平馆在广州开业，这标志着西餐业正式登陆中国。

至20世纪20年代，西餐在我国沿海的一些著名城市有了较大的发展，上海礼查酒店、慧中酒店，天津利顺德大酒店、起士林酒店相继开业。

### （三）西餐的组成

**1.西式早餐**

西式早餐主要由果汁、水果、谷类、肉类、面包、鸡蛋、热饮等组成。西式早餐分类见表3-21。

表3-21                                                                    西式早餐类别

| 类别 | 内容 |
|---|---|
| 欧陆式早餐 | 欧陆式早餐包括果汁或水果、牛角包或丹麦甜饼、面包配黄油或果酱、咖啡或茶。因其无蛋无肉，又称"全咖啡加面包" |
| 英式早餐 | 英式早餐包括果汁或水果、冷或热的谷类食品、各式鸡蛋、吐司配黄油或果酱、咖啡或茶。英式早餐有蛋无肉 |
| 美式早餐 | 美式早餐包括果汁或水果、冷或热的谷类食品、各式鸡蛋配以肉类、吐司配黄油或果酱、咖啡或茶，有时还有炸土豆条。美式早餐有蛋有肉 |

**2.西式午、晚餐**

西式午、晚餐大多由谷类、肉类、汤类等主食组成，主要有以下几种，见表3-22。

表 3-22　　　　　　　　　　　　　西式午、晚餐

| 类别 | 内容 |
|---|---|
| 头盘 | （1）头盘是开餐的第一道菜，又称开胃菜或开胃品，一般量不大，有冷头盘和热头盘之分。<br>（2）头盘多用水果、蔬菜、熟肉制成，常用中小型盘子或鸡尾酒杯盛装，色彩艳丽，装饰美观。<br>（3）头盘也可以用新鲜水产配以美味的沙司和沙拉，沙拉是头盘中最为典型的一种，能起到开胃及增进食欲的作用 |
| 汤类 | 汤有冷汤和热汤之分，热汤又分清汤和浓汤，一般冷汤较少使用 |
| 主菜 | （1）主菜又称主盘，是全套餐的主体。主菜制作相当考究，既讲究色、香、味、形，又讲究菜肴的营养价值。<br>（2）主菜的原料多用海鲜、肉类，其中海鲜和牛肉使用量较大 |
| 甜品 | 甜品是最后一道食品，包括冰激凌、布丁、各式蛋糕、水果等 |
| 咖啡或茶 | 常见的茶有红茶、绿茶等。常见的咖啡有爱尔兰咖啡、意大利咖啡、冰咖啡、普通咖啡等。饮咖啡一般要加糖或牛奶或淡奶油 |

▶▶ **知识拓展 3-4**　　　　西餐与酒水的搭配

餐前酒：可选用具有开胃功能的酒。

头盘：可选用低度、干型的白葡萄酒。

汤类：一般不需要酒。如需要，可选用雪利酒或白葡萄酒。

海鲜：可选用干白葡萄酒、玫瑰红酒。

肉、禽、野味：可选用 12～16 度的干红葡萄酒。

奶酪：可选用较甜的葡萄酒，也可继续使用主菜的配酒。

甜品：可选用甜食酒。

餐后酒：可选用蒸馏酒、利乔酒。

**（四）西式餐厅类型**

西式餐厅是向客人提供西式菜品、饮料及服务的餐厅。西餐大体上分为西欧式西餐和东欧式西餐两大类，西欧式西餐以法式西餐最为著名，此外还有英式、意式西餐等；东欧式西餐以捷克、俄罗斯为代表。西式餐厅的类型见表 3-23。

**（五）西餐主要服务方式**

常见的西餐服务方式有法式服务、俄式服务、美式服务、英式服务、大陆式服务五种类型。

1.法式服务

法式服务是西餐中最豪华和最为周到的服务形式。因在服务过程中通常采用手推车或旁桌现场为顾客加热、调味及切割菜肴等方式，故被称作"车式服务"。由于法式服务是由西查·李兹（Cesar Ritz）于 20 世纪初发明的，所以又被称为"李兹服务"。

表 3-23                                                    西式餐厅类型

| 类型 | 特点 |
|------|------|
| 扒房 | 扒房是酒店最高级的西餐厅，它的位置、设计、装饰、色彩、灯光、食品、服务等都很讲究，主要提供牛扒、羊扒、猪扒、西餐大菜、特餐等，还可以举办西餐宴会 |
| 咖啡厅 | 咖啡厅是酒店设立的一种方便宾客的餐厅，以提供西餐为主，客人可以在这里吃正式的西餐，也可以只喝咖啡、冷饮。咖啡厅营业时间较长，一般从早晨6时营业到凌晨1时 |
| 酒吧 | 酒吧是专供客人饮酒小憩的地方，其装修、家具设施讲究，通常设在大堂附近。酒吧柜里陈列各种酒水，调酒和服务能充分显示出酒店水平 |
| 茶室 | 茶室又称茶座，是一种比较高雅的餐厅，一般设在正门大堂附近，也是反映酒店格调水准的餐厅。它是供客人约会、休息和社交的场所。供应食品和咖啡厅大体相同，但不提供中式餐饮。营业时间比咖啡厅收市稍早一些。早市可供应较高级的西式自助餐。早、晚安排钢琴或小乐队伴奏，营造一种高雅的气氛 |

采用法式服务的餐厅装饰豪华而高雅，餐具通常采用高质量的瓷器和银器，酒具通常采用水晶杯。法式服务注重礼节和服务表演，节奏缓慢，服务人员多。一项法式服务通常需要一名经验丰富的主服务员和一名助理服务员共同完成，其服务程序见表3-24。

表 3-24                                                    法式服务程序

| 程序 | 内容 |
|------|------|
| 摆台 | （1）为了增加桌布与餐桌之间的摩擦，先铺上海绵桌垫，再铺桌布。<br>（2）摆装饰盘需将装饰盘的中线对准桌椅的中线，装饰盘距离桌边1～2厘米摆放。<br>（3）装饰盘上摆放餐巾，装饰盘左边依次摆放面包盘（黄油刀置于面包盘上）、餐叉，装饰盘的右边依次摆放餐刀（餐刀的前方摆放各种酒杯和水杯）、汤匙，装饰盘的前方摆放食用甜品时使用的叉和匙 |
| 点菜 | （1）主服务员请客人入座，接受客人点菜。<br>（2）菜肴置于小推车上，主服务员当着客人的面进行烹调表演或切割装盘，由助理服务员从客人右侧用右手上菜。<br>（3）面包、黄油和配菜应用右手从客人左侧上菜，这样不会影响为客人斟酒、上饮料、撤盘等 |
| 上汤 | （1）客人点汤后，由助理服务员将汤用银盘盛装端进餐厅，将汤放在烹调炉上加热和调味后端到客人面前。<br>（2）由主服务员用大汤匙将汤从银盘中分到客人的餐盘中，再由助理服务员用右手从客人右侧上汤 |
| 主菜 | （1）主菜的服务程序与汤的服务程序大体相同，即由主服务员分菜，再由助理服务员从客人右侧将菜送到客人面前。<br>（2）为客人提供牛排时，应配上沙拉，沙拉应从客人左侧上桌 |
| 洗手盅 | （1）有需要直接用手取的菜肴，如龙虾时，服务员应同时上洗手盅。<br>（2）洗手盅多为银质或玻璃的小碗，放在银质的垫盘上，盅内盛2/3的水，水中放一小片柠檬或花瓣，应放在客人的右侧 |

### 2.俄式服务

俄式服务起源于俄罗斯，在当今世界上的一些高级餐厅比较流行。在俄式服务中，食物全部在厨房准备好，装在大银盘中，服务员将装好食物的大银盘端入餐厅，首先请所有客人过目，让客人欣赏装盘的装饰和手艺，刺激客人的食欲，然后从主人的左边开始，按逆时针方向为客人提供服务，所以俄式服务又称"大盘子"服务。

在俄式服务中，每个餐桌一般只需要一名服务员，且服务简单、快速，不需要占用太多空间，同时又能照顾到每一位客人。另外，在大银盘中分菜，可以有效地利用各种菜品原料，减少浪费。俄式服务主要用于西餐宴会服务，不适用于零点服务，其服务程序见表3-25。

表3-25　　　　　　　　　　　俄式服务程序

| 程序 | 内容 |
| --- | --- |
| 分盘 | （1）分盘服务员用右手从客人右侧依次上开胃菜盘、主菜盘、甜菜盘等。<br>（2）注意冷菜上冷盘、热菜上热盘，上空盘时按顺时针方向进行 |
| 运菜 | 运菜服务员从厨房中将装好菜肴的大银盘用肩上托的方法送到客人的餐桌旁，热菜需要用盖子盖上 |
| 分菜 | （1）分菜服务员左手胸前托盘，右手运用叉和服务匙，在客人左侧按逆时针方向进行分菜。<br>（2）斟酒、上饮料、撤盘均在客人右侧进行 |

### 3.美式服务

美式服务，又称盘子服务，是西餐服务中最普遍的服务方式。服务人员根据点菜内容在厨房中将菜肴装盘并简单装饰，然后用托盘端向餐厅并送到客人桌上。在美式服务中，一个服务员可以同时看几张餐台。美式服务简单、迅速，餐具和人工成本都比较低，广泛用于咖啡厅和西餐宴会厅。菜肴由厨师在厨房烹制、装盘，餐饮服务员用托盘将菜从厨房运到餐桌（热菜要盖上盖子）。服务员用右手从客人右侧按顺时针方向上菜。

### 4.英式服务

英式服务又称家庭式服务，通常是服务员将烹制好的菜肴由厨房运到餐桌，由餐桌上的主人亲自切肉装盘，并配上蔬菜，服务员将装盘的菜肴依次端到每位客人面前，调味品、沙拉和配菜则放在桌上由客人自取。英式服务家庭气氛很浓，由于许多用餐环节由客人自己参与完成，所以用餐节奏很慢。

### 5.大陆式服务

大陆式服务是一种综合了法式服务、俄式服务和美式服务的服务方式，通常是以美式服务方式上开胃品和沙拉，以俄式服务或法式服务方式上汤和主菜等。由于餐厅的种类和特色不同，客人的消费水平不同，餐厅的销售方式不同，不同的餐厅或不同的餐饮服务方式组合自然也会有所不同。

▶▶ **知识拓展3-5**　　礼节礼貌在西餐服务中的重要性

1.不同的国家和地区有不同的礼节礼貌，世界上各国和各民族都十分重视礼节礼貌，把礼节礼貌看作一个国家和民族文明程度和道德水准的评价标准。西餐服务中，时常涉及各民族的风俗习惯、宗教信仰、餐饮礼节等。因此，作为西餐服务人员，应具备广泛的礼节礼貌知识。

2.礼节礼貌是反映企业形象的重要标志，餐厅的形象包括有形形象和无形形象。餐厅的无形形象包括餐厅的声誉、服务质量及服务中的礼节礼貌。因此，礼节礼貌是反映餐厅形象的重要标志之一。

3.礼节礼貌是提高西餐厅竞争力的武器，餐饮服务的效率和餐饮服务的礼节礼貌等是无形产品。有形的餐饮产品和无形的餐饮产品有相同的重要性，不能互相代替。因此，想提高餐饮产品质量，增强市场竞争力，必须提高餐饮服务的礼节礼貌水平。

微课堂 3-2-2

西餐零点服务

## 二、西餐零点服务

西餐零点服务是指酒店西餐厅对用餐的散客进行服务的形式。

### （一）西餐零点服务的分类

西餐零点服务同样分为早餐服务和午、晚餐服务。传统习惯中，英国人比较注重晚餐，其特点是用餐时间长、用餐内容丰富、服务技术要求较高；欧洲大陆其他国家比较注重午餐。随着工作和生活节奏加快，午餐时间较短，晚餐时间较为充裕，所以现在欧美国家普遍将晚餐作为正餐。

### （二）西餐正餐零点服务流程

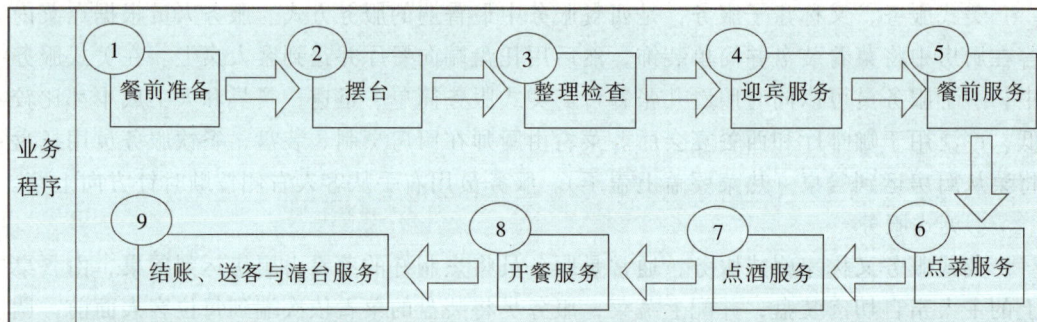

西餐正餐零点服务相对复杂和烦琐些，具体服务流程见表3-26。

表3-26　　　　　　　　西餐正餐零点服务流程

| 业务程序 | | | | |
|---|---|---|---|---|
| 1 餐前准备 → | 2 摆台 → | 3 整理检查 → | 4 迎宾服务 → | 5 餐前服务 ↓ |
| 9 结账、送客与清台服务 ← | 8 开餐服务 ← | 7 点酒服务 ← | 6 点菜服务 ← | |

1.餐前准备

西餐正餐的餐前物品准备工作与中餐类似，如需要根据客人的预订情况、特别菜肴推销及服务的需求，备足所需服务用具、餐具，备好各种调味品，但也有不同之处。西餐正餐零点服务餐前准备的具体程序与规范见表3-27。

2.摆台

按照西餐宴会摆台的程序和标准进行摆台，详见项目二。

3.整理检查

整理检查包括整理并检查餐厅设备和环境卫生；检查餐桌布局是否整齐有序；检查、清洗桌面用具，如对盐盅、胡椒盅进行定期清洗，每日加满调料并擦净盅身；整理并检查个人仪容仪表等。

表 3-27　　　　　　　　　　　西餐正餐零点服务的餐前准备

| 业务程序 | | 1 准备摆台用餐具 → 2 准备杯具 → 3 准备服务用品 |
|---|---|---|
| 业务规范 | 步骤1 | 摆台用餐具包括餐巾、餐刀、餐叉、甜品勺、面包盘、黄油刀、黄油盅、咖啡具、胡椒盅、盐盅、糖缸、烟灰缸或禁烟标志；烛台、牙签筒和花瓶 |
| | 步骤2 | 杯具包括水杯、饮料杯、红葡萄酒杯、白葡萄酒杯、香槟杯、白兰地杯、烈酒杯、鸡尾酒杯等 |
| | 步骤3 | 服务用品包括托盘、菜单、酒篮、冰桶、冰桶支架、冰块夹、蛋糕刀、切肉刀、切肉叉、开瓶器、服务叉和服务匙等 |

### 4.迎宾服务

迎宾服务是西餐零点就餐接待的第一个环节，其具体流程及规范见表 3-28。

表 3-28　　　　　　　　　　西餐零点迎宾服务流程及规范

| 业务程序 | | 1 礼貌问候 → 2 询问预订 → 3 引领客人 → 4 拉椅让座 → 5 复位记录 |
|---|---|---|
| 业务规范 | 步骤1 | 客人进入餐厅时，服务员应微笑问候："早上好，先生/女士，请问几位？" |
| | 步骤2 | （1）询问客人是否有预订餐位，如有预订，应询问客人预订的单位、姓名并核对预订表。<br>（2）如果无预订，应询问客人一共有几位，然后引领至合适的餐位 |
| | 步骤3 | 迎宾员走在客人前方1米处将预订客人引领至预先安排的餐桌；为没有预订的客人安排适宜的餐桌 |
| | 步骤4 | （1）如有多位客人，则优先为年长者和女士拉椅。<br>（2）如一对情侣中的男宾为女宾拉椅，则应向男宾道谢，并为男宾拉椅 |
| | 步骤5 | 迎宾员待客人入座后应迅速返回餐厅门口迎宾区域，记录客人人数及餐桌号，继续迎接新客人 |

微示范 3-7："西餐零点迎候客人"的示范要求及参考评价见表 3-29。

微示范3-7

表 3-29　　　　　　"西餐零点迎候客人"的示范要求及参考评价

| 示范项目 | 西餐零点迎候客人 |
|---|---|
| 示范准备 | 酒店综合实训室 |
| 示范要求 | 掌握西餐零点迎候客人服务技巧 |
| 示范方法 | 1.将学生分组，每组5～6人<br>2.由教师指导，学生分组练习 |

西餐零点
迎候客人

| 示范评价 | 知识应用 | 1.掌握西餐零点迎候客人的英文话术<br>2.掌握西餐零点迎候客人的操作规范程序 |
|---|---|---|
| | 能力提升 | 1.能够按照正确的操作标准进行迎客服务<br>2.能够做到自信地用英语进行迎客服务 |
| | 素质培养 | 1.积极、主动、热情、耐心的服务意识<br>2.一丝不苟、精益求精<br>3.具备自信的服务态度 |
| | 成果展示 | 模拟情景进行西餐零点迎候客人服务 |

微示范3-8：西餐零点引客入座

微示范3-8："西餐零点引客入座"的示范要求及参考评价见表3-30。

表3-30　"西餐零点引客入座"的示范要求及参考评价

| 示范项目 | 西餐零点引客入座 | |
|---|---|---|
| 示范准备 | 酒店综合实训室 | |
| 示范要求 | 掌握西餐零点引客入座服务技巧 | |
| 示范方法 | 1.将学生分组，每组5~6人<br>2.由教师指导，学生分组练习 | |
| 示范评价 | 知识应用 | 1.掌握西餐零点引客入座的英文话术<br>2.掌握西餐零点引客入座的操作规范程序 |
| | 能力提升 | 1.能够按照正确的操作标准进行引客入座服务<br>2.能够做到自信地用英语进行引客入座服务 |
| | 素质培养 | 1.积极、主动、热情、耐心的服务意识<br>2.一丝不苟、精益求精<br>3.具备自信的服务态度 |
| | 成果展示 | 模拟情景进行西餐零点引客入座服务 |

5.餐前服务

（1）呈递菜单

待客人入座后，值台员应在微笑问候后向每位客人递送一份菜单，菜单应打开至第一页并正面呈递给客人。

（2）铺餐巾

按先宾后主、女士优先的原则依次从客人右侧为客人铺餐巾。

（3）开胃酒服务

客人入座后，服务员应首先询问客人喝什么开胃酒，应做相应介绍和推荐，并依次填写酒水订单，应记牢每位客人所点酒水，避免弄错。

6.点菜服务

点菜服务是一项考验服务员的技巧和能力的工作，要求服务员了解宾客的需求、熟悉菜单、主动提供信息、规范安排菜品。点菜服务具体流程及规范见表3-31。

表3-31                           西餐零点正餐点菜服务流程及规范

| 业务程序 | ① 询问 ➡ ② 主动推荐 ➡ ③ 记录 ➡ ④ 复述 ➡ ⑤ 传至厨房 | |
|---|---|---|
| 业务规范 | 步骤1 | 开胃酒服务结束后，客人已浏览过菜单，这时值台员可询问客人是否可以开始点菜 |
| | 步骤2 | 服务员应主动介绍菜式特点，为宾客推荐本餐厅的特色菜，但要给客人一点时间选择，切忌强行推销 |
| | 步骤3 | （1）西餐的习惯是客人各自点餐、各自食用，服务员应从主人右手第一位客人按顺时针方向开始点菜。<br>（2）认真记录客人所点菜肴及附加要求，如生熟要求、口味要求、配菜调料要求等，书写端正，并加以编号，以免上菜时出错 |
| | 步骤4 | 复述点菜内容，做好落单工作 |
| | 步骤5 | 将点菜单迅速传送至厨房或账台，传递至厨房的点菜单应由收银员签章 |

微示范3-9："西餐零点推荐菜品"的示范要求及参考评价见表3-32。

微示范3-9

[二维码]

西餐零点
推荐菜品

表3-32                    "西餐零点推荐菜品"的示范要求及参考评价

| 示范项目 | | 西餐零点推荐菜品 |
|---|---|---|
| 示范准备 | | 酒店综合实训室 |
| 示范要求 | | 掌握西餐零点推荐菜品服务技巧 |
| 示范方法 | | 1.将学生分组，每组5～6人<br>2.由教师指导，学生分组练习 |
| 示范评价 | 知识应用 | 1.掌握西餐零点推荐菜品的英文话术<br>2.掌握西餐零点推荐菜品的操作规范程序 |
| | 能力提升 | 1.能够按照正确的操作标准进行推荐菜品服务<br>2.能够做到自信地用英语进行推荐菜品服务 |
| | 素质培养 | 1.积极主动、热情、耐心的服务意识<br>2.一丝不苟、精益求精<br>3.具备自信的服务态度 |
| | 成果展示 | 模拟情景进行西餐零点推荐菜品服务 |

**7.点酒服务**

酒单应在点菜以后及时送上。酒单无须每人一份，但应向全桌客人展示后呈递给准备点酒的客人。与点菜相同，值台员也应及时向客人介绍、推荐与所点菜肴相匹配的各种酒类。值台员应熟悉菜肴与酒水搭配的知识，以便需要时给客人提供建议。

微示范 3-10："西餐零点推荐酒水"的示范要求及参考评价见表 3-33。

表 3-33　"西餐零点推荐酒水"的示范要求及参考评价

| 示范项目 | | 西餐零点推荐酒水 |
|---|---|---|
| 示范准备 | | 酒店综合实训室 |
| 示范要求 | | 掌握西餐零点推荐酒水服务技巧 |
| 示范方法 | | 1.将学生分组，每组 5～6 人<br>2.由教师指导，学生分组练习 |
| 示范评价 | 知识应用 | 1.掌握西餐零点推荐酒水的英文话术<br>2.掌握西餐零点推荐酒水的操作规范程序 |
| | 能力提升 | 1.能够按照正确的操作标准进行推荐酒水服务<br>2.能够做到自信地用英语进行推荐酒水服务 |
| | 素质培养 | 1.积极、主动、热情、耐心的服务意识<br>2.一丝不苟、精益求精<br>3.具备自信的服务态度 |
| | 成果展示 | 模拟情景进行西餐零点推荐酒水服务 |

**8.开餐服务**

西餐正餐不论是零点还是宴会，通常都是按照开胃品、汤、沙拉、主菜、甜品、咖啡或茶的顺序上菜。值台员要随时撤走使用过的盘子，按要求撤换烟灰缸，随时补充饮料，如按杯出售，则应征得客人同意。客人用餐基本完毕时，值台员应征询客人是否需要添加菜品。服务员应巡视服务区域，随时满足客人要求，搞好本区域的卫生工作。

"微示范 3-11：西餐零点上菜服务"的示范要求及参考评价见表 3-34。

表 3-34　"西餐零点上菜服务"的示范要求及参考评价

| 示范项目 | | 西餐零点上菜服务 |
|---|---|---|
| 示范准备 | | 酒店综合实训室 |
| 示范要求 | | 掌握西餐零点上菜服务技巧 |
| 示范方法 | | 1.将学生分组，每组 5～6 人<br>2.由教师指导，学生分组练习 |
| 示范评价 | 知识应用 | 1.掌握西餐零点上菜服务的操作顺序<br>2.掌握西餐零点上菜服务的操作规范程序 |
| | 能力提升 | 1.能够按照正确的操作标准进行上菜服务<br>2.能够做到自信地用英语进行上菜服务 |
| | 素质培养 | 1.积极、主动、热情、耐心的服务意识<br>2.一丝不苟、精益求精<br>3.具备自信的服务态度 |
| | 成果展示 | 模拟情景进行西餐零点上菜服务 |

9.结账、送客与清台服务

结账、送客与清台服务包括：

（1）提前检查账单，保证准确无误，准备好笔和账单夹。

（2）等客人示意结账后，按照结账的规范为客人结账，如遇数位客人同时进餐，应问清楚客人结账时是分单还是合单，以适应西方客人的消费习惯。

（3）客人离座时，主动为客人拉椅，及时检查是否有遗留物品，同时致谢并欢迎客人下次光临。

（4）客人离开后，服务员用托盘分类收拾餐巾、餐布、餐具，再用清洁的抹布擦净台面，同时检查有无客人的遗留物品。

（5）按摆台要求重新布置台面，准备迎接下批客人的到来。

>> 头脑风暴 3-2　　　　这家年入 15 亿餐厅的极致服务

在日本有一家西餐厅，从来不打广告，却门庭若市，顾客要就餐，需要提前 1 个月预订，年收入高达 15 亿日元，这家餐厅的取胜之道是什么呢？

还没进门，餐厅的店员就在门口问候，叫出客人的名字，说"好久不见，已经有 4 年 11 个月没见到您了，很高兴与您再次相见。"进门后，会有人帮客人收好衣物，然后将客人带到已经布置好的餐桌前，打开餐巾，上面竟然缝着客人的名字！当客人就餐完毕，店员会为其穿上外套，递上包包等随身物品。气温骤降，回到家，会在包里发现餐厅特意为每位女性顾客准备的暖宝宝，上面写着"谢谢您的光临"。

如此极致温情的服务，是源于尊重和了解。餐厅里有个专门接听预约电话的部门，里面掌握了约 15 万顾客的资料，员工通过预约电话，了解客人的爱好、口味、喜好，甚至是宠物的信息。然后召集会议，把当天到店的客人信息分享给所有员工，安排好分工及后续，保证每一位到店客人都能感受到自己的特别和家的温暖。

（资料来源：佚名．这家年入 15 亿餐厅的极致服务［EB/OL］．［2017-06-14］．http：//www.canyin168.com/glyy/cygl/cyal/201706/69560.html.有改动）

讨论：请总结这家日本餐厅服务的特别之处？

微课堂 3-2-3

## 三、西餐宴会服务

西餐宴会是按照西方国家礼仪习俗举办的宴会，其特点是遵循西方的饮食习惯，摆西式餐台，采取分餐制，以西菜为主，用西餐餐具，其装饰布局、台面布置和服务等具有鲜明的西方特点。

### （一）西餐宴会服务的特点

西餐宴会服务的主要特点是：摆西餐台，实行分餐制，每道菜有一套菜碟、刀叉，一般同上同撤，强调菜与酒、酒与杯的和谐搭配，环境幽雅，讲究情调，灯光柔和，宴会进行中有乐队伴奏或播放轻音乐，气氛轻松、舒适。

### （二）西餐厅宴会服务的分类

西餐宴会服务按照宴会规格同中餐宴会一样可以分为国宴、正式宴会和便宴。如果按宴请形式分，常见的有冷餐会、鸡尾酒会等。

### 1.冷餐会

冷餐会是以自助餐的进餐方式举办的一种西餐宴会。这种宴会不排席位，菜肴以冷食为主，客人可根据其饮食喜好自由取食，客人可自由活动，互相交流。宴会厅往往设有活动酒吧，有些酒水也可以由服务员托送。冷餐会既可在室内，也可在院子、花园内举办。这种宴会形式多在政府部门、银行、企业等举行庆祝会、欢迎会、开业典礼、新闻发布会等活动中采用。

### 2.鸡尾酒会

鸡尾酒会以供应酒水为主，略备小吃食品，小吃由服务员用托盘端送，出席者可自由走动、交谈，宴会气氛轻松活泼。鸡尾酒会多在庆祝各种节日、欢迎代表团等社交活动中采用。鸡尾酒会的举办时间较为灵活，有时也可作为正式宴会的前奏活动。

### （三）西餐宴会服务流程

西餐宴会服务相较于中餐宴会服务更复杂一些，分为宴会前准备工作、迎宾服务、休息室鸡尾酒服务、引宾入席、酒水饮料服务、上菜服务、席间服务、送客服务八个基本环节，具体服务流程见表3-35。

表3-35　　　　　　　　　　　　　西餐宴会服务流程

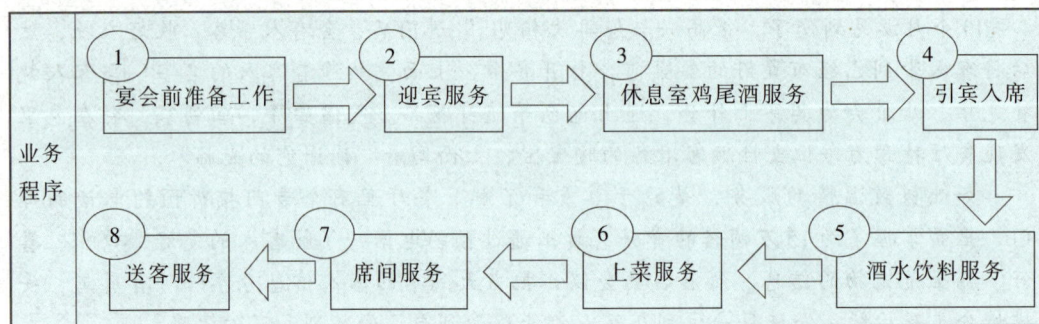

业务程序：
1 宴会前准备工作 → 2 迎宾服务 → 3 休息室鸡尾酒服务 → 4 引宾入席 → 5 酒水饮料服务 → 6 上菜服务 → 7 席间服务 → 8 送客服务

### 1.宴会前准备工作

西餐宴会厅的环境布置应突出西方文化和艺术特色，如可用油画、壁炉等进行装饰。休息室的布置应根据西餐习惯，最好分设男宾休息室和女宾休息室，以方便不同性别的客人交谈。宴会的台型要根据宴请活动的性质、形式，主办方的具体要求，宴请人数，宴会厅的面积和形状等情况灵活设计。一般使用长台，也可由小型餐台拼合成"一"字形、"U"形、"T"形、"E"形、鱼骨形等。

### 2.迎宾服务

依据宴会开席时间，餐厅负责人应带领服务员在餐厅门口等候来宾。当来宾抵达时，热情欢迎，主动打招呼问好，并将客人引进休息室稍事休息或直接引入餐厅。

### 3.休息室鸡尾酒服务

客人进入休息室后，休息室服务员应向客人问好，在征询客人意见后及时为客人送上各式餐前酒。如客人需要鸡尾酒，可由调酒师根据客人要求现场调制。在客人喝酒时，休息室服务员应托送果仁、虾条等佐酒小吃巡回向客人提供。休息室服务时间一般为30分钟左右，当客人到齐，主人示意可以入席时，服务员应及时引领客人至宴会厅。

**4.引宾入席**

开宴前10分钟左右，西餐厅服务负责人应主动询问主人是否可以开席，经主人同意后即通知厨房准备上菜。值台服务员按照先宾后主的原则，面带笑容为宾客拉开座椅，引宾入座，待客人坐下后，为客人铺餐巾，并点蜡烛以示欢迎。

**5.酒水饮料服务**

依据来宾的选择，同样按照先宾后主的原则依次从客人右边斟酒。在宴会进行的整个过程中，遵循上什么菜斟什么酒、饮什么酒就用什么酒杯的原则进行。

**6.上菜服务**

上菜顺序同西餐零点服务，要按宾主次序在客人的左方进行。凡是用大盘上的，服务员要提供分菜服务，上菜、分菜均要照顾好主宾和主人。

**7.席间服务**

宴会期间，绝大多数客人将餐刀、餐叉并放在一起后可以撤盘。在撤盘之后、上特殊风味菜前，要相应增加小件餐具。如上水果前要摆水果碟、水果刀，上咖啡等饮料时要上咖啡匙等。宴会中客人吃完虾、蟹之后，在吃水果之前要递洗手盅与香巾。当客人用完水果，主人请客人去休息室休息时，休息室服务员应及时为客人送上咖啡或红茶，同时应向客人推荐餐后酒和雪茄，待客人选定后送上。

**8.送客服务**

来宾起身离开餐厅或休息室时，服务员要及时按照牌号准确地将衣帽送给宾客，对重要来宾的衣帽要特别注意收送，并热情、主动地帮宾客穿戴好。宾客离店，应热情相送，礼貌道别。

## 【任务实施】

实施描述：请帮助小白和他的小伙伴完成一次西餐厅零点正餐服务。

实施准备：西餐实训室及服务相关用具。

实施步骤：

1.按照所学西餐零点服务程序和规范，以小组为单位，进行模拟服务。
2.依托所设计的情景，完成西餐零点服务的各操作环节的训练。

## 【任务评价】

"西餐零点服务"考核评分标准见表3-36。

表3-36　　　　　　　　　"西餐零点服务"考核评分标准

| 序号 | 项目 | 标准 | 分值 | 自评分 | 互评分 | 教师评分 |
|---|---|---|---|---|---|---|
| 1 | 仪容仪表 | 着装符合西餐厅零点服务要求，端庄、大方、得体<br>妆容符合酒店业、餐饮业从业要求 | 10 | | | |
| 2 | 礼仪举止 | 面带微笑、动作规范得体、体现行业风采、符合西餐礼仪 | 10 | | | |

续表

| 序号 | 项目 | 标准 | 分值 | 自评分 | 互评分 | 教师评分 |
|---|---|---|---|---|---|---|
| 3 | 团队精神 | 小组成员参与度高，整体的协调性好，体现默契、沟通及友爱 | 10 | | | |
| 4 | 情景设计 | 情景设计符合西餐餐饮礼仪要求，具有一定的感染力 | 10 | | | |
| | | 情节完整，包含餐前准备、摆台、整理检查、迎宾服务、餐前服务、点菜服务、点酒服务、开餐服务、结账、送客与清台服务全过程 | 30 | | | |
| 5 | 菜单与酒水 | 菜单和酒水符合西餐文化 | 10 | | | |
| 6 | 总体印象 | 操作过程中程序规范、落落大方 | 20 | | | |
| | | 总分 | 100 | | | |
| 小组自评 | | | | | | |
| 小组互评 | | | | | | |
| 教师评价 | | | | | | |
| 小组成员个人得分 | 姓名 | | | | | |
| | 得分 | | | | | |
| 说明 | | 小组任务得分=小组自评分×20%+小组互评分×30%+教师评分×50%。小组成员个人得分由小组长和教师根据个人任务完成中的工作情况分配分数 | | | | |

# 任务三　自助餐厅服务

## 【任务目标】

知识目标：

1.了解自助餐厅的服务特点

2.了解自助餐厅的环境布置方法

能力目标：

1.掌握自助餐厅对客服务流程

2.能够熟练地对自助餐厅客人进行服务

3.能够灵活应对自助餐厅服务过程中的一些特殊情况

素质目标：

1.具有吃苦耐劳、敬业爱岗、忠于职守的工作态度

2.具有积极主动、热情、耐心的服务意识及强烈的社会责任感

## 【任务导入】

酒店自助餐厅接到某外贸公司的预订，圣诞节当天要在餐厅举行80人的自助晚宴，小白和其他服务员需要在宴会开始前1小时做好自助餐厅的环境布置及其他准备工作。

任务要求：小白和他的同事如何按时保质保量地完成各项准备工作呢？

## 【知识储备】

### 一、自助餐厅认知

#### （一）何为自助餐厅

自助餐厅是供客人自选自取适合自己口味菜点就餐的餐厅。其就餐方式有两种：一是客人先购票，然后到餐厅随意自取食品和饮料；二是客人先进餐厅随意自取食品和饮料，后到门口结算付款。

#### （二）自助餐厅的服务特点

自助餐正在成为越来越受欢迎的餐饮服务方式。它能满足人们喜爱自己动手、各取所需的习惯。此外，这种餐饮服务形式还有许多优点：

（1）菜肴丰富、陈列精美，能勾起人们的食欲。

（2）费用较低。人们只要花不太多的钱，便可品尝到具有地方特色、品种繁多的中、西方美味佳肴。

（3）就餐速度较快，餐座周转率高。客人进入餐厅后几乎无须等候，这在工作、生活快节奏的当下非常适宜，而餐座周转率高又增加了餐厅的营业收入。

（4）可调剂厨师劳动忙闲不均的状况。因自助餐的菜肴是事先准备的，所以可以缓解高峰时期厨房忙碌和人手紧张的问题，服务人员的配备也非常节省。自助餐主要适用于会议用餐、团队用餐和各种大型活动的用餐。另外，许多酒店餐厅对早餐提供自助服务。

#### （三）自助餐厅的环境布置

自助餐厅的环境布置应以其鲜明的形象给客人留下深刻的印象，自助餐厅环境布置的具体方法见表3-37。

### 二、自助餐厅服务

自助餐厅服务包含开餐前准备、餐中对客服务、餐台整理服务、收款与餐后服务四个主要流程。

#### （一）开餐前准备

1.物品准备

在服务开始前，服务员须将柜台、杯架、餐桌擦拭干净；托盘、餐巾、餐具要备足；餐桌和杯架必须整洁、有序；服务用具和碟要做适当的组合，同型号的碟要摆放在同一条线上。垫、凳及各类桌椅应准备好。

表3-37 自助餐厅如何进行环境布置

| 要素 | 特点 |
|------|------|
| 突出个性 | 自助餐环境布置应具有独特的个性，与其精美的菜肴交相辉映，如水晶宫似的海鲜自助餐厅、反映本地风土人情的民俗自助餐厅等 |
| 按主题设计 | 根据主题进行自助餐厅的布置，并将该主题作为指导思想贯穿于餐厅装潢、背景布置、餐台装饰和食品的推销中。如圣诞节、母亲节、感恩节、春节、元宵节、中秋节等都可以作为自助餐厅的主题节日 |
| 按活动内容设计 | 根据特别活动，如体育比赛、音乐活动、文化艺术活动、展览会等设计自助餐厅的销售推广活动，并把活动相关的符号作为自助餐厅的主题装饰 |
| 装饰材料选择 | 装饰布置所选用的材料也应为主题服务，墙壁背景、屏幕、盆栽、旗帜和其他活动装饰都可以使自助餐厅有声有色 |
| 餐具、容器的选择 | 餐具和陈列菜肴的容器除可以选择瓷器、玻璃器皿和银器等常规器具外，木器、竹器、瓜壳盅等特殊容器有时更能起到点缀的作用 |
| 灯光 | 一般以聚光灯等强烈的灯光来凸显食物，自助餐台是餐厅内最受关注的地方之一，应明亮、显眼 |

2. 食品准备

自助餐厅要使食品的装饰更有吸引力，才能刺激人们的食欲。

**》》 业务链接3-7    自助餐厅食品展示的技巧**

1. 按沙拉、开胃品、汤、熏鱼、热蔬菜、烧烤类或其他热的主菜、甜品、水果顺序摆放菜肴。将某些有特色的菜分菜台摆放，如甜品台、水果台等。

2. 热菜要用保温锅盛放，宾客来后由服务人员揭开盖子或宾客自行揭盖后取菜。

3. 每种菜肴都要摆放一副取菜用的公用勺、叉。菜肴前要摆放中、英文菜牌。

4. 各种菜肴所需的调味品要与菜肴放在一块，以便宾客取用。

5. 成本低的菜肴靠前放，以方便宾客取用。

6. 摆放菜肴时，注意色彩搭配，使其美观、整齐、有立体感。冰雕、黄油雕、果蔬雕、鲜花、水果、餐巾花等都可用作自助餐台的装饰点缀。

3. 自助餐台的布置

自助餐台也叫食品陈列台，可以安排在餐厅中央或靠某一墙，也可放于餐厅一角；可以摆一个完整的大台，或由一个主台和若干个小台组成。自助餐台布置要遵循以下原则，见表3-38。

**（二）餐中对客服务**

自助餐的餐中对客服务包括：

（1）客人到来，主动问候宾客，拉椅让座，询问宾客喝什么饮料。

（2）服务人员开单取饮料，提供斟倒服务。

（3）遇到行动不便的宾客，应征求其意见并为其取食物。

表3-38　　　　　　　　　　　　　　自助餐台布置原则

| 原则 | 内容 |
|---|---|
| 醒目而富有吸引力 | 自助餐台要布置在显眼的地方，使宾客一进入餐厅就能看见。食品摆放要有立体感，色彩搭配要合理，装饰要美观大方。可用聚光灯照射台面，但切忌用彩色灯光，以免使菜肴改变颜色，而影响宾客食欲 |
| 方便宾客取菜 | 自助餐台的大小要考虑宾客人数及菜肴品种的多少，并要考虑宾客取菜的人流方向，避免拥挤和堵塞 |
| 注意自助餐台形状 | "I"形台即长台，是最基本的台型，常靠墙摆放。<br>"L"形台由两个长台拼成，一般放于餐厅一角。<br>"O"形台即圆台，通常摆在餐厅中央。<br>其他台型有扇面台、半圆台等 |

（4）客人用餐时，服务人员要在自己的服务区域，随时为宾客提供服务，如添加酒水，更换烟灰缸，撤空盘、空瓶等。

**》 业务链接3-8　　　　自助餐厅服务员的其他工作内容**

1.帮助年老或伤残的客人入座，帮助带小孩的客人入座。

2.根据客人要求协助其拿取调味品，如番茄酱、芥末、汤汁等。

3.服务客人单点食品。

4.供应追加的菜点并保证账单的准确性。

5.供应餐巾和其他物品。

6.为客人添加水、冰块和咖啡等。

7.在顾客准备用甜点时移走主菜盘。

**（三）餐台整理服务**

自助餐的餐台整理服务包括：

（1）保持台面清洁卫生。宾客自取食物容易弄脏公用叉、匙或将汤汁滴落到餐台上，服务人员应及时处理。

（2）不断补充食物。在客人用餐过程中，保证所有菜肴供应及时，避免宾客因取不到菜而产生不满。

（3）检查食物温度，保证热菜要热、冷菜要凉。

（4）服务人员要主动介绍、推荐菜肴，并认真回答宾客的提问，主动帮助宾客取递食物。分切大块烤肉或现场烹制等工作由固定厨师来完成。

（5）宾客用完甜点后，服务人员要主动询问宾客是否需要咖啡或茶，并及时送上。

**（四）收款与餐后服务**

自助餐的收款与餐后服务包括：

（1）结账收款。宾客示意结账后，服务人员迅速备账单，并按规范为宾客办理结账手续。

（2）当客人起身时，服务人员要及时上前拉椅送客，并向客人表示感谢。

（3）自助餐收台工作与零点餐厅基本相同，不同之处主要是将可回收食品整理好撤回厨房，并妥善保存自助餐台的装饰品。

## 【任务实施】

实施描述：请帮助小白和他的小伙伴完成一次自助餐服务。

实施准备：酒店实训室及服务相关用具。

实施步骤：

1.按照所学自助餐服务程序和规范，以小组为单位，进行模拟服务。

2.依托所设计的情景，完成自助餐服务的各操作环节的训练。

## 【任务评价】

"自助餐服务"考核评分标准见表3-39。

表3-39　　　　　　　　　　　　　　"自助餐服务"考核评分标准

| 序号 | 项目 | 标准 | 分值 | 自评分 | 互评分 | 教师评分 |
|---|---|---|---|---|---|---|
| 1 | 仪容仪表 | 着装符合自助餐服务要求，端庄、大方、得体<br>妆容符合酒店业、餐饮业从业要求 | 10 | | | |
| 2 | 礼仪举止 | 面带微笑、动作规范得体、体现行业风采、符合西餐礼仪 | 10 | | | |
| 3 | 团队精神 | 小组成员参与度高，整体的协调性好，体现默契、沟通及友爱 | 10 | | | |
| 4 | 情景设计 | 情景设计符合自助餐服务礼仪要求，具有一定的感染力 | 20 | | | |
| | | 情节完整，包含开餐前准备、餐中对客服务、餐台整理服务、收款与餐后服务四个主要流程 | 30 | | | |
| 5 | 总体印象 | 操作过程中程序规范、落落大方 | 20 | | | |
| 总分 | | | 100 | | | |
| 小组自评 | | | | | | |
| 小组互评 | | | | | | |
| 教师评价 | | | | | | |
| 小组成员个人得分 | 姓名 | | | | | |
| | 得分 | | | | | |
| 说明 | | 小组任务得分=小组自评分×20%+小组互评分×30%+教师评分×50%。小组成员个人得分由小组长和教师根据个人任务完成中的工作情况分配分数 | | | | |

# 任务四　酒吧服务

## 【任务目标】

知识目标：

1.了解酒吧服务特点、酒吧组成等相关知识

2.掌握酒的分类

能力目标：

1.能够独立完成酒吧服务

2.掌握鸡尾酒的四种基本调制方法

素质目标：

1.具有吃苦耐劳、敬业爱岗、忠于职守的工作态度

2.具有积极主动、热情、耐心的服务意识及强烈的社会责任感

## 【任务导入】

小白今天第一次在酒吧独立服务，当他看到酒柜里琳琅满目的各式酒水，他有些犹豫到底应该给女士们推荐哪款鸡尾酒呢？

任务要求：请为小白推荐一款适合女士喝的鸡尾酒。

## 【知识储备】

微课堂3-4-1

酒吧认知

### 一、酒吧认知

酒吧，是酒店的餐饮部门之一，是为客人提供饮料、娱乐、休闲的社交场所，其通常供应的饮料包括酒精饮料和非酒精饮料。

#### （一）酒吧服务的特点

酒吧服务的特点包括：

（1）一家酒店可拥有1至3个设在不同地方的酒吧，供不同客人使用。

（2）部分酒店大堂设有手推车或流动酒吧，方便大堂客人使用。

（3）有的酒店酒吧设在顶楼，能使客人欣赏风景或夜景。

（4）有的酒店酒吧设在餐厅旁边，方便客人小饮后进入餐厅用餐。

（5）酒吧常伴以轻松愉快的音乐调节气氛，通常供应含酒精的饮料，也随时准备汽水、果汁为不善饮酒的客人服务。

#### （二）酒吧的类型

纵观世界各地，酒店中的酒吧有以下几种形式。

1.主酒吧

主酒吧（Main Bar）是酒店中最常见、最普通的酒吧，以提供标准的饮料为主。许多酒吧设有柜台座席，但也配备适当数量的餐桌座席。主酒吧通常装潢高雅，使人能够轻松愉快地品尝各种饮料。

2.服务酒吧

中、西餐厅中都设有服务酒吧（Service Bar），但服务不尽相同，见表3-40。

表3-40　　　　　　　　　　　中、西餐厅服务酒吧的服务内容

| 分类 | 内容 |
|---|---|
| 中餐厅服务酒吧 | 中餐厅的服务酒吧设备较简单，调酒师不需要直接和客人打交道，只要按酒水单供应就可以了，酒吧酒水的供应以中国酒为主 |
| 西餐厅服务酒吧 | （1）西餐厅的服务酒吧对酒水的要求较高，主要供应数量多、品种全的餐酒（葡萄酒）。<br>（2）因红、白餐酒的存放温度和方法不同，须配备餐酒库和立式冷柜。<br>（3）在高星级酒店的经营管理中，西餐厅的酒库非常重要，西餐酒水配餐的格调及水准均在这里体现 |

3.宴会酒吧

宴会酒吧是根据宴会形式和人数而设置的酒吧，通常按鸡尾酒会、婚宴等不同形式而进行相应的设计，但只是临时性的。

外卖酒吧是宴会酒吧的一种特殊形式，在有外卖时临时设立。例如，有的公司举办开业酒会，场地设在本公司内，这时酒吧的服务人员需要将酒水和各种器具准备好带到公司指定的场地内设置酒吧，提供酒水服务。

4.绅士酒吧

绅士酒吧是男士专用的酒吧，顾客大多是酒店非住宿的客人。

5.会员制酒吧

会员制酒吧（Club Bar）原则上是只有取得了会员资格的人及其家属才能进入的酒吧。但是，有的酒店为了照顾住宿客人，也对本酒店的住宿客人开放。这种酒吧实行限量饮酒制度，正式的招待会等社交活动都在这里举行。

6.鸡尾酒廊

鸡尾酒廊，又称鸡尾酒座，带有咖啡厅的形式特征，但只供应饮料和小吃，不供应主食，也有些座位设在吧台前面。这种酒吧有两种形式：一种是大堂酒吧，设在酒店的大堂内，主要为大堂的客人提供服务；另一种是音乐厅酒吧，里面有乐队演奏，设有舞池供客人跳舞。

7.酒馆

酒馆是酒吧的另一种形式，是酒店营业状况最佳的一种酒吧。以年轻人为对象的酒馆很受欢迎，酒馆实行限量饮酒，同时提供方便菜肴，有的酒馆还设舞池和音乐伴奏。

（三）酒吧的组成

1.前吧

前吧主要包括吧台面及操作台。

（1）吧台面。

吧台面摆放一排蘑菇形圆凳或有靠背的高椅子。吧台高度一般为1.2～1.25米，但是在一些酒店顶层的酒吧中，为避免遮挡顾客的观光视线，吧台高度会相应降低。吧台

面主要放置饮料，调酒员在此向顾客提供酒水，某些顾客也在此饮用。

（2）操作台。

操作台位于吧台下方，一般高 0.85～0.9 米，宽 0.65 米，它是调酒师工作的主要区域。

2.后吧

后吧具有展示和储存双重功能，酒柜上摆满了各种牌号的瓶装酒，并镶嵌了玻璃，它可以增加房间深度，使坐在吧台前喝酒的顾客，通过镜子反射观赏酒吧内的景色，同时调酒员也可以通过镜子观察顾客动向。

## 二、酒水的基本知识

### （一）酒的分类

1.按酒的生产方法分类

酒的生产方法通常有发酵、蒸馏、配制三种，生产出来的酒分别称为发酵酒、蒸馏酒和配制酒。

（1）发酵酒。发酵酒是指用制造原料，通常是谷物与水果汁，直接放入容器中加入酵母发酵酿制成的酒液，常见的发酵酒有葡萄酒、啤酒、水果酒、黄酒、米酒等。

（2）蒸馏酒。蒸馏酒是将经过发酵的原料（发酵酒）加以蒸馏提纯，获得的较高酒精度数的液体。常见的蒸馏酒有金酒、威士忌、白兰地、朗姆酒、伏特加酒、特基拉酒和中国的白酒，如茅台酒、五粮液酒等。

（3）配制酒。配制酒的制作方法很多，常用的有浸泡、混合、勾兑等。

浸泡制法，多用于药酒，将蒸馏后得到的高度酒液或发酵后经过滤清的酒液按配方放入不同的药材或动物，然后装入容器中密封起来。经过一段时间后，药味就溶解于酒液中，如国外的味美思酒、比特酒，中国的人参酒、蛇酒等。

混合制法是把蒸馏后的酒液（通常用高度数酒液）加入果汁、蜜糖、牛奶或其他液体。

勾兑制法也是种酿制工艺，通常将两种或数种酒勾兑在一起，例如将不同地区的酒勾兑在一起，高度数酒和低度数酒勾兑在一起，年份不同的酒勾兑在一起，形成一种新的口味，或者得到色、香、味更加完美的酒品。

2.按是否含酒精分类

酒水按是否含酒精分为软饮料和硬饮料。软饮料是指不含任何酒精成分的饮料，在制造工业中通常分为含碳酸饮料与不含碳酸饮料。硬饮料是指含酒精成分的饮料。

### （二）常见的中国酒

1.白酒

白酒是我国所产酒类中的大类，按香型可分为酱香型、清香型、浓香型等。

▶▶ 知识拓展3-6　　中国知名白酒

1.茅台酒。茅台酒是世界三大名酒之一，产于贵州省仁怀县茅台镇茅台酒厂。该厂建于1704年，而茅台酒的渊源则更久远。茅台酒以高粱为原料，以小麦制曲，属酱香型酒，以酒精度53%（vol）最为经典。茅台酒纯洁微黄，晶莹透亮，酱香突出，优雅细腻，香气成分达110多种。饮之柔绵醇厚，不刺喉不上头，回味悠长，饮后空杯能长时间留有余香不散，故人们又称之为留香酒。茅台酒于1915年在巴拿马万国博览会上荣获金质奖章及奖状，享誉世界。

2. 五粮液酒。五粮液酒产于四川省宜宾市五粮液酒厂。历史可追溯到3 000多年前，五粮液酒以红高粱、糯米、大米、小麦及玉米等为原料，用小麦制曲，故又称为"杂粮酒"。五粮液酒属浓香型酒，经典五粮液的酒精度为52%（vol），酒液清澈透明、香气悠久，酒味醇厚，入口甘美，入喉净爽，口味协调，恰到好处。这也是五粮液酒获国际金奖的关键所在。

3. 剑南春酒。剑南春酒产于四川省绵竹县剑南春酒厂，已有几百年的历史。剑南春酒以高粱、大米、糯米、玉米、小麦为原料，用小麦制曲，属浓香型酒，以酒精度为52%（vol）最为经典，酒液清澈，无色透明，酒香浓郁芬芳，口味醇和回甜，清冽净爽。

另外我国知名白酒还有孔府家酒、汾酒、泸州老窖、古井贡酒、洋河大曲等。

**2. 黄酒**

黄酒又名老酒、料酒、陈酒，是中国最传统的饮料酒。黄酒为低度酒（酒精度15%～18%（vol））、原汁酒，营养价值高，有增进食欲的功能，还可作为烹调菜肴的调味料和医药上的辅佐料等。中国知名黄酒有浙江绍兴加饭酒和福建龙岩沉缸酒等。

**3. 啤酒**

啤酒（Beer）是一种以小麦芽和大麦芽为主要原料，并加啤酒花，经过液态糊化和糖化，再经过液态发酵酿制而成的酒精饮料。啤酒酒精度较低，含有二氧化碳、多种氨基酸、维生素、低分子糖、无机盐和各种酶。其中，低分子糖和氨基酸很易被消化吸收，在体内产生大量热能，有"液体面包"之称，适量饮用有消暑解热、促进消化、开胃健脾、增进食欲等功能。中国名牌啤酒有青岛啤酒、哈尔滨啤酒和燕京啤酒等。

### （三）常见的外国酒

**1. 白兰地**

"白兰地"一词是由英文"Brandy"音译而来，意为"生命之水"，通常被人称为葡萄酒的灵魂，主要以法国的干邑地区最为著名。干邑酒产于法国西南部的干邑地区，酒体呈琥珀色，清亮有光泽，口味精细考究。白兰地代表品牌有人头马、轩尼诗等。

**2. 威士忌**

威士忌是以大麦、黑麦、燕麦、小麦、玉米等谷物为原料，在发酵、蒸馏后放入橡木桶中醇化而酿成的，其中苏格兰威士忌最为著名。威士忌分为苏格兰威士忌、爱尔兰威士忌、加拿大威士忌和美国威士忌等几种，都是以国家或产地命名的。威士忌代表品牌有芝华士、黑牌、红牌、蓝牌。

**3. 毡酒**

毡酒又称琴酒、金酒、松子酒，它是以谷物为主要原料，经糖化发酵蒸馏之后，再同草根、树皮等一起进行二次蒸馏后，制成的酒。因以杜松子为调香原料，酒液中带有浓烈的杜松子香味，故又称为杜松子酒。毡酒于1660年出现在荷兰，荷式毡酒以大麦芽为主料，经四次蒸馏，无须陈酿，口味微甜，一般酒精度越高，酒质越好。毡酒代表品牌有波尔斯、添加利。

4. 朗姆酒

17世纪哥伦布发现了甘蔗，随即出现了朗姆酒。朗姆酒是以甘蔗糖蜜为原料生产的一种蒸馏酒，也称为糖酒、蓝姆酒。其原产地在古巴，口感甜润、芬芳馥郁。朗姆酒是用甘蔗压出来的糖汁，经过发酵、蒸馏而成的。根据种类不同，有些需要在橡木桶中陈酿，有些则不需要贮存，这便是无色透明的朗姆酒。朗姆酒代表品牌有奇峰、丹怀、百加得。

5. 伏特加

伏特加最初的原料是大麦，后来改用玉米、土豆，加上谷物等为原料，经糖化、发酵、蒸馏而成。因为此酒几乎无色、无味，所以可与其他任何饮料配合来调配鸡尾酒。此酒无须窖藏，酒精度大多为40%（vol）、50%（vol）两种。伏特加代表品牌有红牌、绿牌。

6. 餐后甜酒

餐后甜酒又译作利口酒，被誉为"液体宝石"，它是以食用酒精和其他蒸馏酒为基酒，搭配各种调香物品，并经过糖化处理后制成的。利口酒的种类有水果类、种子类、香草类、果皮类、乳脂类。

7. 啤酒

啤酒是以大麦芽为主，用大米、玉米、燕麦等作辅料，啤酒花作香料，酿造而成的饮料酒。其生产过程为选麦、制浆、煮浆、冷却、发酵、陈酿、过滤、杀菌、包装。

8. 香槟酒

香槟酒是一种含气泡的葡萄酒。香槟酒产于法国北部的香槟地区，该产区分为三大部分：兰斯山地、马尔尼谷和白葡萄坡地。

9. 鸡尾酒

鸡尾酒的英文名是"Cocktail"，是一种以蒸馏酒为基酒，再配以果汁、汽水、矿泉水、利口酒等辅助酒水，加入水果、奶油、冰激凌、果冻、布丁及其他装饰材料调制而成的色、香、味、形俱佳的艺术酒品。

鸡尾酒是用基本成分（烈酒）、添加成分（利口酒和其他饮料）、香料、添色剂及特别调味用品，按一定分量配制而成的一种混合饮品。鸡尾酒由四个基本成分组成：基酒、辅酒、配料和装饰物，见表3-41。

表3-41　　　　　　　　　　　　　　鸡尾酒的组成

| 成分 | 内容 |
|---|---|
| 六大基酒 | 六大基酒指威士忌、白兰地、金酒、伏特加、朗姆酒、龙舌兰酒 |
| 辅酒 | 辅酒一般有橙汁、菠萝汁、柠檬汁、西柚汁、苏打水、汤力水、番茄汁、雪碧、可乐、干姜水等，有时也需要少量的开胃酒或甜酒，一般在7~8毫升 |
| 配料 | 配料一般有糖、盐、糖浆、咸橄榄、丁香、蜜糖、红石榴汁、淡奶、可可粉、鲜牛奶、咖啡、忌廉、鸡蛋、青柠汁、小洋葱、玉桂枝、玉桂粉、豆蔻粉、辣根油和胡椒粉 |
| 饰物 | 饰物有红绿樱桃、柠檬、橙子、菠萝、苹果、桃、香蕉、黄瓜、西芹菜、鲜薄荷叶等 |

▶▶ 知识拓展3-7　　　鸡尾酒的四种基本调制方法

1.摇和法（Shake）

（1）使用鸡尾酒摇酒壶，通过手臂的摇动来完成各种材料的混合。

（2）由不易相互混合的材料（如果汁、奶油、生鸡蛋、糖浆等）构成的鸡尾酒，使用摇和法来调制。

（3）为了避免摇酒壶中的冰块融化得太快，使冰水冲淡酒的味道，摇酒的速度一定要快。

（4）需用酒具：摇酒壶、量杯、酒杯、滤冰器。

2.调和法（Stir）

（1）调酒杯、调酒棒或吧匙、滤冰器是用调和法调制鸡尾酒的必备用具。

（2）调和法用来调制易于混合的材料（如各种烈酒、利口酒等）所构成的鸡尾酒。

（3）冰片或1/2块方冰块是调和法的最佳用冰形式。

（4）需用酒具：调酒杯、调酒棒或吧匙、量杯、滤冰器、酒杯。

3.兑和法（Build）

（1）这种调酒方法是将所要混合的鸡尾酒的主料和辅料直接倒入杯中。兑和法主要用来调制长饮鸡尾酒。

（2）具有彩色层次的鸡尾酒也多用兑和法调制。酒精含量低的酒在底层，所用的酒的酒精含量越高，层次越高。兑和法多数要用到调酒棒，其主要作用是引流。调酒棒一端靠在杯的内壁上，酒缓缓地通过调酒棒从另一端流入杯中。

（3）需用酒具：酒杯、量杯、调酒棒、冰夹。

4.搅和法（Blend）

（1）搅和法的特点是用电动搅拌机来完成各种材料的混合。

（2）使用搅和法调制的鸡尾酒，大多是含有水果、冰激凌和鲜果汁的长饮酒。

（3）调酒时使用的水果，在放入电动搅拌机前一定要切成小碎块。碎冰要最后加入。

（4）如果电动搅拌机在高速档运转大于20秒，会形成一种雪泥状的鸡尾酒。

（5）需用酒具：电动搅拌机、量杯、酒杯、冰夹。

行业对接3-4

华住集团
宜必思莫吉
托鸡尾酒
制作讲解

10.葡萄酒

葡萄酒是一种酿制酒，而且仅指以葡萄为原料酿制的酒。世界葡萄酒以法国最为著名，主要有波尔多、勃艮第、香槟三大葡萄酒产区。另外，意大利葡萄酒产量为世界之冠，出口量与法国相当，产地面积仅次于西班牙。西班牙是世界上葡萄种植面积最大，但葡萄平均产量最小的国家，产酒量世界排名第三。

▶▶ 业务链接3-9　　　最佳饮用温度

不甜与新鲜的白葡萄酒最佳饮用温度为9℃～11℃；

中度不甜与丰润的白葡萄酒最佳饮用温度为12℃～14℃；

清淡新鲜的红葡萄酒、玫瑰红葡萄酒最佳饮用温度为12℃～15℃；

浓郁的红葡萄酒最佳饮用温度为15℃～18℃；

泡沫酒最佳饮用温度为8℃～12℃；

甜酒与蜜酒最佳饮用温度为10℃～16℃。

11. 清酒

清酒俗称日本酒，它与我国黄酒为同一类型的低度米酒。清酒一直是日本人最常喝的饮料。在日本，大型的宴会上、结婚典礼中、在酒吧中或寻常百姓的餐桌上，人们都可以看到清酒。日本清酒虽然借鉴了中国黄酒的酿造法，但却有别于中国的黄酒。该酒色泽呈淡黄色或无色，清亮透明，芳香宜人，口味纯正，绵柔爽口，其酸、甜、苦、涩、辣诸味谐调，酒精度在15%（vol）以上，含多种氨基酸、维生素，是营养丰富的饮料酒。最常见的日本清酒品牌有月桂冠、菊正宗、大关、白鹤等。

## 【任务实施】

实施描述：请帮助小白完成一次酒吧服务。

实施准备：调酒实训室及服务相关用具。

实施步骤：

1. 按照微示范所学酒吧服务程序和规范，以小组为单位，进行模拟服务。

2. 依托所设计的情景，完成酒吧服务各操作环节及酒吧常用对话的训练。

## 【任务评价】

"酒吧服务"考核评分标准见表3-42。

表3-42　　　　　　　　　　　　　　　"酒吧服务"考核评分标准

| 序号 | 项目 | 标准 | 分值 | 自评分 | 互评分 | 教师评分 |
|---|---|---|---|---|---|---|
| 1 | 仪容仪表 | 着装符合酒吧服务要求，端庄、大方、得体<br>妆容符合酒店业、餐饮业从业要求 | 10 | | | |
| 2 | 礼仪举止 | 面带微笑、动作规范得体、体现行业风采、符合酒吧礼仪 | 10 | | | |
| 3 | 团队精神 | 小组成员参与度高，整体的协调性好，体现默契、沟通及友爱 | 10 | | | |
| 4 | 情景设计 | 情景设计符合酒吧礼仪要求，具有一定的感染力 | 20 | | | |
| | | 情节完整，能够熟练掌握酒吧服务全过程及酒吧常用语 | 30 | | | |
| 5 | 总体印象 | 操作过程中程序规范、落落大方 | 20 | | | |
| 总分 | | | 100 | | | |
| 小组自评 | | | | | | |
| 小组互评 | | | | | | |
| 教师评价 | | | | | | |
| 小组成员<br>个人得分 | 姓名 | | | | | |
| | 得分 | | | | | |
| 说明 | 小组任务得分=小组自评分×20%+小组互评分×30%+教师评价×50%。小组成员个人得分由小组长和教师根据个人任务完成中的工作情况分配分数 | | | | | |

## 学而时习

学：我国古代的酒店会为客人提供什么样的服务呢？

在中国传统观念中，家是一种充满深厚情感的概念，因此古代的旅馆通常都秉持"宾至如归"的服务理念。主要的服务体现在以下方面：

1.不同身份有不同的称谓

作为基本服务，旅馆会礼貌地对待客人，并根据不同身份称呼不同的称谓。比如，对富家公子称为"相公"，小官吏称为"客官"，军士称为"长官"，秀才称为"官人"等。

2.掌握丰富的知识以备回答客人的问题

店小二还需要了解许多知识，如本地的风俗习惯和地理常识，以备客人提问时能够回答。对于有特殊民族习惯的客人，旅馆也必须尊重他们并提供最大便利。当旅馆经营时间较长时，店小二甚至能凭借一眼相看就识别出客人来自何方，并主动提供相应的服务。

3.为客人提供喂马、修车甚至修鞋等服务

当客人在沐浴和更衣之后到酒楼用餐，店小二会帮助客人喂马、修车甚至修鞋等，这时候，旅馆就有点像现代星级酒店的模式了。

4.为客人提供跑腿、代办委托事务服务

例如：店小二会为客人购买旅馆内没有的食物；信誉良好的客店还可以帮助客人保管财物；当客人生病时，旅馆也会协助寻找医生。甚至有些旅馆可以帮助客人销售货物，并代为管理大宗物品的订购和签收。

虽然在古代交通和基础设施比较落后，但古人的服务业发展已经超出了我们的想象。有了各种各样的酒店和客栈以后，古人在进行长途跋涉时，也可以在夜晚有一个安全、干净的地方休息。

（资料来源：佚名.古代的"五星级酒店"有哪些服务？水平高的不止一点！[EB/OL]．[2024-12-20]．https://www.360kuai.com/pc/9d56c1772c7316a1d?cota=3&kuai_so=1&sign=360_57c3bbd1&refer_scene=so_1.有改动.)

习："精益求精、尽善尽美"的经营理念。

杭州开元萧山宾馆在2023年连续参与了杭州亚运会、亚残运会两大盛会的接待工作，以高标准、高要求的开元定制服务，助力大会服务保障工作。两大盛会紧密相接，酒店全力全情投入，发扬连续作战的精神，始终保持饱满干劲。特别是结合亚残运会的特点，保障工作细致又温暖。

餐饮部一天四餐、清真餐等服务，推出了既有符合各国饮食偏好又有杭州风味的多种菜品。有的客人习惯分餐，酒店就量身定做了套餐。客人的生日也成为酒店重点暖心服务之一。接待期间，酒店组织各类庆生活动，让每一位过生日的客人均感受到关怀和惊喜。酒店还充分利用了所有的外部因素。赛场外，接待酒店送上了"文化大餐"，在大厅里展示剪纸、面塑、木工等"非遗"项目，让客人们近距离感受中国文化的非凡魅力。期间还恰逢中国传统节日中秋节、重阳节，酒店精心准备了相关活动，邀请与客人共度，让客人体验了月饼、重阳糕、香囊的制作技艺。

萧山宾馆提供的服务精益求精、暖心温馨，赢得了中外宾客的肯定和赞誉。实践和历练是磨砺品质的最好"磨刀石"。萧山宾馆通过服务亚运会、亚残运会的大力磨砺，不仅提升了产品和运营水平，还巩固了服务的标准化，强化了个性化，关键是酒店的管理和服务创新意识被强化。精益求精，尽善尽美，这样的理念经历淘洗后成为酒店"再出发"的良好起点。

（资料来源．佚名．开元成功接待杭州亚运会、亚残运会，续写酒店服务新辉煌，[EB/OL]．[2023-11-09]（http：//ex.chinadaily.com.cn/exchange/partners/82/rss/channel/cn/columns/sz8srm/stories/WS654c78aaa310d5acd876e1b6.html.有改动.）

## 项目微测试

### 一、不定项选择题

1.中餐是以（　　）的古代营养卫生理论为依据的。

A.五谷为养　　　　　　　　　　B.五果为助

C.五畜为益　　　D.五菜为充

2.按照地区、历史和风味等特点分，中国菜可分为（　　）。

A.地方菜　　　　　　　　　　　B.宫廷菜

C.官府菜　　　　　　　　　　　D.素菜

E.少数民族菜

3.中餐宴会具有（　　）等特点。

A.就餐人数多　　　　　　　　　B.就餐时间长

C.消费标准高　　　　　　　　　D.菜色品种多

E.气氛隆重热烈　　　　　　　　F.接待服务讲究

4.宴会预订通常有（　　）等形式。

A.电话预订　　　　　　　　　　B.面谈预订

C.信函预订　　　　　　　　　　D.传真预订

5.自助餐厅的服务特点有（　　）。

A.菜肴丰富、陈列精美　　　　　B.费用较低

C.就餐速度较快，餐座周转率高　　D.可缓解厨师劳动忙闲不均的状况

### 二、判断题

1.中式宴会厅的特征主要体现在服务方式上。除了旺季，在这种餐厅用餐不用事先预订座位，客人通常是随到随吃，服务也是按先到者先服务的原则进行。　　　（　　）

2.中餐烹饪常采用蒸、焖、煮、炒、煎等方法，选料讲究，刀工精细，注重火候，善于调味。　　　（　　）

3.西式早餐通常由果汁、水果、谷类、肉类、面包、鸡蛋、热饮等组成。　　（　　）

4.电话预订应该记录客人预订的内容有：客人姓名、人数、联系方式、用餐时间、用餐标准、大厅还是包间、吸烟区还是非吸烟区及其他特殊要求等。　　　（　　）

5.点菜服务是一项考验服务人员的技巧和能力的工作，要求服务人员要了解宾客的

需求、熟悉菜单、主动提供信息、规范安排菜品。 （　　）

三、简答题

1.西餐宴会服务包括哪些环节？

2.中餐宴会服务包括哪些环节？

## 项目评价

不同类型餐饮服务的参考评价表见表3-43。

表3-43　　　　　　　　　不同类型餐饮服务的参考评价表

| 考核日期： | | | | | 总评成绩： | | |
|---|---|---|---|---|---|---|---|
| 自测内容 | 序号 | 内容 | 完成情况 | | 标准分 | 自评分 | 教师评分 |
| | | | 完成 | 未完成 | | | |
| | 1 | 掌握中餐零点服务流程 | | | 5 | | |
| | 2 | 掌握中餐宴会服务流程 | | | 5 | | |
| | 3 | 能够熟练地对中餐零点散客进行服务 | | | 5 | | |
| | 4 | 能够熟练地对中餐宴会客人进行服务 | | | 5 | | |
| | 5 | 能够灵活应对中餐厅服务过程中的一些特殊情况 | | | 5 | | |
| | 6 | 掌握西餐零点服务流程 | | | 5 | | |
| | 7 | 掌握西餐宴会服务流程 | | | 5 | | |
| | 8 | 能够熟练地对西餐零点散客进行服务 | | | 5 | | |
| | 9 | 能够熟练地对西餐宴会客人进行服务 | | | 5 | | |
| | 10 | 能够灵活应对西餐厅服务过程中的一些特殊情况 | | | 5 | | |
| | 11 | 掌握自助餐厅对客服务流程 | | | 5 | | |
| | 12 | 能够灵活应对自助餐厅服务过程中的一些特殊情况 | | | 5 | | |
| | 13 | 掌握鸡尾酒调制的基本方法 | | | 5 | | |
| | 14 | 自我管理 | | | 5 | | |
| | 15 | 规范操作 | | | 5 | | |
| | 16 | 爱岗敬业 | | | 5 | | |
| | 17 | 团队协作 | | | 5 | | |
| | 18 | 沟通表达 | | | 10 | | |
| | 19 | 创新创造 | | | 5 | | |

## 数字餐饮实验室

### 数字技术打造智能餐桌的沉浸式文化体验

上海凯宾斯基大酒店阿尔贝鲁西班牙餐厅携手比利时 Skullmapping 团队，于2024年7月8日起推出"Le Petit Chef 3D 小厨师晚宴之旅"，通过裸眼 3D 投影技术结合互动体验，为宾客带来视觉与味觉的双重盛宴。

餐厅采用裸眼 3D 投影技术，将5部3D动画投影与5道珍馐交相辉映于餐盘之上。每一道菜品的呈现都伴随着一段精彩的动画故事，让宾客仿佛置身于一个充满魔幻色彩的世界。一位只有5.8厘米身高的可爱小厨师 Le Petit Chef 成为整个用餐过程的引领者。小厨师不仅在餐盘上烹饪和处理食材，还会与宾客互动，带来一场奇幻的美食之旅。

餐厅设计以传统的安达卢西亚瓷砖及西班牙斗牛场岩石为主，营造出热情似火、自由如歌的用餐氛围。结合 3D 投影技术，宾客在品尝西班牙美食的同时，还能享受沉浸式的视觉盛宴。小厨师沉浸式光影私宴共有14个座位，提供成人与儿童两个套餐。戏剧和美食的结合，呈现极富张力的艺术用餐形式，让宾客在充满创意和乐趣中感受一场视觉和味觉的盛宴。酒店行政总厨梅纳德先生表示："这种沉浸式的用餐体验太独特了，在每一道菜品的呈现中，不仅能感受到其与动画影像的契合，而且每个小故事都充斥着智慧和幽默，值得人深思。"

（资料来源：最美食 Bestfood. "世界上最小的厨师"登陆上海，不容错过的沉浸式光影盛宴 [EB/OL]. [2024-07-28]. https://www.163.com/dy/media/T1388389837722.html.）

餐饮服务数字化创新的意义：

1.提升餐厅竞争力：通过裸眼 3D 投影技术和互动体验，阿尔贝鲁餐厅将传统的西班牙美食与现代科技相结合，为宾客提供了全新的用餐体验。这种创新的数字化应用不仅提升了餐厅的竞争力，还为餐饮服务行业提供了新的发展方向。

2.提升宾客体验：沉浸式的用餐环境和互动体验让宾客在享受美食的同时，也能感受到科技带来的乐趣。这种独特的体验方式有助于提升宾客的满意度和忠诚度。

3.提升文化底蕴：餐厅的设计和菜品灵感来源于西班牙文化，通过数字化技术将文化元素与创意烹饪相结合，为宾客呈现了一场充满异域风情的美食之旅。

讨论：数字化技术在餐饮服务中的创新应用

1.请列举出数字化技术（如裸眼 3D 投影、互动体验等）在餐饮服务中的主要优势。这些优势如何帮助餐厅提升竞争力？

2.讨论这些技术与传统餐饮服务相比是如何改进宾客的用餐体验的。

分组讨论：以小组为单位，每组针对上述问题进行讨论，并准备简短的汇报。

全班分享：每组推选一名代表进行汇报，其他小组可以提问和补充。

做一做：设计一个数字化餐饮体验项目

假设你是一名餐饮服务经理，请结合当地文化特色和目标客户群体，为本地餐厅设计一个类似阿尔贝鲁餐厅的数字化餐饮体验项目。

操作形式：小组进行项目设计，准备详细的项目策划书和演示文稿。

汇报与评审：每组汇报展示设计方案，其他小组和教师进行点评，提出改进建议。

# 项目四 策划设计 奇思妙想——餐饮策划与设计

作为酒店行业人员，想在今后的职场和工作中脱颖而出，除了要具备专业扎实的餐饮知识与技能，同时还应具有创新能力。"特色化"的主题宴会是现代餐饮业吸引人的一大亮点，在很大程度上提升了餐饮服务的质量，同时也提升了餐饮企业的品牌影响力和竞争力。请同学们思考，面对不同的消费需求，如何给客人制造惊喜？如何让客人感动？提供怎样的私人定制产品或个性化服务来满足顾客的特定需求呢？

## 任务一 主题宴会设计

### 【任务目标】

知识目标：

1.了解主题宴会的内涵

2.了解主题宴会常见的类型

3.掌握主题宴会设计的内容和方法

能力目标：

1.能够按照宴会的性质和目的设计主题

2.能够根据顾客需求设计主题宴会

3.能够根据顾客需求设计宴会菜单

素质目标：

1.养成勇于创新、突破自我的工作态度

2.树立创新意识、严谨认真的职业意识

### 【任务导入】

中餐厅接到VIP客人张先生电话，将于本周六晚宴请来自外地的青年艺术家好友，请酒店为其量身定制一台文艺气息浓厚的主题宴会。即将通过实习期的小白，第一次接到关于宴会策划与设计的任务，非常希望自己能够在这次工作中有良好的表现。客人需求信息如下：

宴请规格：188元/位

用餐人数：10人（4男6女）

宴请时间：本周六18：00

客人年龄：30～40岁

备注：其中有2名美籍华人

任务要求：小白应该从哪些方面为客人进行宴会设计呢？在设计的过程中应该注意哪些问题呢？

## 【知识储备】

微课堂4-1-1

认识主题
宴会设计

## 一、认识主题宴会设计

《说文》曰："宴：安也。"从字义上看，"宴"的本义是"安逸""安闲"，引申为宴乐、宴享、宴会。"会"是许多人集合在一起的意思。久而久之，便衍化成了"众人参加的宴饮活动"。宴会有着不同的名称：筵席、宴席、筵宴、酒宴等。通过宴会，人们不仅获得饮食艺术的享受，还可增进人际的交往。

随着经济水平的增长，消费者对个人体验的渴望不断上升，有些餐厅抓住了高端顾客的心理需求，适时推出"私人定制"服务，即依据顾客对主题、目的、档次等因素的要求，打造独一无二的主题宴会。主题定制宴会并不一定很奢侈，但一定是最能迎合宴会主人需求的方式。

### （一）主题宴会设计的基本概念

主题宴会是根据顾客的个性化需求，通过围绕某一特定的主题，向顾客提供宴会所需的基本场所、菜肴和服务礼仪的宴请方式，通过独特的主题策划和空间艺术设计，为宾客营造浓郁的宴会氛围。

主题宴会设计是根据宾客的需求确定宴会的主题，根据承办酒店的物质、技术条件等因素，对餐厅的环境、餐桌台面、宴会菜单、灯光音响、礼仪规格、服务方式等进行规划，并拟出具体的实施方案。宴会设计既是标准设计，又是活动设计，它既需要各项工作之间充分协作，又离不开每一项工作在细节上的操作。宴会设计不仅体现了酒店的服务质量和管理水平，还代表着酒店的信誉。

### （二）主题宴会的类型

宴会的主题多种多样，没有一成不变的形式。要想将宴会活动设计得别出心裁，需要在满足宾客基本需要的情况下对主题进行深入挖掘。通常主题宴会的类型有如下几种划分方式（见表4-1）。

表4-1　　　　　　　　　　主题宴会的类型划分

| 划分方式 | 具体分类 |
| --- | --- |
| 1.按照主题宴会的菜式 | 中式主题宴会、西式主题宴会、中西合璧式主题宴会 |
| 2.按照主题宴会的形式 | 正式宴会、便宴、冷餐酒会、鸡尾酒会、茶话会等 |
| 3.按照宴会的性质与主题 | 庆祝宴会、商务宴会、迎宾宴会、休闲类宴会、民俗风情类宴会、怀旧复古类宴会、以节日为主题的宴会等 |
| 4.按照饮食行业习惯 | 食品原料类主题宴会、地域民俗类主题宴会、历史材料类主题宴会、营养养生类主题宴会等 |

### （三）主题宴会的设计要求

**1.突出主题**

根据不同的宴会目的，突出不同的宴会主题，是宴会设计的基本要求。如商务宴的目的是通过宴会达到双方间的相互沟通、友好合作、共同发展，因而在宴会设计上应突出友好、和睦、热烈的主题气氛。

**2.特色鲜明**

宴会设计贵在有特色，可以通过场景布局、台面设计、菜品种类、个性服务、娱乐项目等表现出来。

**3.安全舒适**

优美的环境、清新的空气、适宜的温度、可口的菜肴、悦耳的音乐、柔和的灯光都会给赴宴者带来舒适感。宴会设计时要考虑到客人的人身和财产安全，避免诸如食物中毒、火灾等事故的发生。

**4.美观和谐**

宴会设计是一项创造美的活动。宴会场景、台面设计、菜品组合乃至服务人员的形象，都包含着许多美学的内容。宴会设计就是要将这些审美的元素进行有机结合、协调一致，达到美观和谐的要求。

**5.科学核算**

主题宴会的最终目的是盈利，因此，在进行宴会设计时还要考虑成本因素，对宴会的各个环节、消耗成本等因素要进行科学、认真的核算，确保宴会的正常盈利。

>> **头脑风暴4-1**　　　　　**主题宴会设计的发展趋势**

宴会改革是宴会发展过程中的必然趋势，从宴会艺术的产生至现代化的今天，其经历了变革、创新、规范、再变革、再创新、再规范的演变和发展。主题宴会的设计一方面要适应时代，另一方面要体现酒店的经营特色。如果不顾自己的情况，而是一味地模仿别人、跟在别人后面走，就难以形成特色、产生魅力。宴会主题的设计与策划，就是在个性化与差异化之间寻找自己的东西，树立自己的特色。其差异性越大，就越有优势。今后，中国宴会将在宴会布置、餐具设计、环境气氛等方面讲究创新，追求变化，不断丰富其文化内涵。

讨论：未来中国的主题宴会将呈现哪些发展趋势呢？

## 二、主题宴会设计的内容及程序

### （一）主题宴会设计的内容

**1.环境设计**

宴会环境包括大环境和小环境两种，大环境就是宴会所处的特殊自然环境，如海边、山巅、船上、草地等。小环境是指宴会举办场地在酒店中的位置，包括宴席周围的布局、装饰，桌子的摆放等。宴会场景设计对宴会主题的渲染和衬托具有十分重要的作用。

2.台面设计

台面设计要烘托宴会气氛、突出宴会主题、提高宴会档次、体现宴会水平，是根据客人进餐目的和主题要求，将各种餐具和桌面装饰物进行组合造型的创作，包括台面物品的组成、装饰造型和台面设计的意境等。

3.菜单设计

科学、合理地设计宴会菜肴及组合是宴会设计的核心。要以人均消费标准为前提，以顾客需求为中心，以本单位的物资和技术条件为基础对菜谱进行设计。其内容包括各类食品的构成、营养设计、味型设计、色泽设计、质地设计、原料设计、烹调方法设计、数量设计、风味设计等。

4.酒水设计

"无酒不成席"。"以酒佐食"和"以食助饮"是一门高雅的饮食艺术。酒水如何与宴会的档次相一致、与主题相吻合、与菜品相得益彰，这都是宴会酒水设计所涉及的内容。

5.服务及程序设计

服务及程序设计指对宴请活动整体的程序安排、服务方式和规范等进行设计，其内容包括接待程序与服务程序、行为举止与礼仪规范、席间乐曲与娱乐助兴等。

### （二）宴会设计的操作程序

宴会设计的操作程序见表4-2。

表4-2 主题宴会设计操作程序

| 操作步骤 | 内容 |
| --- | --- |
| 1.获取信息 | （1）宴会主办单位或个人的要求<br>（2）宴会标准及规模<br>（3）宴请（进餐）对象<br>（4）开宴时间<br>（5）酒店条件 |
| 2.分析研究 | （1）全面、认真地分析客人信息资料，以满足顾客要求<br>（2）设计方案切合实际<br>（3）设计要有创意 |
| 3.制定草案 | 草案由一人负责起草，综合多方面的意见和建议，形成一套详细、具体的设计方案，交由主管领导或主办负责人审定；或制订出2~3套可行性方案由相关人员选定 |
| 4.讨论修改 | 征求主办单位负责人或具体办事人员意见，对草案进行修改，尽量满足主办单位提出的合理要求 |
| 5.下达执行 | 宴会设计方案完成并通过后，应严格执行 |

微示范4-1："舜和感动服务"的示范要求及参考评价见表4-3。

表4-3　　　　　　　"舜和感动服务"的示范要求及参考评价

| 示范项目 | 舜和感动服务 | |
|---|---|---|
| 示范准备 | 酒店综合实训室 | |
| 示范要求 | 掌握主题宴会设计的方法 | |
| 示范方法 | 1.将学生分组，每组5～6人<br>2.由教师指导，学生分组练习 | |
| 示范评价 | 知识应用 | 1.掌握主题宴会设计的内容<br>2.掌握主题宴会设计的原则 |
| | 能力提升 | 1.能够按照顾客的需求进行主题宴会设计<br>2.能够从环境、台面、服务等方面进行主题宴会设计 |
| | 素质培养 | 1.积极主动、热情耐心的服务意识<br>2.一丝不苟、精益求精的工作态度<br>3.具有创新精神 |
| | 成果展示 | 按照不同的宴会性质进行主题宴会设计 |

## 三、主题宴会设计方法

### （一）主题宴会环境气氛设计

宴会环境气氛是宴会整体设计的重要组成部分，环境气氛的好坏对客人有很大的影响，甚至直接关系到宴会举行的成败。宴会的环境气氛就是指举行宴会时，客人所面对的整个宴会厅内的环境，如宴会厅面积、餐桌位置摆设、花草景色布置、内部装潢构造和空间布局设计等方面。环境气氛的设计直接影响宴会厅对客人的吸引力，认真研究宴会气氛的设计及其相关因素对宴会的成功经营具有一定的指导意义。

现代餐饮业中，不同类型的宴会厅采取不同风格的装饰，即使是同样的宴会厅，也会采用不同的装饰、灯光、色彩、背景等手段来丰富餐饮环境，目的是满足不同客人的心理需求。优良的环境气氛是光线、色调、音响、气味、温度等因素的最佳组合，它们直接影响客人的舒适程度。

1.主题宴会环境设计原则

（1）设计要体现经营理念的原则。如今，在激烈的市场竞争中，餐饮企业越来越讲究经营理念和服务理念，而抽象的理念通过有形的环境可以得到具体的体现，从而有利于顾客的感知。因此，宴会设计要体现餐饮企业的理念。例如，民族特色类的主题宴会，不仅要通过菜品突出民族特色，而且环境设计也要体现民族特色，可通过餐厅内的装饰、灯光、音乐等元素让宾客有种"浸入式"体验。

（2）环境要体现主题特色的原则。宴会服务的特色，不仅体现在菜肴、点心和酒水上，也体现在环境上。例如，历史文化宴将宴会环境布置成某个历史时期的场景，再结合当时人们的就餐方式，会使宾客有强烈的代入感。因此，饭店常用特定的环境布置来体现宴会特色。

（3）环境要满足顾客需要的原则。满足顾客的需要是主题宴会服务的核心，也是宴会环境设计与管理的原则之一。主题宴会的环境设计与氛围营造必须符合客人的审美需求和实用需要，所以宴会设计人员必须要树立客人导向意识，与宴会的举办者密切协调，充分了解对方的要求和意图，结合宴会的性质、规模、主题等有针对性地进行设计。

（4）装饰风格与宴会主题要协调一致的原则。现代宴会装饰风格非常多，有中国的传统风格、各种地方风格、各少数民族风格，有西方的古典风格、中世纪风格、现代风格，还有日本风格、韩国风格、印度风格、伊斯兰风格等。只有将装饰风格与宴会主题、经营风味结合起来，使其协调一致，才能创造出有特定意境和风格的环境，从而适应市场的需求。

2.主题宴会环境设计程序与步骤

主题宴会环境设计程序与步骤如图4-1所示，具体操作内容见表4-4。

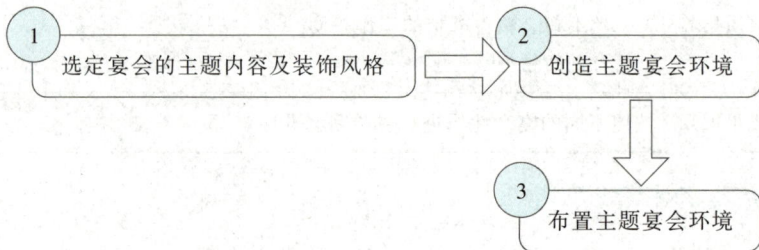

① 选定宴会的主题内容及装饰风格 ⇒ ② 创造主题宴会环境

③ 布置主题宴会环境

图4-1 主题宴会环境设计程序与步骤

表4-4 主题宴会环境设计程序及操作内容

| 程序 | 具体操作内容 |
| --- | --- |
| 选定宴会的主题内容及装饰风格 | 分析宴会目的，与主办单位协商宴会的具体目的、主题内容和表现形式。提出环境设计意向，明确主题布置的中心，征求主办单位的意见，然后选择场景，布置具体的主题内容和装饰风格，并对其进行确定 |
| 创造主题宴会环境 | 依据宴会主题和装饰风格来确定环境气氛，充分利用灯光色彩、墙饰标志、家具器皿、花卉盆景、窗帘、服饰等物品来表达或庄严隆重，或豪华高雅，或热烈欢快，或优雅恬静的意境 |
| 布置主题宴会环境 | 在主题装饰的风格选择与环境创造的基础上，选择不同的布置材料和表现手法来创造出符合宴会目的和要求的现场景致，具体包括宴会的背景布置、墙面或天花板的装饰（主办单位提出要求的）、灯光气氛、主墙和主席台面的设计、宴会横幅标语、主桌的宴会花草、中心图案造型的设计和布置等 |

微示范4-2："主题宴会环境气氛设计"的示范要求及参考评价见表4-5。

微示范4-2

表4-5         "主题宴会环境气氛设计"的示范要求及参考评价

| 示范项目 | 主题宴会环境气氛设计 | |
|---|---|---|
| 示范准备 | 酒店综合实训室 | |
| 示范要求 | 掌握主题宴会环境气氛设计的方法 | |
| 示范方法 | 1.将学生分组，每组5～6人<br>2.由教师指导，学生分组练习 | |
| 示范评价 | 知识应用 | 1.掌握主题宴会环境气氛设计的内容<br>2.掌握主题宴会环境气氛设计的原则 |
| | 能力提升 | 1.能够按照顾客的需求进行主题宴会环境气氛设计<br>2.能够从多方面突出主题宴会环境气氛 |
| | 素质培养 | 1.积极主动、热情耐心的服务意识<br>2.一丝不苟、精益求精的工作态度<br>3.具有创新精神 |
| | 成果展示 | 按照不同的宴会性质进行主题宴会环境气氛设计 |

### （二）主题宴会台面设计

宴会台面设计又称餐桌布置艺术，是根据宴会主题，对台面用品进行合理搭配、布置和装饰，形成完美组合形式的一种艺术创造。成功的主题宴会台面设计就像一件艺术品，令人赏心悦目，能给参加宴会的宾客创造出隆重、热烈、和谐、欢快的气氛。

1.宴会台面类型

中餐宴席台面用于中式宴会，一般使用圆桌台面和中式餐具进行惯常设计。小件餐具包括筷子、骨碟、汤碗、汤勺、味碟及各种酒杯（如图4-2所示）。

图4-2 中餐宴席台面

西餐宴席台面用于西式宴会，常用方形、长形台面，或用长形、半圆形、圆形等台面搭成精圆形、T字形、工字形等台面。西餐进行摆台设计时使用西式餐具，如金属餐刀、餐叉、餐勺、菜盘、面包盘和各种酒具、银制烛台等（如图4-3所示）。

图4-3　西餐宴席台面

（图片来源：http://www.jinlinghotels.com/news/detail/5416/zh_CN）

由于中西饮食文化的交流，许多中餐菜肴都采用了"中菜西吃"的用餐形式，既保留了中菜的味道和优点，又吸收了西菜用餐方式的长处，台面可使用圆桌或西餐宴席的各式台面。中西混合宴席台面摆放的餐具主要有：中餐用的筷子、骨碟、汤碗，西餐用的餐刀、餐叉、餐勺及各种酒具（如图4-4所示）。

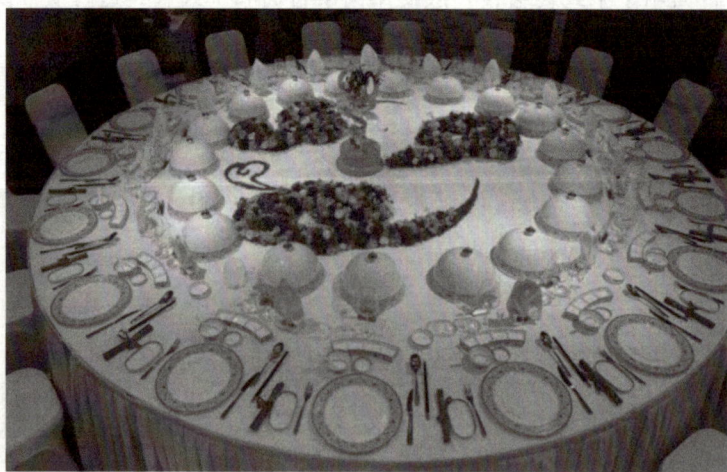

图4-4　中西混合宴席台面

（图片来源：https://www.sohu.com/a/306319089_713281）

2.宴会台面用途

宴会台面按用途可划分为餐台、看台和花台。

餐台也叫食台，在饮食服务行业中称正摆台。宴席台面的餐具摆放应按照就餐的人数、菜单的编排和宴席的标准来配用。餐台上的各种餐具间隔距离应适当，整洁实用，美观大方，摆放在每位客人的就餐席位前。各种装饰物品也必须整齐地摆放，而且位置要相对集中。

看台又称观赏台，是指根据宴席的性质和内容，用各种小件餐具、小件物品和装饰物品组成各种图案，供客人在就餐前观赏。在开宴上菜时，撤掉桌上的装饰物品，将小件餐具分给各位客人，便于客人在就餐时使用。这种台面多用于民间宴席和风味宴席。

花台又称餐桌艺术台面，就是用鲜花、盆景、花篮以及各种工艺美术品和雕刻物品等，点缀构成各种新颖、别致、得体的台面。台面设计要符合宴席的内容，突出宴席的主题，图案造型要结合宴席的特点，具有一定的代表性或者寓意，色彩要靓丽醒目，造型要新颖别致。这种台面多用于中高档宴会。

3.台面设计原则

（1）实用性。基本器具应以满足客人的进餐需要为前提，适应不同风格的饮食习惯，方便客人识别和使用。

（2）便捷性。台面设计不可过于烦琐、复杂，应在实用、美观的前提下，做到方便、快捷。

（3）美观性。餐台设计与布置应在实用性原则的基础上，结合文化传统、美学结构，将各种器具艺术地陈列与布置，达到使客人精神愉悦的目的，这就是美观性原则对餐台设计与布置的基本要求。

（4）礼仪性。台面设计应充分考虑到就餐者的声望和地位，举办宴会的目的，参加宴会的主人、宾客等情况，体现出符合礼仪规范的文明风尚。

（5）卫生安全性。卫生安全是宴会的前提与基础，这就要求服务人员手法卫生，操作规范。操作前，应清洁双手，检查所需餐具是否完整无缺，不得使用残破的餐具；餐具清洁后，不能有污渍、水渍或手印，消毒指标应达到国家标准。

4.台面设计的基本要求

（1）根据宴会的主题进行设计。宴席台面设计应突出主题，台面造型要根据宴会的性质恰当安排，台面中各元素的设计都应与宴会主题相呼应，色彩搭配也应协调、美观，符合宴会主题。

（2）根据客人的用餐需要进行设计。每个餐位的大小、餐位之间的距离、餐饮用具的选择和摆放的位置，都要首先考虑客人用餐以及服务员为客人提供席间服务是否方便。

（3）根据民族风格和饮食习惯进行设计。选用小件餐具时，要符合各民族的用餐习惯。例如，中餐和西餐所用的餐桌和餐具都不一样，必须区别对待。中餐台面要放置筷子，西餐台面则要摆放餐刀和餐叉。安排餐台和席位要也根据各国、各民族的传统习惯而定，例如，装饰花卉或餐巾折花造型等都应注意民族风俗和宗教信仰的禁忌。

（4）根据宴会菜单和酒水特点进行设计。餐桌用具及装饰物的选择与布置，必须由宴席菜点和酒水特点来确定。不同的宴席需配备不同类型的餐饮用具及装饰物，饮用不同的酒水也应摆设不同的酒具。

**业务链接4-1　　创意晚宴方案需要具备的元素**

有创意的晚宴活动不仅能让参与的宾客耳目一新，还能让主办方更好地宣传自己的公司以及创意理念。参加晚宴的宾客是否尽兴、在活动中是否觉得有趣、是否能全身心地参与到晚宴中来，主要在于晚宴活动都具备哪些创意元素，这些元素就是整个晚宴的主心骨。晚宴活动方案中，必备的元素有哪些呢？

1.新颖的创意主题

无论什么样的晚宴，人们首先了解到的一定是活动的主题。主题足够新颖才能捉住宾客的心理，吸引其参与加入，让人有种耳目一新、充满期待的心情，这就是"第一印象很重要"。相反，如果活动主题陈旧古板，就难以吸引宾客参与，更别说期待晚宴的内容了，一个良好的开篇才能延续晚宴的过程和内容。现在网上的潮流更新速度极快，我们在确定晚宴的主题时，要紧跟网络潮流，结合新鲜的网络趣事，吸引更多的宾客。

2.时尚的潮流趣事

创意晚宴不比严肃的会务，活动方案要有创意，换句话说，就是要让参与的宾客感到趣味无穷，达到规整不失幽默、热闹而不嘈杂的效果。网络对现代人的影响非常大，所以要让网络融入我们的晚宴活动中。具体来说，晚宴的布置可以添加最新、最热的网络流行元素，还可以添加互动环节，以网络红人或者热门事件作为开端或内容，使参加活动的宾客以十分的热情进行互动，进而增强晚宴的气氛。例如，现在的青年人和中年人都非常注重传统文化的弘扬和延续，推崇汉服文化，我们就可以以"汉文化"作为晚宴的主题开启活动。

3.精美的现场布置

晚宴的现场布置可以说是活动的门面，场景布置得精美有趣，同样能够吸引人的眼球。现场布置的物品包括灯管、音响、舞台等，要想布置得新颖，简而言之就是：独特性。舞台具有独特性，背板体现独特性，签到处、门头都要有独特性，而且一定不要古板，否则会让人有种放不开的感觉。

（资料来源：佚名．趴比库活动策划平台［EB/OL］．［2019-07-04］．https://www.sohu.com/a/324801365_464318.有改动）

**（三）主题宴会服务设计**

主题宴会作为高规格的就餐形式，显著的特点是礼仪性和程序性。因此，在宴会服务中，服务程序的正误、服务质量的好坏，都会对宴会的过程产生影响。主题宴会的服务设计应遵循以下原则：

1.满足目标顾客需求的原则

宴会需求和等级规格是由举办者的宴请目的、宴请事由、宴请对象的重要程度、想要达到的宴会影响、主要出席人物的身份和地位、举办者的宴会标准等多种因素决定的。因此，在主题宴会的服务设计时必须遵循满足目标顾客需求的原则，确保每场宴会都能根据顾客的需求层次和等级规格，提供质价相符、针对性强的优质服务。

### 2.规范化与标准化的原则

不管是何种类型的主题宴会，规范化和标准化的服务是必不可少的。服务人员干净卫生的操作手法、准确到位的操作程序、高效快捷的服务质量、热情真诚的服务态度等要贯穿于整个服务过程，并在此基础上，突出主题特征，才能使两者的结合相得益彰、锦上添花。

### 3.主题鲜明的原则

宴会并不是盲目举办的，每一次宴会都有一个鲜明的主题，然后围绕这个主题来选择菜肴风味、举办场所、灯光音乐、服务方式和就餐环境的装饰布置等。如山东舜和酒店为老年客人举办的寿宴，通过提前设计好流程，让顾客参与到现场的环节、融入事前布置好的环境中，使其与环境产生关联。例如，寿宴现场邀请顾客亲自给父母煮长寿面、敬辛苦茶、洗手等，准确把握住情感这张王牌，为客人营造了一场难忘的感动宴会，也令客人感受到了优质的酒店服务。

### 4.创新性原则

在市场竞争中，只有不断地创新才能给客人带来新的感受，才能在行业竞争中独树一帜，成为被模仿、被追随的对象。创新源于对客人需求的满足，服务的创新可以从方式、语言、内容、环境、过程等方面体现出来。针对主题宴会而言，服务的创新要立足于主题所在，围绕主题进行细节的设计，但同时也要充分考虑到宾客的品位和审美，以得到对方的认可。可新、可奇、可雅，但不能落俗，要体现创新中的文化内涵和服务特色，如婚宴中家庭聚会的喜庆与温馨，只有把握了不同的主题，才能借助于一定的服务方式出奇制胜。

**≫≫　业务链接4-2**　　　　*创新主题宴会形式——寿宴*

2020年12月8日，牛先生在天津银河宾馆为父亲预订了12月10日的80岁寿宴，说其岳父去年在酒店过生日非常高兴，无论是场地布置还是服务质量，全家都很满意，所以今年的80大寿依然选择在酒店举办。接到这个预定，宴专家团队既兴奋又有压力，因为必须要有创新才能让客人有惊喜。经过大家反复商议，这次寿宴要突显儿女对父亲的爱，平时儿女们不好意思当面向父亲表达的话和爱意，由我们代为完成。依据这个创意，酒店的宴专家团队提前与牛先生进行了沟通，将我们的想法告诉了他们，老人的儿女表示非常赞同，与他们的想法达成一致。寿宴当天，除了精心布置的场地，我们还按照之前设计的方案，安排老人的女儿到厨房，为父亲亲手做了一碗长寿面，做好后让女儿穿上厨师服、戴上厨师帽和口罩，亲自将面条端到父亲的面前。当女儿把长寿面端到老人面前时，工作人员又声情并茂地将儿女们准备对父亲说的话进行了转达，全场的亲朋好友无不为之感动。老人吃着长寿面，工作人员又按程序引导老人，问其"面好不好吃？想不想认识我们这位厨师？"因为在此之前，老人并不知道厨师是自己的女儿，当女儿摘下口罩出现在父亲的面前时，父亲才发现给他做长寿面的厨师正是自己的女儿，父女俩都激动得热泪盈眶，老人表示这次的生日让他终生难忘（如图4-5所示）。中国人的情感总是藏匿在心中难以说出口，活动设计要抓住感动客人的点，为其提供令人满意的服务。

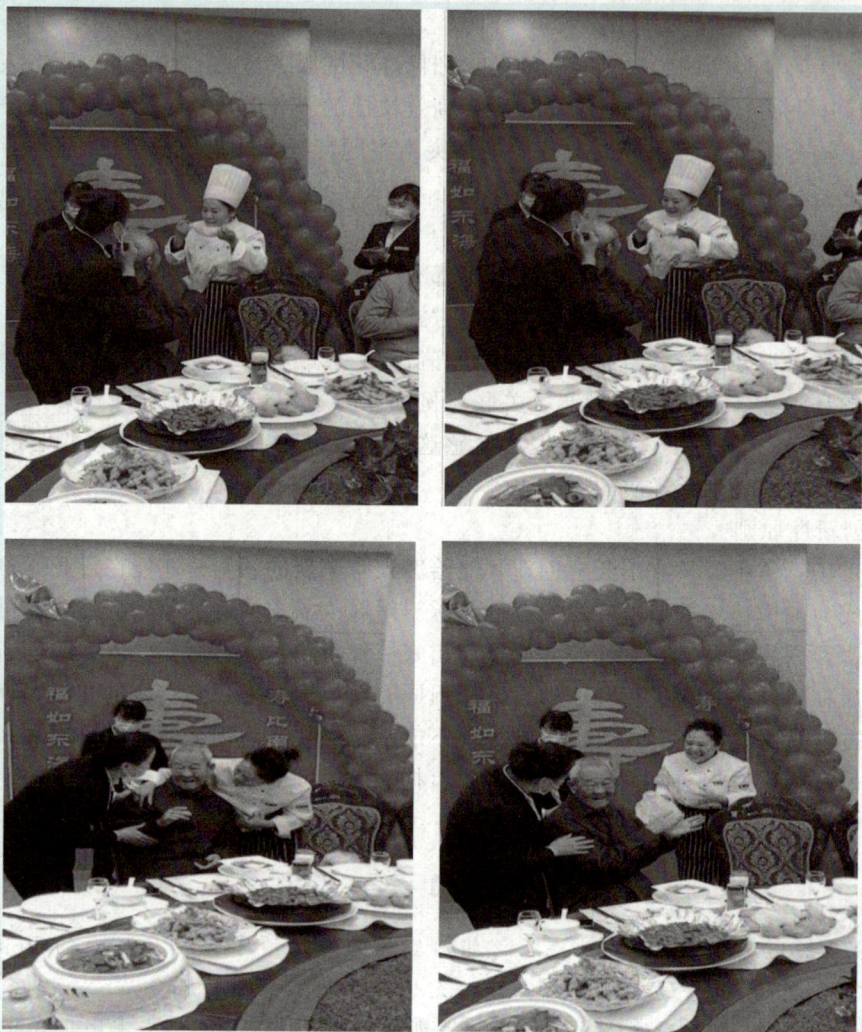

图4-5　别开生面的80岁寿宴

### （四）主题宴会菜单与酒水设计

主题宴会的菜单是指由具备一定规格与质量的菜点、饮品，根据传统的进餐顺序和礼仪组合而成的菜单，其规格标准明显区别于普通的零点菜单和套餐菜单。主题宴会菜单是技术性的菜单，它的设计体现了饭店烹饪技术的实力水平和服务水准，是饭店餐饮文化的提炼和结晶。设计一份既能满足餐饮管理的需要，又能满足客人目的和需求的主题宴会菜单是一项兼具技术性和艺术性的创意策划工作，是饭店、餐厅形象设计系统的重要组成部分。

1.主题宴会菜单的设计原则

主题宴会菜单可以是事先设计好的固定菜单，就像说明书一样，向客人介绍宴会的餐饮产品；也可以是设计者根据宴请对象、消费标准以及客人意见等安排的合适的菜点。主题宴会菜单一般是在预订宴会时根据客人要求确定内容，无论何种菜单设计，都要求设计者有较强的专业知识和灵活性。整个设计过程称得上是一种技巧和艺术的综合运用。设计时需遵循以下原则：

（1）客人需求为上的原则。了解客人对宴会菜品的目标和要求，不仅要考虑客人的消费水平，也要了解客人的饮食习惯、喜好和禁忌，并且可根据饮食潮流的变化向客人提出菜品建议。宴会设计要服务于主题，以价格定档次，使数量与质量相统一，即根据宴会的类型确定数量，根据出席宴会的对象确定数量。

（2）以实际条件为依托的原则。市场原料供应是宴会菜单设计的物质基础，酒店设施和设备是满足菜单设计的必要条件，厨师和服务人员的技术水平、结构安排是决定宴会设计的关键性因素。

（3）菜品要注重营养搭配、突出特色的原则。在设计和制定主题宴会的菜单时，不仅要知道各种食物所含的营养成分，了解人体每天营养和热量的摄入需求，还应懂得如何选料和烹制。设计满足人们营养需求的菜单是烹饪事业发展的必然趋势。

（4）控制成本原则。在设计主题宴会菜单时，必须充分掌握各种原料的供货情况。凡是列入菜单的品种，厨房必须无条件地保证供应，这是一条相当重要但易被忽视的管理原则。因此，应尽量选用本地产品或供应有保障的原料，以降低成本。

2.主题宴会菜单的设计程序

主题宴会菜单设计程序如图4-6所示。

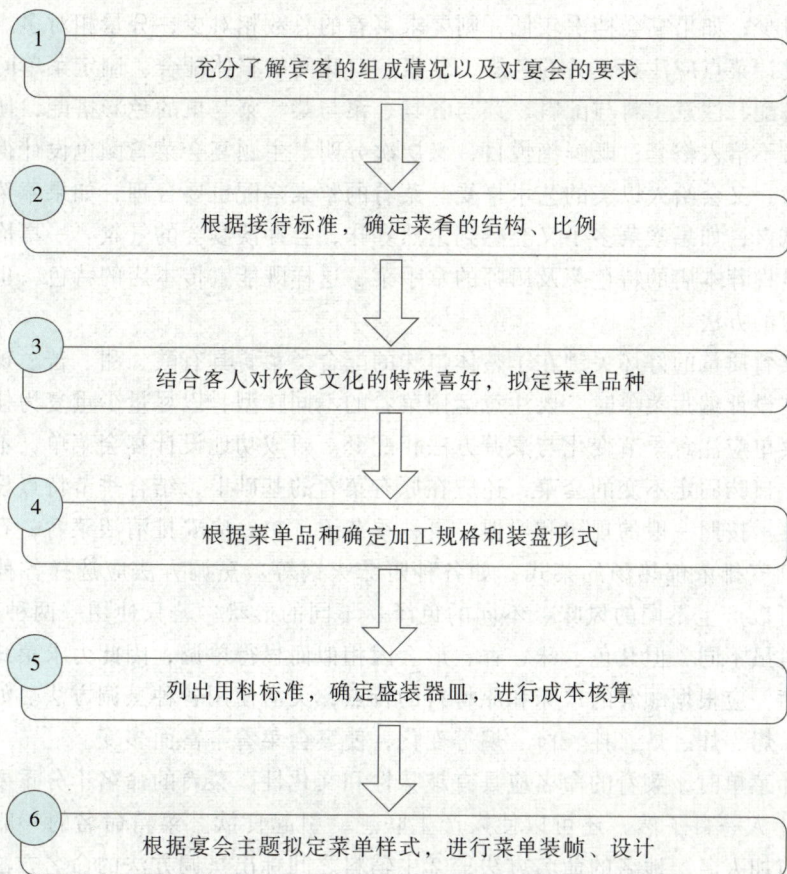

1  充分了解宾客的组成情况以及对宴会的要求

2  根据接待标准，确定菜肴的结构、比例

3  结合客人对饮食文化的特殊喜好，拟定菜单品种

4  根据菜单品种确定加工规格和装盘形式

5  列出用料标准，确定盛装器皿，进行成本核算

6  根据宴会主题拟定菜单样式，进行菜单装帧、设计

图4-6  主题宴会菜单设计程序

3.主题宴会菜单设计的要求与方法

（1）设计菜点应突出宴会主题。宴会的主题不同，菜点的形式也有所不同。菜点的形式是指宴会上菜点的种类、特点、结构、造型、菜名以及服务方式。所以，必须根据宴会的主题来设计菜点。

（2）设计菜点应掌握"八知"和"三了解"。客人到本宴会厅消费，都有其明确的目的，有的是招待业务往来者，有的是答谢客户，有的是庆生祝寿，有的是想通过宴会达成某种合作等，宴会菜肴的设计就可以根据不同的宴请目的，在菜点上稍加变化。如生日宴会上，一盘寿糕可以表示对客人生日的祝福。编写宴会菜单时，掌握好"八知"和"三了解"（详见项目三中的中餐宴会服务）就能掌握客人心理，做到心中有数。如客人的消费额不高就以一般便宴菜式编写，并进行合理搭配；而对于讲求排场的宴会，就要编写造型精美、大方得体的菜式，要根据客人的就餐目的灵活设计。例如，商务宴要突出菜肴的丰盛和大气；品尝宴要突出风味，以别具特色的地方风味菜为主；约会宴要突出菜肴的香甜和味道；聚会宴则要求菜肴比较怀旧，整齐大方。

（3）设计菜点应合理安排菜肴的数量。宴会菜肴的数量是指组成宴会的菜肴总数与每道菜肴的分量。菜肴的数量是菜肴设计的关键，合理的数量会令客人十分满意且回味无穷。菜肴数量应直接与宴会档次相挂钩，宴会档次高，菜肴的总数相对多，每道菜肴的分量相对少；如果宴会档次较低，则要求菜肴的总数相对少，分量相对多。

（4）设计菜点应注意菜肴的色彩、荤素、口味间的整体配合。制定菜单时，应巧妙运用色彩搭配，注意主料与配料、菜与餐具、菜与菜、菜与桌的色彩搭配，使菜肴既丰富多彩，又不落入俗套；既鲜艳悦目，又层次分明。主题宴会菜肴颜色设计得协调，既能增强食欲，又会给人以美的艺术享受。菜肴的荤素搭配也要合理，如果荤菜多了就会使人觉得腻口；如果素菜多了又感到索然寡味，会冲淡宴会的气氛。一桌恰到好处的菜肴应尽量推荐本店的特色菜及厨师的拿手菜，这样既能宣传本店的特色，也不失为一种扬长避短的方法。

宴会菜肴质量的好坏关键在于整体口味的配合。菜肴具有酸、甜、苦、辣、咸、鲜等本味，在设计编写菜单时，要注意运用菜肴的不同味型，以尽量少重复为佳。

设计菜单应注意季节变化与烹调方法相配套。要成功地设计宴会菜单，不能仅拥有几个档次、口味固定不变的套菜，还应在原有菜肴的基础上，结合季节特点设计创造新的宴会套菜。按照一般的规律和习惯，夏秋季节天气热，应安排清淡菜肴；春冬季节天气较冷，则安排浓郁热汤的菜式，如各种野味火锅等。烹调方法应选择各种不同的方法，这样可以产生不同的风味、不同的色泽、不同的形状。若只使用一两种烹调方法，菜肴的用料虽不同，但其色、味、香、形会因相似而显得单调，因此力求菜式的烹调方法不要相撞，应根据顾客的口味和原材料的特点，灵活使用各种烹调方法。如全套菜肴有蒸、烧、烤、炸、炒、拌、卤、煸等变化，使宴会菜肴丰富而多变。

在设计菜单时，菜肴的命名应具有趣味性和文化性。菜肴的命名十分重要，好的菜名不但能让人一目了然，还可以使人产生联想，引起食欲。菜肴命名的一般方法有：①在主料前加人名、地名的命名方法；②主辅料之间标出烹调方法的命名方法；③在主料前加上烹制器皿的命名方法；④以形象寓意的命名方法。

在主题宴会菜单设计时，除了运用以上的基本方法外，还应结合宴会的特点给菜肴巧妙命名。如，将菜点特征以富有趣味性和文化性的词语表现出来，既不落入俗套，又能突出宴会主题，增加气氛（如图4-7所示）。

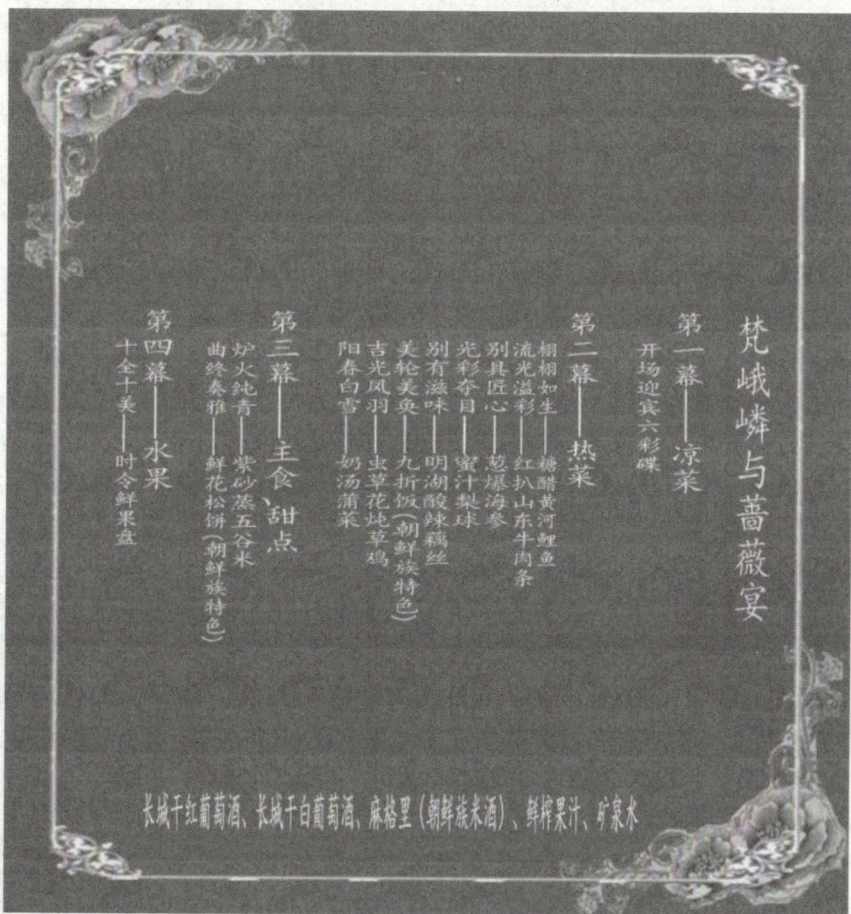

梵峨嶙与蔷薇宴

第一幕——凉菜
开场迎宾六彩碟

第二幕——热菜
棚棚如生——糖醋黄河鲤鱼
流光溢彩——红扒山东牛肉条
别具匠心——葱爆海参
光彩夺目——蜜汁梨球
别有滋味——明湖酸辣藕丝
美轮美奂——九折板（朝鲜族特色）
吉光凤羽——虫草花炖草鸡
阳春白雪——奶汤蒲菜

第三幕——主食、甜点
炉火纯青——紫砂蒸五谷米
曲终奏雅——鲜花松饼（朝鲜族特色）

第四幕——水果
十全十美——时令鲜果盘

长城干红葡萄酒、长城干白葡萄酒、麻格里（朝鲜族米酒）、鲜榨果汁、矿泉水

**图4-7　主题宴会菜单**

4.主题宴会酒水设计

酒水在宴会上具有举足轻重的作用。世界上各个国家、各个民族都形成了自己的饮酒习俗和酿酒方式。酒水设计是宴会菜单设计的重要组成部分，酒水与菜品互相匹配，缺一不可。主题宴会的酒水设计有一定的规律，这些规律的形成是千百年来人们不断实践探索的结果。其基本思路是按宴会的主题、档次和客人的需求，讲究餐与饮的搭配艺术，制定好酒与菜、酒与酒、酒与其他饮料的搭配设计。设计得当，会对宴会酒水、菜肴的销售起到促进作用。随着科学文化的不断发展和人民生活水平的逐步提高，酒水与菜肴的搭配艺术也应在实践中不断发展和完善。

（1）酒水与宴会的搭配。酒水的选用应与宴会的规格和档次相一致，如果是高档宴会，其选用的酒品也应是高档的，酒水的来源应与宴会席面的特色相一致。一般来讲，中餐宴会选用中国酒，西餐宴会选用外国酒。不同的宴席在用酒上也要注意与其地域相适合。无论是中餐宴会还是西餐宴会，对高度酒的使用一定要谨慎，因为宴会中饮用高度酒会影响人们对菜肴的品尝。

（2）酒水与菜品的搭配。酒水与菜品的搭配有一定的规律可循，这些规律的形成是人们在生活实践中摸索得出的结果。酒水与菜品搭配得好，不仅能使客人吃、喝相得益彰，而且能给人以身心的享受。有些酒品不适宜在进餐时起佐助作用，酒精含量过高的酒品对人体有较大的刺激，如果进餐时饮用过多，肝脏来不及消化吸收，会使胃口骤减，对菜品的味感变得迟钝。在实际宴会中，还需考虑客人的接受程度和满意程度，酒水与菜品的搭配不必过于教条。

## ▶▶ 业务链接4-3　　　　主题宴会设计例文

宴会主题：为你而歌

宴会主题设计寓意构思："为你而歌"主题宴会以演奏主题为设计初衷，巧妙借助音乐表达感情，为各行各业的奋斗者们献上一桌饱含爱的旋律的饕餮盛宴。怀揣同一种情怀的宾客们相约在一起，小酌浅饮，叙情谊、谈梦想，通过宴会增进感情、促进交流，使人与人之间的情感更加紧密。此主题宴会适用于各行各业的庆功宴，具有很强的推广性。

设计元素解析：

1. 中心装饰物设计（如图4-8所示）

主题装饰物底座使用灯光营造出舞台效果，配有金色乐谱、钢琴、小提琴、大提琴等乐器摆件宛如一场正在演奏的音乐盛宴。乐谱花瓶中插入与时节相符的洋牡丹和桔梗花，表达对宾客们的欢迎与美好祝福，洋牡丹也代表高贵、典雅，给整个台面增添生机的同时又突出宴会的档次。

图4-8　中心装饰物设计图

2. 餐具与酒具设计（如图4-9所示）

本台面的瓷器采用切合主题的骨质瓷器，金色纹路的装饰边典雅大方，汤碗、味碟、筷架与餐碟相呼应，烘托用餐气氛。宴会酒具使用水晶透明高脚杯，使整个台面高低错落有致，又符合现代人的审美及使用习惯。筷套、牙签套采用的是旋转悠扬的五线谱图案，贴合主题，细节之处彰显用心。

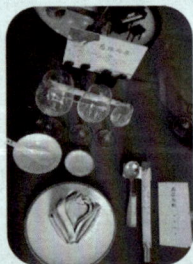

图4-9　餐具与酒具设计图

3. 布草设计（如图4-10所示）

（1）底布选用优雅大气的米金色，搭配咖啡色的装饰布。既符合视觉观赏要求，又透露着质朴与简洁、典雅与大方，营造出符合主题的隆重氛围。

（2）餐巾折花的造型美观，与中间的装饰物遥相呼应（祝福宾客们生活幸福美满），设计独具匠心。

（3）咖啡色椅套绣制上延展的五线谱，仿佛一首首悠扬动听的赞歌萦绕在耳旁，让客人们在用餐时也能融入到宴会的气氛中。

图4-10　布草设计图

（4）宴会服务人员选用米金色旗袍与整个餐台颜色遥相辉映，小到衣服的盘扣设计、大到手工刺绣的乐谱装饰都别有用心，给整个宴会增添了灵动的气息。

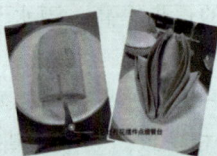

### 4.菜单设计

菜单设计选用洒金纸，格调高雅。封面上印有宴会主题名称及信息，并通过一些制作精美的乐符元素，体现设计的用心之处。

（1）菜式编排（见表4-6）

表4-6　　　　　　　　　　　　　　"为你而歌"宴会菜单

| 类型 | 寓意菜名 | 实际菜名 | 烹调方法 |
|---|---|---|---|
| 冷菜 | 《沂蒙山小调》 | 迎宾六彩碟 | 拌 |
| 热菜 | 《乌苏里船歌》 | 清蒸多宝鱼 | 蒸 |
| | 《山丹丹开花红艳艳》 | 油焖大虾 | 油焖 |
| | 《打靶归来》 | 菌菇鸡煲 | 煲 |
| | 《东方之珠》 | 炸豆腐蔬菜丸 | 炸 |
| | 《歌声与微笑》 | 油爆双脆 | 爆 |
| | 《在希望的田野上》 | 素炒时蔬 | 炒 |
| 汤 | 《大海啊故乡》 | 山药海参汤 | 炖 |
| 主食 | 《难忘今宵》 | 桂花煮元宵 | 煮 |
| | 《团结就是力量》 | 全家福饺子 | 蒸 |
| 甜品 | 《牡丹颂》 | 牡丹酥 | 烤 |
| 水果 | 《快乐的节日》 | 时令水果拼盘 | |

（2）营养分析

菜品多选用鲁菜系，品种丰富，食材新鲜，融合节气和养生需求，富含多种营养，荤素搭配合理，营养均衡，既能"养身"又能"悦心"。

（3）价格成本控制

考虑到主题宴会的成本将高于普通的宴会，故宴会毛利率定位55%，其中冷菜占成本的20%，热菜占62%，主食甜品水果占18%。宴会成本=销售价格198元/人×（1-销售毛利率55%）=89.1元/人（其中冷菜17.82元/人，热菜55.24元/人，主食甜品水果16.04元/人）。宴会原材料成本合理，总成本控制得当，符合酒店经营实际。

## 【任务实施】

实施描述：据张先生的来电，将于本周六晚宴请来自外地的青年艺术家好友，请酒店为其量身定制一台文艺气息浓厚的主题宴会。

实施准备：电脑、与主题宴会相符的菜单、中心装饰物、布置餐台需用到的物品。

实施步骤：

1.学生以小组为单位，根据任务导入中的情景，按张先生的需求完成以下内容：

（1）主题名称和宴会台面的创意设计。需用文字整理好宴会主题及台面设计创意书。

台面中心物造型设计。可借助实训室现有物品或通过文字及图片完成设计构思。

餐具、餐巾花及桌布、椅套设计。尽量利用实训室已有的实训餐具，选择与主题宴会相符合的物品，如有特殊设计，可用文字或图片展示。

（2）菜单设计。根据宴会的主题和台面设计选择相应的菜肴，并制作宴会菜单。

2.以PPT或者实物的方式展示完整的主题宴会设计方案。

## 【任务评价】

"主题宴会设计"考核评分标准见表4-7。

表4-7              "主题宴会设计"考核评分标准

| 序号 | 考核内容 | 考核要点 | 分值 | 自评分 | 互评分 | 教师评分 |
|---|---|---|---|---|---|---|
| 1 | 主题名称及宴会台面创意设计 | 有创造力、想象力<br>符合宴会的实际需要<br>具有推广价值 | 20 | | | |
| 2 | 台面中心物的造型设计 | 与主题名称相呼应<br>突出宴会的主题<br>具有美观性、可操作性<br>注重卫生及方便客人交流 | 20 | | | |
| 3 | 台布、餐具、餐巾花等物品设计 | 与主题相呼应<br>与台面中心装饰物相统一、协调一致<br>突出主题 | 20 | | | |
| 4 | 菜单设计 | 符合主题要求<br>菜品搭配合理<br>菜名设计有特色、有一定的寓意<br>菜单制作与主题风格保持一致 | 20 | | | |
| 5 | 主题宴会策划设计方案 | 内容完整、清晰<br>设计有创新、特色<br>阐述流畅 | 20 | | | |
| | 总分 | | 100 | | | |
| 小组自评 | | | | | | |
| 小组互评 | | | | | | |
| 教师评价 | | | | | | |
| 小组成员个人得分 | 姓名 | | | | | |
| | 得分 | | | | | |
| 说明 | | 小组任务得分=小组自评分×20%+小组互评分×30%+教师评分×50%。小组成员个人得分由小组长和教师根据个人任务完成中的工作情况分配分数 | | | | |

# 任务二 酒会设计

## 【任务目标】

知识目标：

1.了解酒会的概念、类型与特征

2.掌握酒会场地设计的内容与要求

3.掌握酒会的设计流程

能力目标：

1.能根据客户要求设计酒会场地

2.能够编制酒会的设计方案

素质目标：

1.具有审美情趣和创新精神

2.具有严谨求实的工作态度及团结协作的职业意识

## 【任务导入】

新年将至，兴业地产公司将要举办一场典雅辉煌的音乐酒会，作为独具匠心的新年礼物献给广大客户朋友。酒店接到酒会订单，客户需求如下：

1.宴请地点：日照诺富特酒店多功能宴会厅

2.时间：正月十七（星期二）18：00—20：00

3.酒会目的：为了巩固重点客户关系而举办的答谢酒会

4.接待规格：A级豪华接待规格

5.顾客要求：酒会要体现高档大气，热情友好，并营造一种轻松、快乐、温馨的现场氛围

6.参加人数：150～200人

7.有乐队演奏、设舞池

8.提供各种酒类（不少于6种）、饮料（不少于6种）、新鲜果汁（不少于6种）及点心（不少于12种）

小白初次参与到酒会策划设计的工作中，有了主题宴会设计的经验，小白对酒会的设计策划也充满了期待，在新的一年迎来了新的挑战。

任务要求：请帮助小白为客户设计一场酒会，内容包括：酒会场地布置、酒会场景设计、酒会菜单设计以及服务流程设计。

## 【知识储备】

微课程4-2-1

酒会认知

### 一、酒会认知

酒会，是一种经济简便、轻松活泼的招待形式。它起源于欧美，被沿用至今，并在人们社交活动的方式中占有重要地位，常用于社会团体或个人举行纪念仪式和庆祝节

目，或为联络和增进感情而用。高端酒会作为酒会的一种特殊形式，追求的是优雅、严肃、庄重，而非娱乐打闹。目的是给企业高端人士间的交流提供一个合适的场合，能有效地挖掘潜在客户，也能够提升个人素养。

### （一）酒会的概念

酒会的形式比较灵活，不需要像宴会那样复杂和拘束，酒会以酒水为主，略备小吃，不设或少设座椅，仅置小桌或茶几以便宾客随意走动。举行酒会的时间较灵活，中午、下午、晚上均可。宾客到达酒会后可以来去自由，不受约束。酒会准备的酒类品种通常较多，有鸡尾酒、各种混合饮料、果汁、汽水以及矿泉水，一般不用或少用烈性酒。食品多为三明治、面包、小香肠、炸春卷等各种小吃，以牙签取食。饮料和食品由服务人员用托盘配送，也有一部分放置在小桌上（如图4-11所示）。

图4-11　酒会实例

（图片来源：http://hui088477.mfqyw.com/sell/itemid-3358128.shtml）

### （二）酒会的形式

1.根据酒会主题进行分类

酒会一般都有较明确的主题，如婚礼酒会、开张酒会、招待酒会、产品介绍酒会、庆祝庆典酒会和签字仪式、展览会揭幕、乔迁、欢聚、纪念等酒会。这种分类对组织者很有意义，对于服务部门来说，应针对不同的主题，配以不同的装饰、酒食品种。

2.根据组织形式进行分类

根据组织形式来分，酒会有两大类，一类是专门酒会，一类是正规宴会前的酒会。专门酒会单独举行，包括签到、组织者和来宾致辞、时装表演、歌舞表演等。专门酒会可以分为自助餐酒会和小食酒会，自助餐酒会一般在午餐或晚餐的时候进行，而小食酒会则多在下午茶的时候进行。宴会前酒会比较简单，它的功能只是宴会前召集客人，在较盛大的宴会召开前不使等候着的客人受冷落；也有的把这种酒会作为宴会点题、致辞欢迎的机会；还有的是为了给客人提供一个自由交流、联络感情的场所，因为当宴会开始时，客人已回到自己的座位上，只能与同桌的客人谈话。

3.根据收费方式进行分类

从服务行业来看，比较看重的是以收费方式来分类，牵涉到酒会的安排、组织和费用的计算。

（1）定时消费酒会。定时消费酒会也称包时酒会。通常只需将客人人数和时间确定后就可以安排了，消费多少则在酒会结束后结算。定时酒会的特点是"时间固定"，通常有1小时、1.5小时、2小时三种。时间确定后，客人只能在固定的时间内参加酒会，时间一到将不再供应酒水。例如，定时酒会是下午5点至6点，人数为250人。酒吧提供1小时的饮用酒水，即在5点前不供应酒水，5点开始供应，任客人随意饮用，但到6点整就不再供应任何酒水了。

（2）计量消费酒会。计量消费酒会是根据酒会中客人所饮用的酒水数量进行结算。这种酒会既不限制时间，也不限定酒水品种，只根据客人的需要而定。一般有豪华型与普通型两种，普通型的计量消费酒会是由客人提出要求，通常酒水品种只限于流行牌子；而豪华型的酒会可以摆出一些较名牌的酒水，供客人选择饮用。在酒会中，酒水的实际用量多少就计算多少，酒会结束后，按酒水消耗量结账。

（3）定额消费酒会。定额消费酒会是指客人的消费额已固定，酒吧按照客人的人数和消费额来安排酒水的品种和数量。这种酒会经常与自助餐连在一起。客人在预订酒会时，先确定每位来宾所消费的金额，然后确定酒水与食物各占的比例，食物部分由厨师长负责，酒水部分由酒吧负责。酒吧会按照客人确认的消费额合理地安排酒水的品种、牌子和数量。这种酒会要经过细心的计算，在已定消费额的基础上，既要在品种、牌子和数量上给客人以满足感，又要控制好酒水的成本。

（4）现付费酒会。现付费酒会多用在表演晚会中，主人只负责宾客的入场券和节目表演。客人喜欢什么饮料，则由其自己决定，但必须自己结账。对这种酒会，酒吧只预备一般牌子的酒水，客人参加的主要目的是观看演出，而不是饮用酒水。这种酒会一般在大的饭店中举行，如时装表演、演唱会、舞会等。

（5）外卖式酒会。由于有些客人希望在公司或者家里举行酒会，以显示自己的身份和排场，酒吧就要按收费的标准类型准备酒水、器皿和酒会工具，送到客人指定的地点。要注意的是，这种类型的酒会准备工作要做得充分，因为不像在饭店里，缺什么可以临时补充。冰块和玻璃杯要准备得十分充足，同时做好客人的住所不能提供冰块和清洗玻璃杯设备的预案，各种类型的酒水也要准备充足。除了"定额消费"酒会可以按定额运去酒水外，其他消费形式的酒会宁可多准备些品种、数量的酒水，也不要等到酒水不够后再进行补充。

**（三）酒会的特征**

一般来说，酒会具有以下特征：

1.自由交际

由于不设座位，酒会具有较强的流动性，宾客之间可自由组合，随意交谈。

2.不必准时

尽管鸡尾酒会和正餐后酒会在请帖上会标明固定的时间，但实际上，何时到场一般可由宾客自己掌握，不一定非要准时到场。

### 3.自选菜肴

酒会上就餐采用自选方式，宾客可根据自己的口味偏好，去餐台和酒吧选择自己需要的点心、菜肴和酒水。

### 4.不排席次

酒会上，用餐者一般须站立，没有固定的席位和座次，但主人最好设置一些座位，以供年长者及疲惫者稍作休息之用。

### 5.不限衣着

参加酒会，不必像正式宴请那样穿着正式，但仍然需做到端庄大方、干净整洁。

## 二、酒会场地设计

**>> 头脑风暴4-2**　　　　　　**一场新意有趣的酒会活动需要注意哪些要素？**

高端酒会活动是社会精英人士聚会的一种形式，举办形式偏向高端，所以主办方对于活动的要求也会相对高很多，每次的酒会活动，必然是要创意十足、充满亮点的。

讨论：作为举办酒会活动的策划承办者，如何才能举办新意有趣的酒会活动？又需要注意哪些要素呢？

微课堂4-2-2

酒会场地设计

在酒会场地设计中，舞台布置得当、主题鲜明、能让宾客一走进会场就留下深刻的印象，那么这场酒会就已成功一半了。而另一半的成功，有30%取决于餐台与吧台的布置，20%取决于服务人员的服务态度。也就是说，场地布置占据酒会成功要素的80%。由此可见，场地设计对一场酒会来说是多么的重要。

### （一）现场氛围营造

#### 1.背景场地

（1）场地要平坦开阔，通风良好，大小适中，可以容纳计划人数在这里用餐、跳舞，并且便于宾客四处走动，自由交流。场地既不能太大，太宽阔的空间会增大人们之间的距离，影响宾客交流的效果；又不能太小，否则会妨碍宾客的走动和人员的服务，甚至会让宾客感到压抑和拥挤。

（2）结构最好不要一览无余，要有曲折，或高低层次的变化，这样宾客们可以找到自己喜欢的位置，或休息或聊天。

（3）场所布置一定要高端优雅。高雅的氛围，能为客人制造更多聊天的话题。

#### 2.颜色基调

颜色基调是彰显酒会档次、营造酒会氛围、凸显酒会主题的重要因素（如图4-12所示）。金色、铂金色、青铜色、香槟色等能营造温馨、浪漫氛围的颜色是酒会的挚爱。当然，造型奇特的烛台、五颜六色的玻璃酒杯以及精美的杯垫也是装点酒会的必备物品。

#### 3.灯光与音乐

灯光与音乐是酒会的灵魂，酒会灯光不需太亮，微暗的灯光恰好可以营造适宜的酒会气氛（如图4-13所示）。酒会上可播放一些舒缓的、适合跳舞的音乐，声音不要太大，节奏也不要过于强烈，以不妨碍人们正常交谈为原则。

图 4-12　酒会氛围营造

（图片来源：https://huaban.com/pins/516984795）

图 4-13　酒会清雅的灯光

（图片来源：http://style.sina.com.cn/industry/2010-11-30/163770592.shtml）

### （二）舞台的设计

在酒会现场可以设置舞台，以供致辞及表演之用。舞台的大小应根据酒会场地的大小及表演的需要来设置，如时装表演、乐队演奏需要大型舞台，而独奏表演设置小型舞台便可。舞台不可太高，否则会给人陌生感和距离感。酒会舞台的灯光要比周边区域亮些，以显示舞台的中心作用。舞台的设计还应突出主题。

### （三）餐台的布置

餐台的布置需要考虑以下七个方面：

（1）酒会中餐台的摆设方式要着眼于酒吧台与餐台的位置规划。酒会通常采用活动式的酒吧台，并摆放一些辅助桌以放置酒杯。至于餐台的布置，不仅须配合宴会厅的大小，还应摆设在较显眼的地方，一般都摆在距门口不远的地方，让宾客一进会场就能清楚的看到。

（2）餐台摆设可用有机玻璃箱、银架或覆盖着台布的饮料箱来垫高，使菜肴摆设呈现出高低层次的立体效果。

（3）餐台的摆设要视菜单上菜肴数量的多少来准备，过大或过小的餐台都不适合，所以必须事先了解厨师所推出的菜肴分量，作为布置的依据，有时也需配合特殊餐具来进行摆设。

（4）酒会会场除了放置餐台及酒吧台之外，还需摆设一些辅助用的小圆桌（如图4-14所示）。小圆桌中间可摆一盆蜡烛花，并将蜡烛点燃以增添酒会的气氛。同时，小圆桌也具有让宾客摆放使用过的餐盘、酒杯等作用。

图4-14　酒会小圆桌

（5）酒会会场上可放置一些花生、薯片、腰果等，便于宾客取用。

（6）若要使餐台看起来更有氛围感，可以使用透明的白色餐布来围餐桌，并在桌子上方用各种颜色的灯光来照射。酒会过程中无需太亮的灯光照明，微暗的灯光更能营造酒会适宜的氛围。若酒会会场有舞台布置，则舞台的灯光应比酒会场地周围的灯光要亮，必要时可用投射灯来照明，以凸显舞台的布置。

（7）如果酒会中只有少数餐台，菜肴可以不按照自助餐的摆设方式进行布置，只需要摆设出层次感，使菜肴呈现出高低不同的视觉效果即可。但是如果餐台为数众多，则可依照菜肴类别分区摆设，如分成冷盘区、熟食区、切肉区、点心区、饮品区等。

▶▶ 知识拓展4-1　　你必须知道的鸡尾酒派对餐桌基本知识

1.时间段与菜单

鸡尾酒派对是一种站立式派对，主要提供鸡尾酒等饮品和一口三明治等食物。工作日里，鸡尾酒派对一般会在下班后的18点至20点举行。将一口三明治、牙签串面包和小碟菜等可以一口吃掉的菜肴放在托盘上，摆上餐桌，供宾客自取。

2.选择主题与物品

鸡尾酒派对是晚餐正式开始前享用的餐前酒，是互相介绍的场合，因此为站立式。不过近年来，也有许多人推陈出新，单独举办鸡尾酒主题派对，之后的晚餐进行与否则自由选择。有关鸡尾酒派对的主题和物品的选择并无特别要求。不过，准备玻璃杯和取餐盘自不必说，传递餐食所使用的传餐盘也是必不可少的。如果是自助冷餐会，则应注意制造物品摆放的高低差，这样远看餐桌也会非常有美感和冲击力。

3.餐桌礼仪及其他要点

鸡尾酒派对无关规模大小，最重要的是让宾客们尽兴。宾客人数较少时，派对可以亲密一些；人数较多时，宾客可以自由选择站立或落座。主人要主动介绍互相陌生的客人认识，交谈时要单手拿酒杯。在鸡尾酒派对上，首先要保证不空杯，其次，自取饮品和食物的移动路线也很重要。另外，主人还应留意，尽量不要让客人落单，孤零零地站在一边。

4.物品的摆放（如图4-15所示）

在自助冷餐鸡尾酒派对中，食物主要为简单小食，食物与餐具的摆放则要以方便宾客拿取为前提，并无其他特别要求。在这个餐桌布置中，围绕中心装饰花卉构成了一个三角形，取餐盘排列在餐桌前侧，提升布置效果。

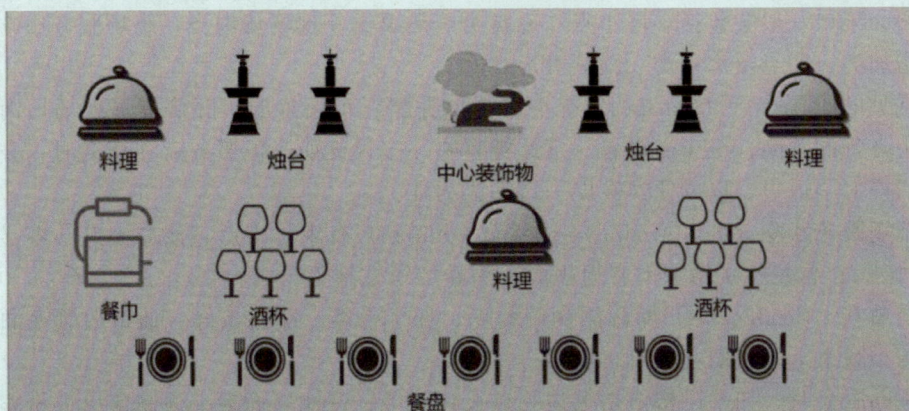

图4-15　物品摆放示意图

**（四）酒会场地设计的要求**

（1）场地的选择应根据主办者的要求、酒会的主题和与会人数来确定。

（2）场地布局应根据宴会厅的大小与形状因地制宜。

（3）酒会一般不设主宾席，如果是主办者要求设立主宾席的酒会，应根据主办者提供的贵宾人数，摆放长条桌、座椅，并在适当位置设置致辞台。

（4）酒吧台及餐台摆放的位置合理，方便客人取用酒水和食品，数量应满足宾客人数的需要。

（5）场地设计时，应充分考虑到宾客取食路线的科学性。

（6）场地设计应征求举办方的意见。

微课堂4-2-3

酒会菜单设计

## 三、酒会菜单设计

### （一）菜单设计重点

菜单设计需要考虑的重要因素包括：

（1）酒会中，除非个人特殊要求，一般都不设置桌椅供宾客入座就餐，也就是说，来宾通常以站立的姿势食用餐点。因此，酒会餐点在刀法上必须讲求精致、细腻，食物应切分成较小块、少量，使宾客能够方便拿持餐食入口，而不必使用刀叉。

（2）酒会菜单与自助餐的菜单设计有很大不同。一般酒会所提供的菜肴并不像自助餐那样丰富多样，而是限量供应，讲求精致、简单、方便，所以食物的分量有限，吃完便不再提供，除非来宾再另点食物。

（3）在菜单的设计上，酒会菜单讲究食物的精美，因此酒会中每道菜所动用的手工部门比平常多，人力成本也随之提高。鉴于此，其食物成本必须相对降低，以控制宴会厅的经营成本，并维持宴会部门的赢收利润。

（4）酒会不提供沙拉和汤类食物，以符合简单、方便的原则。

（5）人数越多，菜单开出的菜肴种类也会随之增加。例如，100人和1 000人的酒会，尽管每人单价相同，但酒会中出现的菜色会有很大的差别。由此可知，与会人数也是决定菜单内容设计的重要依据。

### （二）酒会菜单结构

酒会菜单一般会包括鸡尾小点、冷盘类、热菜类、现场切肉类、绕场服务小吃或者特别增加类、甜点及水果类、配酒类。

常见的鸡尾小点（Canapes）有小饼干加乳酪、小面包加鹅肝酱等。现场切肉类是酒会中必备的菜品，至少需设置一道此类食物，多设无妨。但服务者在切肉时，务必将肉块切得大小适中，以方便宾客能一口品尝为佳。

绕场服务小吃（Pass Around or Special Addition）有鸡尾小点、油炸小点心等（如图4-16所示）；常见特别增加类有担担面、手卷、烤乳猪等。

配酒类（Condiments）即佐酒食用餐点，如干果类、蔬菜条等，通常放置在酒会中必备的小圆桌上，以便宾客自行取用。

举办酒会时，如果严格依据上述几点设计菜单，便能轻而易举地制定出一份宾主尽欢的酒会菜单。

**图4-16　绕场服务小吃**

（图片来源：http://style.sina.com.cn/industry/2010-11-30/163770592.shtml）

>> **业务链接4-4**　　　　关于酒会上的酒水点心需要注意什么？

　　酒水方面：鸡尾酒会上的酒品分为两类，即含酒精的饮料和不含酒精的饮料。一般来说，鸡尾酒会提供的酒精饮料可以是雪利酒、香槟酒、红葡萄酒和白葡萄酒，也可提供混合葡萄酒，以及各种烈性酒和开胃酒。

　　所谓鸡尾酒，主要是由以蒸馏酒为主的酒底和鸡蛋、冰块、糖等两种及以上的辅助材料调制而成。鸡尾酒具有口味独特、色泽鲜明的特点，能够增进食欲，提神解暑。鸡尾酒调配的方式以及调配的效果如何，一要看客人的口味偏好，二则依赖主人及调酒师的手艺。鸡尾酒的饮用方法因时令而有所不同。在冬天，马提尼和掺入苏打水的威士忌备受人们欢迎；而在夏天，饮用掺入汽水、伏特加和杜松子酒的大杯酒则是时尚之一。

　　鸡尾酒会上还应准备至少一种不含酒精的饮料，如番茄汁、果汁、可乐、矿泉水、姜汁、牛奶等。这些饮料的作用是替代含酒精饮料和调制酒品。

　　点心方面：鸡尾酒会以酒水为主，食品从简，只有一些点心和开胃菜等，这些食品通常制作精美，味道上乘。常见的食品有蛋糕、三明治、橄榄、洋蓟心、烤制小香肠、穿成串儿后再烤的小红肠、面包以及烤小青蛙腿等。如果自己是酒会的主人，则应注意点心或开胃品要适合于用手拿着吃，避免给宾客用餐造成不便。

　　（资料来源：佚名. 关于酒会上的酒水点心有什么注意 [EB/OL].［2019-07-30］. http://www.juencatering.com/Article-detail-id-1597763.html. 有改动）

微课堂4-2-4

酒会服务流程设计

## 四、酒会服务流程设计

主管要根据酒会规模配备适当的服务人员，一般以1人服务10位客人的比例配员。服务人员要负责托送酒水、照管和托送菜点、调配鸡尾酒、及时提供各种饮料、为客人提供其他服务等。由于酒会中的宾客没有固定座位，所以服务人员很难划分服务区域，只能用分组的方式来服务宾客。一般将酒会的服务人员分成三组来进行服务工作：第一组负责绕场服务和餐台服务；第二组负责酒类、饮料的服务；第三组负责收拾空杯、残盘及整理会场。其工作细节说明如下（见表4-8）：

表4-8　　　　　　　　　　酒会服务人员具体工作内容

| 组别 | 负责工作 | 具体服务内容 |
|---|---|---|
| 第一组 | 绕场服务和餐台服务 | 1.协助厨房照料餐台，并且通知厨房补菜、整理及补充餐台上的备用物品<br>2.需进行绕场服务，即在酒会中协助端拿绕场服务小吃类餐食，在会场来回穿梭，以服务宾客取用食物 |
| 第二组 | 酒类、饮料的服务 | 1.人数少时，服务人员应主动迎向刚到的宾客并问好，同时接受宾客点用酒或饮料。接受宾客点用酒水之后，服务人员再到酒吧拿取酒水来服务宾客。服务时，服务人员需使用托盘拿持酒杯给予宾客，并随杯附上一张小餐巾纸<br>2.人数多时，通常会由调酒员预先调好一些常见的酒类或饮料，然后由一部分服务人员端着放置小餐巾纸和各式饮品的托盘排队站在入口处，让宾客自行挑选酒类或饮料；而另外一部分饮品同样置于托盘中，由服务人员端着穿梭于会场中，随时为宾客提供饮品服务<br>3.在酒会中，若宾客找不到自己喜欢的饮料，可向服务人员点酒。需注意的是，一旦有宾客点酒，尽管服务人员恰巧在端盘服务，或不是负责酒类及饮料的服务人员，也应尽快协助宾客前往酒吧台点酒，并为宾客服务 |
| 第三组 | 收拾空杯、残盘及整理会场 | 1.负责收拾的服务人员必须端持托盘穿梭在会场之间，一旦看到宾客手上的杯子已空，便要上前询问需不需要将空杯盘收走<br>2.宾客有时可能会向此组服务人员点酒，遇到这种情况时，虽然点酒不在其服务范围内，仍应和颜悦色地以"请稍候，马上请其他服务人员为您服务！"之类的言语进行回应，并尽快请负责人员进行服务<br>3.这一组人员还要负责收拾摆在小圆桌上的空杯、残盘、叉子等，若发现地上掉有东西也应立即拾起，以随时保持会场场地的清洁<br>4.要等全部客人离去后，才可以撤掉所有的物品。余下的酒品收回酒吧存放，用过的餐具送至洗涤间进行清洗，干净的餐具送到工作间，待重新消毒后备用。撤下台布，收起桌椅，为下一餐做好准备 |

## 【任务实施】

实施描述：请根据本节课所学内容，帮助小白为客户策划设计一场酒会，内容包括：酒会场地布置、酒会场景设计、酒会菜单设计以及服务流程设计。

实施准备：电脑、笔记本等。

实施步骤：

1.学生以小组为单位，根据客户需求及酒会主题进行策划设计，注意到宴会设计流程中的细节。

2.设计内容以PPT的形式进行汇报。

## 【任务评价】

"酒会设计"考核评分标准见表4-9。

表4-9　　　　　　　　　　　　"酒会设计"考核评分标准

| 序号 | 考核内容 | 考核要点 | 分值 | 自评分 | 互评分 | 教师评分 |
|---|---|---|---|---|---|---|
| 1 | 文案书写 | 书写整齐、干净、规范<br>PPT制作精美 | 20 | | | |
| 2 | 团队精神 | 小组团队成员参与度高<br>整体的协调性好<br>体现了默契、沟通及友爱 | 20 | | | |
| 3 | 策划设计 | 场地设计符合实际需求，与主题相符<br>流程设计完整<br>具有可操作性<br>注重服务细节 | 40 | | | |
| 4 | 创意 | 形式新颖、有创新<br>具有可推广性 | 20 | | | |
| | 总分 | | 100 | | | |
| 小组自评 | | | | | | |
| 小组互评 | | | | | | |
| 教师评价 | | | | | | |
| 小组成员<br>个人得分 | 姓名 | | | | | |
| | 得分 | | | | | |
| 说明 | 小组任务得分=小组自评分×20%+小组互评分×30%+教师评分×50%。小组成员个人得分由小组长和教师根据个人任务完成中的工作情况分配分数 | | | | | |

# 任务三　自助餐设计

## 【任务目标】

知识目标：

1.了解自助餐的特点

2.理解自助餐的设计内涵

3.掌握自助餐式宴会策划的基本程序和步骤

能力目标：

1.能够根据宴会主题制订自助餐策划方案

2.能够对自助餐式宴会策划过程中存在的问题进行分析处理

素质目标：

1.具有积极、主动、热情、耐心的服务意识及强烈的社会责任感

2.具有竞争意识、克服紧张心理，树立自信心

## 【任务导入】

即将举行婚礼的张先生和王小姐想举办一场像国外那样 wild and free 风格的婚礼，了解到酒店有自助餐形式的婚宴后，感觉新颖又独特，十分心动。于是和酒店联系，计划采用西式自助的形式。与酒店多次沟通后，最终确定了自己的想法：

赴宴人数：100 人左右

用餐标准：120/位（含酒水）

要求：1.宴会布置要足够梦幻别致，充满浪漫的气息

2.菜品种类丰富、满足不同口味

3.在宴请的过程中能够为宾客们制造小惊喜

小白在前几次宴会策划设计中表现优秀，于是此次自助餐婚宴的策划人员名单中再次出现了小白的名字。自助式婚宴是西方非常流行的一种婚宴形式，在中国，婚宴还是以中式圆桌为主，但西方自助式婚宴也同样受到现代年轻人的喜欢。

任务要求：如何办好一场自助餐婚宴呢？请帮助小白和她的同事为该婚宴制定一套完整的方案。

微课堂 4-3-1

认知自助餐

## 【知识储备】

自助餐之所以称为自助餐，主要是因其可以在用餐时调动用餐者的主观能动性，由客人自己动手，在既定的范围内选用所需菜肴。自助餐可以让客人吃得更饱，并且其形式也会让气氛十分活泼。同时，客人在餐桌和座位之间穿梭时，还可以互相交流，新人也可以免去很多烦琐的细节。

## 一、认知自助餐

### （一）自助餐的由来

自助餐（Buffet）之名源于日本，特指西餐的一种就餐方式。厨师将烹制好的冷、热菜肴及点心陈列在餐厅的长条桌上，由客人自己随意取食，自我服务。这种就餐形式起源于公元8—11世纪北欧的"斯堪的纳维亚式餐前冷食"和"亨联早餐（Hunt Breakfast）"。

▶▶ 知识拓展4-2　　　自助餐的演变和发展

相传自助餐是当时的海盗最先采用的一种进餐方式，至今世界各地仍有许多自助餐厅以"海盗"命名。海盗们性格粗野，放荡不羁，讨厌用餐时的那些礼节和规矩，只要求餐馆将他们所需的各种饭菜、酒水用盛器盛好，集中在餐桌上，然后他们肆无忌惮地畅饮豪吃，吃完不够再加。海盗们这种特殊的就餐形式，起初被人们视为是不文明的现象，但久而久之，人们觉得这种方式也有许多好处。对顾客来说，用餐时不受任何约束，随心所欲，想吃什么菜就取什么菜，吃多少就取多少；对酒店经营者来说，由于省去了顾客的桌前服务，自然就节省了许多劳力和人力，这种就餐形式可以减少服务生的使用，为企业降低了用人成本。因此，这种自助式服务的用餐方式很快在欧美各国流行起来。随着人们对美食的不断追求，自助餐的形式由餐前冷食、早餐逐渐发展成为午餐、正餐；由便餐发展到各种主题自助餐，如：情人节自助餐、圣诞节自助餐、周末家庭自助餐、庆典自助餐、婚礼自助餐、美食节自助餐等；按供应方式，由传统的客人取食、菜桌成品发展到客前现场烹制、现意现食，甚至还发展为由顾客自取食物原料，自烹自食的"自制式"自助餐。

随着西餐传到中国，自助餐这种就餐方式也随之传入。这种就餐方式最早出现在20世纪30年代，当时外国人在中国开的大饭店里就餐。但它真正与中国的老百姓接触，是在20世纪80年代后期，随着中国对外开放，新兴的旅游合资宾馆、酒店将自助餐推广到我国大众化餐饮市场，自助餐以其形式多样、菜式丰富、营养全面、价格低廉、用餐简便而深受消费者喜爱，尤其受到青年和儿童的青睐。

### （二）自助餐的特点

**1.菜肴丰富、陈列精美**

自助餐菜品通常包括冷菜类、热菜类、点心类、面包类、主食类、水果类、现场食品制作类、饮料类及各地方特色小吃等。品种多样、菜品丰富，客人们可以随心所欲根据自己的饮食喜好进行选择。

**2.免排座次**

正规的自助餐，往往不固定用餐者的座次，甚至不为其提供座椅。这样一来，既可免除座次排列之劳，还便于用餐者自由地进行交际。

**3.适合招待多人用餐**

每逢需要为众多人士提供饮食时，自助餐不失为一种首选。它不仅可用以款待数量较多的来宾，而且可以较好地处理众口难调的问题。

### 4.人员配备相对节省

由于自助餐的菜肴是事先准备的,所以可调剂厨师劳动忙闲不均的状况,缓和高峰时期厨房的忙碌和厨师人手紧张的矛盾,服务人员的配备也非常节省。

## 二、自助餐设计方法

### (一) 自助餐环境布置

#### 1.突出个性

自助餐环境布置应具有独特的个性,并能以其鲜明的形象给客人留下深刻的印象。同时与精美的菜肴交相辉映,如爱丽丝魔幻主题自助、欧式田园主题自助、海盗盛宴牛排海鲜自助及具有地方特色的主题自助等。

#### 2.按主题设计

根据特别活动而设计的自助餐应按其主题进行布置,并将该主题作为指导思想贯穿于餐厅装潢、背景布置、餐台装饰和食品的推销。有可能成为自助餐主题的节日,如圣诞节、情人节、母亲节、复活节、感恩节、元旦、春节、端午节、元宵节、中秋节等,都是饮食促销的大好时机。

#### 3.按活动内容设计

许多当地举行的活动和公众感兴趣的事情,如体育比赛、音乐活动、文化艺术活动等也都可以作为个性鲜明的自助餐厅主题和有影响力的销售推广活动。此外,各种展览会、推介会和其他商业活动都给餐饮业提供了机会,这一类型的自助餐还可以由各公司赞助,用他们提供的产品和符号作为突出主题的装饰,还可以安排歌舞表演、时装表演等。

#### 4.材料选择

装饰布置所选用的材料也应为突出主题服务,墙壁背景、屏幕、盆栽、旗帜和其他活动装饰都可以作为招徕生意的手段。中央空调的出风口能够使旗帜和悬挂物随风飘动,现代化的声、光系统可以使自助餐厅更加有声有色。

#### 5.餐具、容器的选择

餐具和陈列菜肴的容器也可以别出花样,除瓷器、玻璃器皿和银器外,木器、竹器、瓜壳盅、大贝壳等都是能起点缀作用的容器。

#### 6.灯光

在灯光使用上,一般以聚光灯等强烈的灯光来凸显食物,自助餐台是餐厅内众所瞩目的地方之一,应明亮显眼。

>> **业务链接4-5**　　婚礼自助餐的创意细节有哪些?

总是沿袭传统的自助餐婚宴布置会让你的婚宴没有独特的个性,想要让自己的自助餐婚礼别具一格,首先就需要具备至少三处与众不同的装饰点,可在现场放置精美的烛台,也可以换上不同颜色的餐具,或者是安排不同感觉的桌花。

要想使整个婚礼现场耳目一新,最快捷的方法就是增添一些纱幔元素。通常在中式婚礼中,红色灯笼是必不可少的装饰,西式婚礼可以将一些飘浮的鲜花装在透明的玻璃容器里来装饰。

现场的灯光效果也非常重要，婚礼的不同阶段应该对应不同的主题颜色。客人首次进入会场时灯光应为暖色调（如图4-17所示）。宴席时，将光线调暗，淡淡的琥珀色更适合用餐。婚礼结束时，蓝紫色的灯光是最合适的。

图4-17 西式婚礼现场

邀请乐队助兴，这笔花销可能会很大，但是效果拔群。在西方的婚礼中，邀请乐队演奏几乎是标配，很多背景音乐都不是音响放出来的，而是由乐队现场演奏。

不要忘记装扮婚礼现场的那些小空间，最常见的是在角落、无装饰的墙边等，可以用一些零散的鲜花简单进行装饰。

>> 头脑风暴4-3    如何突出自助餐的美感？

自助餐已成为全世界流行的一种用餐方式。但随着时代的发展和生活水平的提高，人们的饮食、就餐习惯已经发生了很大的变化，经济实惠已经不再是人们的首选，而是更注重进餐的环境和气氛。为了使顾客在进餐的过程中得到视觉、味觉上的美妙感受，甚至是体会到精神上的愉悦之感，自助餐的布置与设计具有十分重要的意义。

讨论：如何突出自助餐的美感呢？

## （二）餐台设计与布置

自助餐台也叫食品陈列台，它的安排形式变化多端。可以安排在餐厅中央或靠某一侧墙，也可放于餐厅一角。可以摆一个完整的大台，也可由一个主台和若干个小台组成。

自助餐台应该醒目而富有吸引力（如图4-18所示）。自助餐台要布置在显眼的地方，使宾客一进入餐厅就能看见。装饰布置自助餐台不应让宾客看见桌腿，可铺台布并围上桌裙或装饰布。食品摆放要有立体感，色彩搭配要合理，装饰要美观大方。可用聚光灯照射台面，但切忌用彩色灯光，以免使菜肴改变颜色，从而影响宾客食欲。

图4-18　醒目的自助餐台

（图片来源：https://www.sohu.com/a/253753776_728177）

自助餐台应该方便宾客取菜。自助餐台的大小要考虑宾客人数及菜肴种类的多少，并考虑宾客取菜的人流方向，避免拥挤和堵塞。

常见的自助餐台形状：I形台（即长台），是最基本的台型，常靠墙摆放。L形台，由两个长台拼成，一般放于餐厅一角。O形台（即圆台），通常摆在餐厅中央。其他台形有扇面台、半圆台等。

### （三）餐台台面布置

宾客取菜和食物用的餐盘放于自助餐台最前端，20个餐盘一叠，摆放整齐，不要叠放得太高。餐刀、餐叉、汤匙及餐巾纸整齐地放于餐盘前方。有的餐厅把餐具摆放在餐桌上，自助餐台上不放餐具。

自助餐厅菜台和餐桌之间要留有比较宽敞的通道、过道，便于客人取菜。客人用餐的餐桌要布局合理，摆放整齐、美观，便于客人进出、走动取菜。

根据自助餐厅的平面几何形状，可以选用三种布局形式：一是线式布局，即从客人取菜到餐桌采用单通路形式；二是点式布局，即菜台在中间，客人取菜后，散点式从不同方向回到餐桌用餐；三是线点式布局，即线式和点式结合。不管选用哪一种，都要做到整齐、美观、协调、进出方便。

按沙拉、开胃品、汤、熏鱼、热蔬菜、烧烤类或其他热的主菜、甜品、水果顺序摆放菜肴。将某些有特色的菜品分菜台摆放，如甜品台、水果台或切割烧烤肉类型的服务桌等，菜肴摆放顺序同上。热菜要用保温锅盛放，宾客来后由服务人员揭开盖子或宾客自行揭盖后取菜。

每种菜肴都要摆放一副取菜用的公用勺、叉。菜肴前要摆放中、英文菜牌。各种菜肴所需的调味品要与菜肴放在一起，以便宾客取用。成本低的菜肴放于前端，以方便宾客取用。

摆放菜肴时，要注意色彩搭配，使其美观、整齐、有立体感。冰雕、黄油雕、果蔬雕、鲜花、水果或餐巾花等都可用作自助餐台的装饰点缀（如图4-19所示）。

图4-19　菜肴摆放注意色彩搭配

（图片来源：https://stock.tuchong.com/image?imageId=455315650742321550&source=360tusou）

### 三、自助餐菜单设计

#### （一）自助餐菜单设计要求

**1.菜品选用要科学合理**

确定自助餐菜品，是设计自助餐菜单的关键所在，一定要做到科学合理。选用自助餐菜品，通常是根据主客双方的具体要求来确定，既要充分考虑自助餐的接待规模、风味特色和服务标准，又要结合餐厅自身的生产实际，凸显主厨的技术专长。此外，作为自助餐的菜品，一般都应适于批量生产，并能放置较长时间；即便是热菜，也应选择适合加热保温、并能反复加热的菜肴，以适应顾客自由选菜的需要。

**2.菜品规格要体现接待标准**

设计自助餐菜单，一定要根据主办方的订餐标准，结合餐厅的目标毛利率计算出整套自助餐的总成本；根据接待总人数，按照确保客人吃饱吃好的原则，确定自助餐的菜品总量；根据自助餐的菜品构成模式，框算出每类菜品的大致成本；再根据每类菜品的数量，判断所选菜品的规格档次。一般来说，接待人数越多，用餐标准越高，其菜品的数量就越多，食材的规格就越高；反之，则应选择大众化菜品，尽量安排实惠型的菜肴，以满足顾客就餐之需。具体操作时，要遵循"价实相称、优质优价"的配餐原则；要优先选用物美价廉的特色食材；要兼顾原材料的合理利用；要适当安排造价较低且能显示自助餐规格的高利润菜品；要充分考虑剩余食品的合理利用，尽量做到存货尽出；要最大限度地降低损耗，避免浪费，力争以最少的成本，取得最好的效果。

▶▶ **业务链接4-6**　　自助餐成本如何计算

根据客人预定标准计算自助餐成本，计算公式为：自助餐成本＝自助餐标准×自助餐成本率。

例：某公司预订200人自助餐，标准为每人120元，按规定此次自助餐的成本率为40%，试计算自助餐的总成本。

解：自助餐总成本=120×200×40%=9 600（元）

答：该自助餐的总成本为9 600元。

**3.菜品种类要多种多样**

安排自助餐菜品，无论接待规模是大是小、菜品数量是多是少，其菜式品种一定要多种多样，切忌单调雷同。因为，自助餐的菜式品种越多，顾客选菜的余地就越大，餐饮服务的满意度也就相应提高。为了丰富菜式品种，设计菜单时，应交替使用各种动、植物食材，变换菜肴点心的烹调技法，注重菜品色、质、味、形的合理调配，突出部分特色风味食品，避免同类菜式的重复编排。只有这样，才能赋予自助餐以生机和活力，充分彰显其新颖、直观、轻松、随意的个性。

**4.菜品风味要特色鲜明**

自助餐的设计与制作，应以特色风味为旗帜。只有菜品特色鲜明，餐饮主题突出，饮食风格明显，才能吸引一批又一批客人。因此，设计自助餐菜单时，要尽可能选用具有一定特色风味的各式菜品，营造出不同风格的就餐氛围；要使菜品的特色风味与餐饮主题相吻合，尽量满足顾客求新求异的饮食需求；要优先推出主厨的拿手菜品，尽量发挥其技术专长；菜品的调制要能顺应季节的变化，体现节令的要求；菜品的安排必须符合当地的饮食民俗，尽可能地显示地方风情。

**（二）自助餐菜单设计方法**

自助餐菜单的设计应在遵守菜单设计要求的基础上，结合餐厅的实际情况灵活编排。为突出重点，下面仅介绍自助餐的菜式结构以及菜单设计时应着重注意的具体问题。

**1.自助餐的菜式结构**

（1）中式自助餐菜品构成。

中式自助餐菜品一般分为冷菜类、热菜类、汤羹类、现场制作类、面点类、水果类及饮品类等，具体的菜品数量依据接待标准和就餐人数来确定。

（2）西式自助餐菜品构成。

西式自助餐菜品一般分为汤类、冷盘类、沙律类、热盆类、客前烹制类、甜品与西饼（面包）类、水果类、饮料类等，所选菜品都是西式风味菜点。

中西混合式自助餐广集中西各式菜点，可满足中西客人共同用餐的饮食需求，一般安排冷菜类、小吃类、沙律类、热菜类、客前烹调类、面食类、汤类、甜羹类、水果类、饮料类等。

**2.自助餐菜单设计注意事项**

（1）明确自助餐的主题。

根据餐饮接待主题来划分，自助餐有招待会式自助餐、商务宴会式自助餐，婚宴式自助餐、普通便饭式自助餐等不同形式。由于自助餐的主题不同，接待标准不同，其菜品构成及特色风味等都有所区别，所以，设计菜单时必须加以考虑。

（2）了解客源的组成情况。

顾客是餐饮服务的主体。只有了解客源组成情况，熟悉就餐者的民族、地域、年龄结构、性别比例、职业特点、文化程度、收入水平、风俗习惯、饮食嗜好和禁忌等，才能更好、更有效地满足这些特定宾客的需求。

（3）认真做好菜品的成本核算。

设计自助餐菜单，必须认真做好菜品成本核算，综合考虑菜品的原料成本、销售价格及毛利率的大小，着重考察菜品的赢利能力和畅销程度。

（4）注意花色品种的变化。

确定自助餐菜品，只有充分考虑到原料的多样性、烹法的变换性、色泽的协调性、质感的差异性、口味的调和性和形状的丰富性等多种因素，设计出的菜单方可满足顾客求新、求异、求变的心理需求。

（5）符合节令变化的要求。

设计自助餐菜单，应根据节令的变化适时选配菜品，并调配菜品的滋汁和口味。夏秋季节，菜品应清鲜淡雅；春冬季节，菜品应浓厚肥美。

（6）充分考虑企业的生产能力。

自助餐菜单的设计，应根据餐厅的生产能力来筹划，要充分利用现有的设备和设施，保质保量地生产出菜单上所列的菜品；要充分考虑厨师的技术水平和烹饪技能，尽可能推出拿手菜品。

**▶▶ 业务链接4-7　　自助餐菜单设计实例**

例1：中式自助餐菜单

（128元/位，供200～300人用餐）

冷菜：

蜜汁叉烧、夫妻肺片、桂花金丝枣、老醋蜇皮、糖醋油虾、蚝汁腰片、果仁菠菜、椒麻鸭掌、泡椒凤爪、蔬菜沙拉、蒜泥蕹蒿、五彩笋丝、奶油南瓜糕、蒜泥黄瓜

热菜：

白灼基围虾、牛腩芋头煲、酱爆兔丁、脆皮鱼条、红椒海蜓子、干锅鱿鱼仔、梅干菜扣肉、腊味合蒸、京都羊排、砂锅狮子头、腊肉炒菜苔、蚝油生菜

汤羹：

野菌土鸡汤、萝卜牛尾汤、银耳马蹄露、红枣百合汤

面点：

白米饭、虾仁蛋炒饭、葱油饼、地菜春卷、油炸糕

现场制作：

铁板海鲜、豉椒炒牛柳、蟹黄蒸水蛋、刀削面

水果：

母子脐橙、南国香蕉、新疆哈密瓜

饮料：

可口可乐、雪碧、汇源橙汁、绿茶

例2：西式自助餐菜单

（168元/位，供100～150人用餐）

沙拉开胃菜：

田园沙拉配千岛酱　Pastoral Salad

夏威夷菠萝鸡肉沙拉　Hawaiian Pineapple Chicken Salad

俄罗斯沙拉　Russian Salad

法式番茄奶酪沙拉　French Tomato Cheese Salad

意大利蘑菇沙拉　Italian Mushroom Salad

冷荤盘：

挪威烟熏三文鱼刺身　Norwegian Smoked Salmon Sashimi

德国里昂纳冷切肠　German Leonard Cold Cut Sausage

意大利萨拉米　Italian Salami

日本寿司　Japanese Sushi

汤：

奶油南瓜汤　Cream of Pumpkin Soup

奶油蘑菇汤　Cream of Mushroom Soup

主菜：

香草香菇烩羊肉　Braised Lamb with Chinese Herbs and Mushrooms

烤牛柳配以迷迭香汁和洋蓟　Oven-roasted Beef Medallions with Rosemary Jus and Artichokes

铁扒菲力嫩牛排配黑椒汁　Black Pepper Steak

法式香橙扒鸭胸配秘制烧汁　French Style Grill Duck Breast

美式香煎培根香肠卷　America Pan-fried Bacon Sausage Rolls

黑椒鸡肉肠　Black Pepper Chicken Sausage

香煎龙利鱼　Pan-fried Long Lee Fish

日式烧鸡　Roasted Chicken with Japanese Sauce

香炸鸡翅　Fried Chicken Wings

泰式椰香咖喱鸡　Curry Chicken with Coconut Milk

烤鸡柳配以青椒葱汁　Roasted Chicken Fillets with Bell Peppers and Onion Sauce

意大利培根时蔬　Italian Bacon Vegetables

主食：

意大利番茄肉酱烩意粉　Spaghetti Bolognese

海鲜美极炒饭　Seafood Maggi Fried Rice

扬州炒饭　Yangzhou Style Fried Rice

甜点：

提拉米苏　Tiramisu

芝士蛋糕　Cheese Cake

黑森林蛋糕　Black Forest Cake

瑞士甜卷　Swiss Sweet Rolls

抹茶蛋糕　Matcha Cake

巧克力萨克蛋糕　Chocolate Cake

## 【任务实施】

**实施描述：**请帮助小白和她的同事为张先生和王小姐预定的自助餐式婚宴制定一套完整的方案。内容包括：自助餐环境布置、餐台设计与布置、自助餐菜单设计。

**实施准备：**电脑、笔记本等。

**实施步骤：**

1.学生以小组为单位，根据客户需求，突出婚礼主题进行自助餐的策划与设计，注意设计流程中的细节。

2.设计内容以PPT的形式进行汇报。

## 【任务评价】

"自助餐设计"考核评分标准见表4-10。

表4-10　　　　　　　　　　　　　"自助餐设计"考核评分标准

| 序号 | 考核内容 | 考核要点 | 分值 | 自评分 | 互评分 | 教师评分 |
|---|---|---|---|---|---|---|
| 1 | 文案书写 | 书写整齐、干净、规范<br>PPT制作精美 | 20 | | | |
| 2 | 团队精神 | 小组团队成员参与度高<br>整体的协调性好<br>体现了默契、沟通及友爱 | 20 | | | |
| 3 | 策划设计 | 场地设计符合实际需求，与主题相符<br>流程设计完整<br>具有可操作性<br>注重服务细节 | 40 | | | |
| 4 | 创意 | 形式新颖、有创新<br>具有可推广性 | 20 | | | |
| 总分 | | | 100 | | | |
| 小组自评 | | | | | | |
| 小组互评 | | | | | | |
| 教师评价 | | | | | | |
| 小组成员<br>个人得分 | 姓名 | | | | | |
| | 得分 | | | | | |
| 说明 | 小组任务得分=小组自评分×20%+小组互评分×30%+教师评分×50%。小组成员个人得分由小组长和教师根据个人任务完成中的工作情况分配分数 | | | | | |

## 学而时习

**学：升学宴，古人科举后如何庆祝？**

古代，科举考试后官府会为高中及第后的学子举办盛大的庆祝宴会。"庆功宴"分为"文宴"和"武宴"，分别对应"文科""武科"，就像现在分文理一样。"文宴"有鹿鸣宴、琼林宴，"武宴"有鹰扬宴、会武宴等，仪式感满满。

"呦呦鹿鸣，食野之苹。我有嘉宾，鼓瑟吹笙。吹笙鼓簧，承筐是将。人之好我，示我周行。"

"鹿鸣宴"最早出现在唐代，是为乡试后新科举人而准备的"升学宴"，在乡试放榜次日举办。据《新唐书·选举志上》记载，"鹿鸣宴"在当时主要宴请通过乡试的举人和部分监考老师，大家在一起饮酒作诗、唱歌跳舞，还要演奏《诗经·小雅》中的首篇《鹿鸣》。苏轼曾作《鹿鸣宴》诗："连骑匆匆画鼓喧，喜君新夺锦标还"描绘了宴席的宏大热闹，甚至还有仪仗队！

黄梅戏《女驸马》唱词中提到的"琼林宴"，是皇帝专为款待新科进士而举行的宴会。影视剧里经常出现"跨马游街"，这是属于状元的殊荣。北宋真宗时期状元蔡齐，是历史上第一个"跨马游街"的状元。"琼林宴"就是为殿试后新科进士们举行的"庆功宴"，正式起源于宋代。太祖赵匡胤正式确立了"殿试制度"并亲自主持宣布新科进士的名次，之后赐宴于御花园琼林苑，因此得名"琼林宴"。"琼林宴"宴请的是新科及第的进士，比"鹿鸣宴"的规格高很多，普通举人是没有资格参加此类宴会的，妥妥的国宴级别！

（资料来源：佚名.金榜题名|升学宴，古人科举后如何庆祝？[EB/OL].[2023-08-30]. https://cul.sohu.com/a/716338770_121124390.有删改.）

**习：曲水流觞在中国传统宴会文化中的地位。**

1.曲水流觞的文化内涵

曲水流觞是中国传统宴会文化中的一种充满着礼仪和文化内涵的饮食方式。除了在形式上需要遵循各类礼仪规定外，还包含了许多富有文化内涵的象征意义。

首先，曲水流觞中的"曲水"指的是一种弯曲的河道，象征着人生的起起伏伏和变化无常，故而主人在设宴的时候往往选择在曲水之畔。主人在这样的环境中用美酒佳肴和亲友共享，用以表达对生命和未来的美好愿望和深刻思考。

其次，曲水流觞中的"觞"则指一种盛酒的器皿，由于它塑造成花香翠竹之形，属于文人雅士喜欢的器具，因此带有极高的礼仪和品位的象征。

最后，曲水流觞还包括了许多细节上的文化内涵，如送杯手法、斟酒顺序等，这些都是对古代传统礼仪规矩的继承和发展。

总的来说，曲水流觞通过其严谨的礼仪和文字，把古代文人雅士的自我修养、思想感悟以及对人生的态度带入宴会中，较好地展现了中国传统文化的审美与思想精髓。

2.曲水流觞的表现形式

曲水流觞是一种中国传统的宴会方式，其表现形式主要包括以下几个方面：

（1）酒：曲水流觞中，酒是必不可少的组成部分。一般情况下，喝的都是白酒或黄酒，并且品质上乘、保存完好。

（2）器皿：曲水流觞中通常使用"觞"和"斝"等独特的器皿来盛放饮料。这些器皿造型别致，取材精良，经过精心的装饰之后呈现出千姿百态的美感。

（3）环境布置：曲水流觞一般在水边的园林、江畔亭台等地举行，宴会前要按照规定布置好环境，点燃香灯和龙炷香，悬挂各种装饰物和带有吉祥寓意的对联，以营造出诗情画意的氛围。

（4）礼仪程序：曲水流觞的礼仪程序非常严谨，包括设置"觞碗"、"觞歌"和相请合座等环节，主人往往还要为来宾斟酒、夹菜等，以示尊重和热情款待。

（5）表演节目：曲水流觞中常伴有舞狮、舞龙、戏曲、唱歌等表演，为宴会增添浓郁的艺术气息和娱乐性。

总之，曲水流觞是中国传统宴会文化中的珍品艺术，在传统文化的发展中扮演着非常重要的角色，是中华民族坚守儒家道德观念、推崇礼仪文化的重要标志之一。随着时代演进和世事变迁，仍然有很多人崇尚和认可这种宴会方式，并从中领悟到一份感性与理智、自选与礼仪相融合的优美。

（资料来源：茶香飘万里.从曲水流觞看中国传统宴会文化的演变与变革［EB/OL］.［2023-07-19］. http：//www.360doc.com/content/23/0719/18/137012_1089261077.shtml.有改动.）

## 项目微测试

### 一、不定项选择题

1.宴会设计，首先要确定（　　　）。

A.宴会菜单　　　　　B.宴会环境

C.宴会服务　　　　　D.宴会主题

2.宴会厅使用的最佳光源是（　　　）。

A.烛光　　　　　　B.白炽光　　　　　C.荧光　　　　　D.自然光

3.按（　　　）可将宴会命名分为海鲜宴、湖鲜宴、野味宴、山珍宴等。

A.头道菜名　　　　B.烹制原料大类　　C.主要用料　　　D.席面布置

4.下列属于酒会特征的是（　　　）

A.必须准时　　　　B.自选菜肴　　　　C.不排席次　　　D.穿着得体

5.宴会台形设计的基本要求是（　　　）。

A.台形美观　　　　B.突出主桌　　　　C.整齐有序　　　D.方便服务

### 二、判断题

1.科学化与美食化是宴席发展的趋势之一。　　　　　　　　　　　　　（　　　）

2.主题宴会设计是指通过独特的主题策划、空间艺术设计，为宾客营造浓郁的宴会氛围。　　　　　　　　　　　　　　　　　　　　　　　　　　　　　　　　（　　　）

3.在进行宴会设计时不需要考虑成本因素。　　　　　　　　　　　　　（　　　）

4.为了更好的营造酒会气氛，因此酒会的灯光要足够明亮。　　　　　　（　　　）

5.自助餐可用以款待数量较多的来宾，而且还可以较好地处理众口难调的问题。

　　　　　　　　　　　　　　　　　　　　　　　　　　　　　　　　（　　　）

### 三. 简答题

1.主题宴会菜单设计的程序。

2.酒会的形式有哪几种？

3.自助餐环境布置时要考虑哪些因素？

## 项目评价

餐饮策划与设计的参考评价表见表4-11。

表4-11　　　　　　　　　　餐饮策划与设计的参考评价表

| 考核日期： | | | 总评成绩： | | | | |
|---|---|---|---|---|---|---|---|
| 自测内容 | 序号 | 内容 | 完成情况 | | 标准分 | 自评分 | 教师评分 |
| | | | 完成 | 未完成 | | | |
| | 1 | 能够按照宴会性质和目的设计主题 | | | 5 | | |
| | 2 | 掌握主题宴会设计内容和要求 | | | 10 | | |
| | 3 | 掌握宴会菜单设计的方法 | | | 10 | | |
| | 4 | 掌握酒会场地设计的内容与要求 | | | 10 | | |
| | 5 | 掌握酒会的设计流程 | | | 5 | | |
| | 6 | 能够编制酒会的设计方案 | | | 10 | | |
| | 7 | 掌握自助餐式宴会策划设计的基本程序和步骤 | | | 10 | | |
| | 8 | 能够对自助餐式宴会策划过程中存在的问题进行分析处理 | | | 10 | | |
| | 9 | 自我管理 | | | 5 | | |
| | 10 | 规范操作 | | | 5 | | |
| | 11 | 爱岗敬业 | | | 5 | | |
| | 12 | 团队协作 | | | 5 | | |
| | 13 | 沟通表达 | | | 5 | | |
| | 14 | 创新创造 | | | 5 | | |

## 数字餐饮实验室

### 数字技术助力星级酒店餐饮迭代更新——美爵品牌为宾客餐食体验不断创新

虽然社会餐饮在不断的迭代更新中也愈加繁荣，但星级酒店餐饮仍一直徘徊在大众消费者视线之外，普遍被定义为"高端、价高""性价比低""婚丧嫁娶"等标签。2024年，上海证大美爵酒店重整餐饮管理团队，力求让消费者能走进星级酒店，打破消费者固有思维。

　　首先，宣传。不再仅限于美团、大众点评等合作平台上进行的宣传推广，餐饮总监在对客服务中发现住店客人的用餐需求基本都是点外卖或者去周边的餐厅用餐。显然，餐厅的线下营销需要加强。酒店就在电梯厅、大堂增加餐饮双语宣传海报，宣传时令促销套餐引流，在客房增加台卡菜单，客人可以线上点餐。为了促进住客消费，酒店推出"房+餐"的套餐活动，联动欧洲杯等赛事，推出小吃啤酒套餐。针对暑期升学宴的情况，定制特色套餐。同时还利用抖音、小红书等平台持续对外宣传推广，增加互动环节和宣传力度。

　　其次，创新。餐饮总监沟通中西餐厅的厨师团队互相切磋，创新菜品，激发创新与成本兼顾思维。总监还参与研发了酒店的"文创甜品雪糕"，成为酒店如今打卡引流、展露酒店logo的爆品，吸引粉丝驻留。

　　最后，成本把控。根据近期餐饮的销售情况，及时调整高成本、低点单率的菜品，严控整条供应链食材品质、卫生标准、人工成本、餐饮能耗。

　　一道菜可谓就是一项系统工程，菜品设计、研发、验证、生产、成本控制、品宣等各个环节都要确保顾客能够得到满意的体验。

　　（资料来源：华住世界）

星级酒店餐饮创新的重要意义：

　　1.提升酒店品牌形象：餐饮创新是星级酒店展现品牌活力和创新精神的重要途径。不断推出新的餐饮产品和服务，有助于提升品牌在消费者心目中的形象，与其他竞争对手形成差异化。

　　2.优化运营效率：数字化点餐系统，如在线点餐平台、扫码点餐等，能够减少顾客排队等待时间，提高点餐的准确性和效率。通过数字化营销与销售数据的整合，餐厅可以更准确地预测菜品销量，从而合理安排食材采购和库存管理，避免因食材积压或缺货造成的成本浪费或顾客流失，提高餐厅的运营效益。

　　3.增加酒店经济效益：餐饮的创新还可以为酒店带来更多的人气和流量，进而带动酒店其他业务的发展，如客房预订、会议服务、娱乐设施等，从而提高酒店的销售额和利润。

　　4.推动酒店行业发展：星级酒店在餐饮行业中具有较高的影响力和示范作用。通过不断创新，星级酒店可以将新的理念、技术和服务模式引入餐饮行业，引领行业的发展方向，促进整个行业的升级和进步。

讨论：星级酒店餐饮创新方式

　　星级酒店餐饮创新可以采取哪些方式？这些创新方式是如何帮助餐厅提升竞争力的？

　　分组讨论：以小组为单位，每组针对上述问题进行讨论，并准备简短的汇报。

　　全班分享：每组推选一名代表进行汇报，其他小组可以提问和补充。

做一做：设计VIP特色套餐销售方案

　　假设你是一名餐厅服务经理，请为VIP群体设计特色套餐及销售方案。

　　操作形式：小组进行项目设计，准备详细的项目策划书和演示文稿。

　　汇报与评审：每组汇报展示方案，其他小组和教师进行点评，提出改进建议。

# 项目五　克尽厥职　保驾护航——餐饮督导流程

作为餐厅基层管理人员，餐饮督导者应该履行哪些工作职责呢？他们与普通员工在工作内容上又有哪些区别呢？应该如何提高餐厅的服务质量呢？

## 任务一　餐前督导

### 【任务目标】

知识目标：

1.了解餐前督导的工作流程

2.了解餐前督导的工作职责及工作内容

3.掌握餐前现场督导的工作内容及要点

能力目标：

1.能够对餐厅员工进行餐前有效的管理

2.能够根据不同类型的下属，选择适合的督导方法进行管理

素质目标：

1.养成忠于职守、认真负责的工作态度

2.锻炼管理思维，提升团队意识

### 【任务导入】

餐饮部的领班因为个人原因近期已经递交了辞呈。小白因为实习期间各方面表现优秀，经理现在希望他能够考虑实习期结束之后留下并转正，并且告诉他很有可能用不了多久他就可以胜任领班的工作岗位了。现在，经理让他跟岗学习一段时间，熟悉作为一线督导人员的主要工作职责和工作内容。

任务要求：小白想要在以后晋升到管理岗位，需要做哪些准备呢？餐饮部督导工作都包含哪些内容呢？经理、主管、领班督导的内容有什么区别呢？在餐前的工作中，作为督导，有哪些具体工作内容呢？需要掌握哪些督导技巧呢？

### 【知识储备】

微课堂 5-1-1

#### 一、认识餐饮督导

认识餐饮督导

在饭店管理中，督导者更多地被定义为饭店的部门经理、主管、领班，他们是对提供饭店产品生产与服务的一线员工进行指导、管理和督促的人。督导者不仅要对一线员工提供的产品和服务的质量与数量负有一定的责任，还要对员工的工作本身以

及员工自身职业素养等方面负起一定的责任。

督导者比一线员工责任更重、收入也更多，这也就意味着督导工作的内容更多、压力更大。因此，督导者在工作中需要不断地增加学识、提高技能，为职业发展之路做好充分的铺垫。

### （一）餐饮督导的角色认知

通过前面餐饮部组织结构内容的学习不难看出，组织结构的层次由下至上可以分为操作层、督导层、管理层、决策层。督导顾名思义就是监督指导，督导者除了日常要监督员工保质保量地开展工作之外，还要从各方面去指导员工不断提升服务质量和水平。

餐饮督导者的主要工作是对餐饮部服务人员的工作进行监督和指导，在工作中通过巡视、观察来发现问题，预防问题和处理问题，保证餐饮部正常运转。餐饮督导者通过最大限度地满足消费者的需求，获得餐饮经营的社会效益和经济效益。

餐饮督导者，会扮演哪些角色呢？其主要工作内容有什么呢？见表5-1。

表5-1　　　　　　　　　　餐饮督导者扮演的角色及主要工作内容

| 餐饮督导者扮演的角色 | 主要工作内容 |
| --- | --- |
| 信息沟通的角色 | 1.及时将上级指令传达给下级，将其转换为部属的行动<br>2.能够及时将宾客的意见及部署情况反馈给上级，供上级决策<br>3.横向部门之间及时交流信息和进展情况，以便更好地协作 |
| 人际关系的角色 | 1.在上级面前是被领导者，完成上级指令，在下级面前是领导者，下达指令并对结果负责<br>2.在同级面前，是协作者角色<br>3.在客人面前是酒店形象的代表，代表酒店履行各项职责 |
| 决策者角色 | 1.将上级下达的任务转化为部门、岗位、班组的目标，并有效解决目标实施中的问题<br>2.帮助解决部署目标实施中遇到的问题<br>3.要善于发现将来的问题，并将问题转化为机会，作为制定规划的依据 |

### （二）餐饮督导的工作内容

酒店餐饮督导的工作内容分为餐前、餐中和餐后3部分。

餐前督导的主要工作内容是查阅餐厅日记、掌握客情、抽查卫生情况和设备设施、审批物品领用单、参与菜单设计、主持班前会、抽查餐前准备情况，注意重要信息的传达；餐中督导的主要工作内容是迎送VIP、巡视和检查、处理公关事宜、指挥和协调特殊活动、处理投诉、监控关键岗位与客人适当而及时的沟通，注意突发事件的处理方法；餐后督导的主要工作内容是抽查收台情况、了解宾客对菜肴的评价、抽查安检情况，注意服务信息的收集与反馈。

不同职位的督导工作内容有所区别，餐饮部领班、餐饮部主管、餐饮部经理的具体督导工作流程图和关键内容如图5-1、图5-2、图5-3所示。

餐
饮
部
领
班
督
导
工
作
流
程
图

| | 检查员工出勤 |
|---|---|
| 餐前 | 检查餐前各岗位卫生及设施设备 |
| | 安排班前工作 |
| | 主持班前会 |
| | 检查餐前准备工作 |

| | 协助迎宾 |
|---|---|
| 餐中 | 检查、督导餐中服务 |
| | 餐中补位服务 |
| | 协助征询菜品反馈 |
| | 解决客人投诉问题 |
| | 协助送客 |

| | 抽查收台、布台 |
|---|---|
| 餐后 | 汇总餐厅日记、整理宾客档案 |
| | 做好安全检查 |

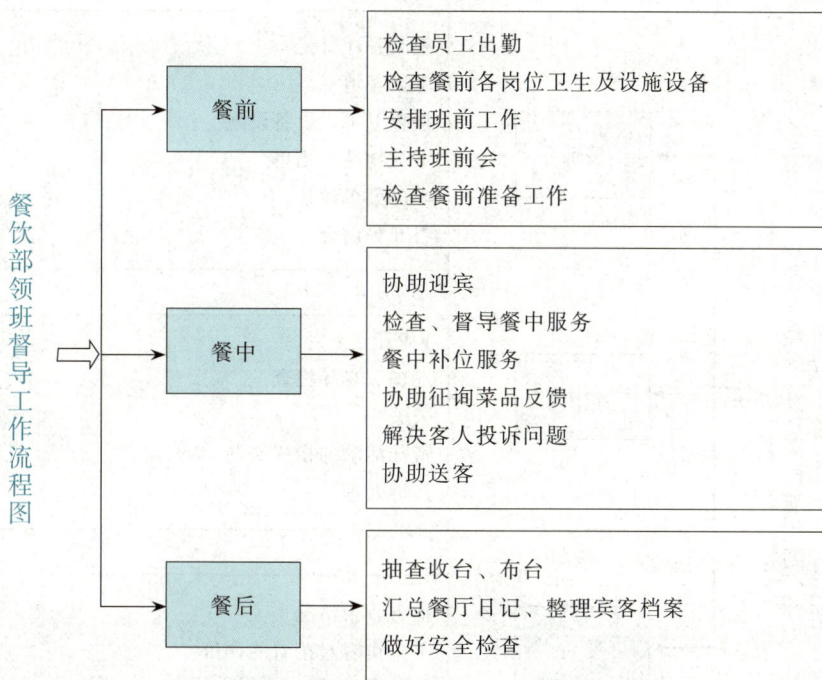

图 5-1　餐饮部领班督导工作流程图

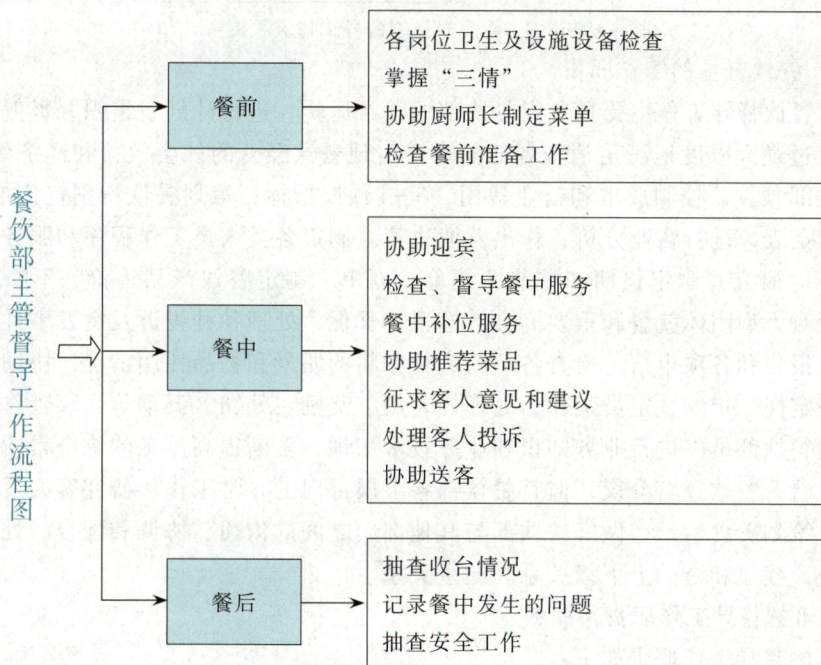

餐
饮
部
主
管
督
导
工
作
流
程
图

| | 各岗位卫生及设施设备检查 |
|---|---|
| 餐前 | 掌握"三情" |
| | 协助厨师长制定菜单 |
| | 检查餐前准备工作 |

| | 协助迎宾 |
|---|---|
| 餐中 | 检查、督导餐中服务 |
| | 餐中补位服务 |
| | 协助推荐菜品 |
| | 征求客人意见和建议 |
| | 处理客人投诉 |
| | 协助送客 |

| | 抽查收台情况 |
|---|---|
| 餐后 | 记录餐中发生的问题 |
| | 抽查安全工作 |

图 5-2　餐饮部主管督导工作流程图

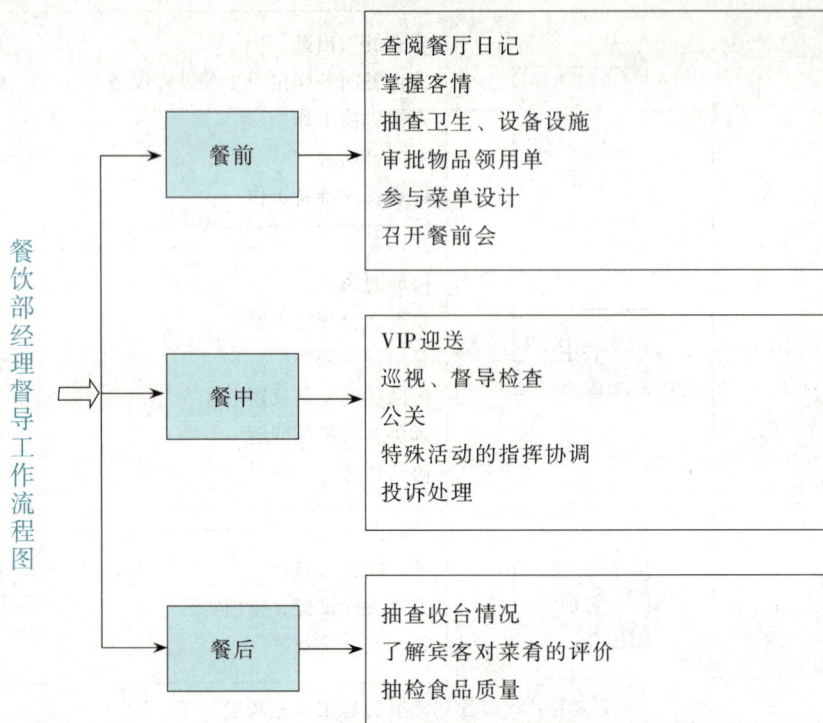

图5-3　餐饮部经理督导工作流程图

### （三）餐饮督导的工作职责

酒店餐饮督导工作主要是负责餐饮部的正常运转，进行计划、组织、督促及控制等工作，通过最大限度地满足消费者的需求，实现餐饮经营的社会效益和经济效益目标。编制餐饮部预算，控制成本和营业费用，完成预期指标，策划餐饮特别宣传推广活动，审阅营业报表，进行营业分析，作出营业决策。制定各类人员工作程序和服务规范，并监督实施。研究并制定长期和季节性菜单、酒单。制定餐饮产品售价，不断开发新产品。负责对大型团体就餐和重要宴会的巡视、督促，处理各种投诉及突发事件。审阅和批示有关报告和各项申请，检查各部门进货原料的质量和物品耗用情况。协助人力资源部门搞好定岗、定编、定员工作，处理好聘用、奖励、处罚、调动等人事工作。全面督促、组织餐饮部员工进行业务知识和业务技术培训，不断提高员工的综合素质。传达上级指示，召开餐饮经营会议，监督餐饮部各下属部门的日常工作。研究客人反馈的消费意见，并策划美食活动。做好餐饮部与其他部门之间的沟通、协调和配合。处理员工意见及纠纷，建立和谐的上下级关系和同事关系。

1.领班的督导工作职责

领班的督导工作职责如下：

①完成经理、主管指派的工作。

②掌握本班组员工的出勤情况和日常工作表现，定期向主管汇报。

③协助主管拟定本班组的服务标准及工作程序，负责员工的岗位培训。

④主持班前会，带领并督促全班组做好各项工作。

⑤负责VIP客人的服务工作。

⑥检查餐前准备工作，督导餐中服务。

⑦了解当日客情，负责对本区域工作作出相应的安排，特殊客情特殊对待。

⑧服务工作起带头模范作用，随时予以服务员指导，协助补台工作，并在点菜环节起到骨干作用。

⑨回本楼层进行区域性巡台工作，了解区域客人消费水平，控制上菜次序及速度，并时刻以服务员的身份投入到日常服务性工作中。

⑩在上菜高峰期与传菜部做好协调工作，保证菜肴服务质量，现场及时征询客人反馈，对反映菜肴或服务质量的投诉给予相应对策，并详细做好原因记录以便向上级领导汇报。

⑪有效督促本组服务员，优质、高效地完成各项对客用餐服务，配合主管及经理做好工作。

⑫妥善处理对客服务中发生的各类问题和客人投诉，主动征求客人意见，及时向主管反馈相关信息。

⑬为客人提供满意而惊喜的服务。

⑭确保餐厅设施设备完好，做好检修报修的验收工作。

⑮负责餐后的收尾及安检工作。

⑯检查所有制度的执行情况，汇总上报。

⑰负责客户档案的整理工作。

⑱负责收集点菜器中没有的菜品及特殊菜做法，告知系统管理员添加。

⑲负责汇总值台员宴会酒水的人均销售情况。

⑳负责组织每月月底餐具、布草等物资的盘点工作。

2.主管的督导工作职责

主管的督导工作职责如下：

①对餐饮部经理负责，发挥助手作用，按时、保质、保量完成上级分配的各项工作任务。

②安排领班及员工班次，督促领班日常工作，确保餐厅各环节衔接顺畅。

③与客人保持良好关系，协助营业推广，征询和反馈客人的意见和建议，以便改善服务质量。

④与厨师长联系菜单相关事宜，当好菜单设计的参谋，尽量协助菜品供应维持在最佳水平。

⑤抓成本控制，监督领班每月月底的盘点并签字。

⑥主持召开餐前会，传达上级指示，做好餐前最后的检查。

⑦督促并提醒员工遵守饭店的规章制度。

⑧做好员工的思想工作，及时向经理汇报员工的思想动态。

⑨经常检查餐厅常用物料准备是否充足，以及有无过期的物料，确保餐厅正常运转。

⑩检查餐厅设施设备的状况，做好维护和保养工作，时刻重视餐厅安全和防火工作。

⑪做好餐中督导并留有记录。

⑫带头为客人服务，确保员工按照服务程序和标准为客人服务。

⑬对特殊及重要客人给予关注，回答客人问题，介绍菜单内容并推荐特色菜品。做好客情维护，处理客人投诉。

⑭负责区域营业额、营业费用及人力的预测和控制工作。定期盘点，合理控制损耗，加强财产管理，掌握和控制好物品的使用情况。

3.经理的督导工作职责

经理的督导工作职责如下：

①制订餐厅的工作计划并做好工作总结。

②组织召开餐厅餐前会，领导餐厅员工积极完成各项接待任务。

③负责制定服务标准和操作规程并进行检查督促。

④负责制定服务意识和技能技巧的培训计划和考核制度并组织实施。

⑤加强餐厅物料用品的保管及领用管理，合理降低费用。

⑥合理调度和使用餐厅人力资源。

⑦抓好员工队伍的思想工作，激发员工的工作积极性。

⑧抓好设施设备的维修与保养工作。

⑨抓好卫生工作和安全工作。

⑩发展良好的客户关系。

⑪搞好外部接口关系，使餐厅的日常工作始终保持在标准和要求之上。

⑫对主管的工作进行督促，同下属保持良好的沟通，帮助他们不断提高业务能力。

⑬巡视餐厅厨房工作情况。遇有重要客人入店，要亲自深入厨房，做好检查工作。

⑭在就餐高峰时段检查各餐厅服务情况。

⑮巡查各包间，进行工作指导，发现问题及时解决。

⑯密切配合其他部门工作，协调餐饮部与各部门之间的关系。

⑰与行政总厨抽检食品质量。

⑱促进宴会销售，加强宴会组织与管理，提高宴会服务质量。

⑲研究市场变化，及时了解和发现餐饮新趋势、消费新动态，努力做好管理和服务的创新工作。

## 二、餐前督导工作内容

微课堂5-1-2

餐前督导检
查设施设备工作内容

餐前督导即餐前检查，主要检查设施设备情况、各部门的卫生工作（日常卫生和计划卫生）、台面摆设工作、员工情况等。严格的检查机制，可大大减少营业中的失误，提高员工的责任感。

### （一）检查设施设备

微示范5-1

餐前督导检
查设施设备

进入餐厅应开启工作照明，其他照明只作检查，并着手检查各设施设备是否能正常运转，如果发现问题要及时上报，抓紧维修或更换，以确保正常开餐。具体工作流程如图5-4所示。

微示范5-1："餐前督导检查设施设备"的示范要求及参考评价见表5-2。

| 工作流程 | 1 | 首先检查房间内的灯光，察看是否有损坏的设施 |
| | 2 | 检查房间内的酒具是否补足 |
| | 3 | 检查房间内接餐用的设备是否备足 |
| | 4 | 检查电视及操作设施的功能是否正常 |
| | 5 | 检查空调是否调至合适温度（冬天24~26度，夏天22~24度） |
| | 6 | 检查其他设备是否完好、正常 |

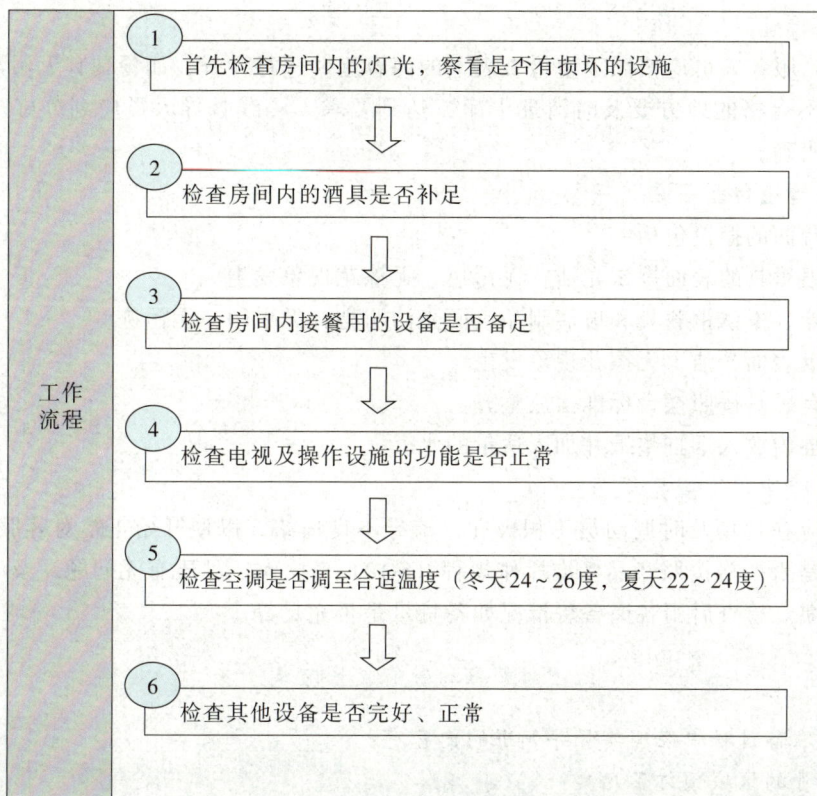

**图5-4　检查设施设备的工作流程**

表5-2　　　　　　　**"餐前督导检查设施设备"的示范要求及参考评价**

| 示范项目 | 餐前督导检查设施设备 | |
|---|---|---|
| 示范准备 | 酒店综合实训室 | |
| 示范要求 | 掌握餐前检查设施设备的工作流程和内容 | |
| 示范方法 | 1.将学生分组，每组5~6人，每人轮流进行操作练习<br>2.由教师指导，学生分组练习 | |
| 示范评价 | 知识应用 | 1.掌握餐前检查设施设备的工作流程<br>2.掌握餐前检查设施设备的工作内容 |
| | 能力提升 | 1.能够根据要求完成餐前检查设施设备工作<br>2.能够按照工作流程进行餐前检查 |
| | 素质培养 | 1.树立吃苦耐劳、爱岗敬业的职业精神<br>2.提升个人服务意识<br>3.按照要求勇于实践 |
| | 成果展示 | 按照要求进行餐前检查设施设备工作 |

### （二）检查卫生工作

餐前，服务人员应按照卫生检查表上的内容逐一进行检查，如餐具有无污渍和破损等，对于不合格的地方要及时清理干净，达到要求。一线督导人员应划分好卫生责任区，责任明确。

### （三）检查台面摆设

检查台面的摆设包括：

①金银餐具的表面擦拭光洁，无污痕，无擦花现象发生。

②瓷器、不锈钢餐具和玻璃制品表面光洁明亮，无手印，无污迹。

③转盘表面光洁，无擦花现象发生。

④所有餐具按照摆台标准摆放整齐。

⑤烟缸内放入烟缸垫纸并加入适量的水。

### （四）检查员工情况

餐前应在现场及时调动员工积极性，疏导不良情绪，以便开始正常对客服务工作。检查员工是否严格按照产品标准操作规程（SOP）来操作，品质有无问题，及时纠正不当操作习惯。检查后厨各岗备餐情况如备货量是否充足等。

>> **业务链接5-1**　　　　经理对领班的餐前督导内容

餐前准备过程中经理要督导领班的内容有：

• 负责的区域预订了几桌？

• 有没有认识的客人？客人是通过什么形式订的台？（订台是通过固定电话还是手机，或者是老板代订）客人上次是什么时候光临我们餐厅的？上次的服务员是谁？有没有进去打招呼？

• 认识的客人有没有特殊的要求？

• 认识的客人平时的爱好是什么？

• 对于不认识的客人，抽出多少时间去沟通了？

• 卫生做到什么程度了？抽查的结果能达到什么标准？

• 抽查了哪几个房间？抽查了房间里的哪几项？有没有及时改正？

• 在打扫卫生期间，灯光的开启是否合理？

### 三、餐前现场督导工作内容及要点

微课堂5-1-3

餐前现场
督导工作
内容及要点

餐饮部不同岗位督导者餐前工作内容及督导要点见表5-3。

表 5-3    餐饮部不同岗位督导者餐前工作内容及督导要点

| 岗位名称 | 餐前工作内容 | 督导要点 |
|---|---|---|
| 领班 | 1.提前 10 分钟到岗，根据预订情况安排餐前各宴会厅及零点厅的准备工作<br>2.负责对本班组员工进行考勤<br>3.依据"卫生、设备设施检查表"检查所有宴会厅、零点厅的卫生及设施设备，并做好记录。要求卫生达标率 95.3% 以上，设施设备完好、有效，检查班前准备工作是否达到要求<br>3.掌握客情、酒情，准备好班前会内容<br>4.主持班前会，检查仪表仪容，检视装备是否齐全，通报客情、酒情，总结上餐工作中出现的问题，并将上餐餐厅日记中有价值的信息在班前会上传达，详细布置当餐工作<br>5.班前会后检查各厅准备工作，餐厅温度和灯光、卫生间、廊灯、电视、香巾炉是否达到标准；酒水、菜单是否备齐，无预订的宴会厅要求开日光灯<br>6.协助迎宾员引领客人 | 1.检查员工出勤情况<br>2.检查其他岗位卫生及设施设备<br>3.安排餐前准备工作<br>4.主持班前会<br>5.检查餐前其他各项准备工作 |
| 主管 | 1.接受餐厅经理的工作安排，布置检查餐前准备工作<br>A. 前台班根据预订情况，对已订好的宴会厅实行 100% 的检查，尚未预订的宴会厅每餐至少检查 2 个，一天至少检查 4 个，公共区域的卫生每餐都要进行检查<br>B.传菜班卫生及设施设备的检查范围包括洗碗间、通道及仓库等，每餐都要检查餐具准备情况。各岗检查标准全部依据中餐厅各岗位"卫生、设施设备检查表"<br>2.参与菜单设计，及时把客户档案及上餐的信息反馈给厨师长，提出合理化建议 | 1.检查各岗位卫生及设施设备<br>2.掌握"三情"<br>3.协助厨师长制定菜单<br>4.检查餐前其他各项准备工作 |
| 经理 | 1.每天上午参加餐饮部经理办公会，接受餐饮部总经理指派的工作，查阅餐厅日记<br>2.了解当餐客情，审批餐厅物品领用单<br>3.抽查餐厅卫生及设备情况<br>4.参与 VIP 客人宴请菜单的设计<br>5.参加餐厅的班前会，了解"三情"，做好餐前交代工作<br>6.抽查餐前其他各项准备工作 | 1.查阅餐厅日记<br>2.掌握客情<br>3.抽查卫生、设施设备<br>4.审批物品领用清单<br>5.参与菜单设计<br>6.参加班前会<br>7.抽查餐前其他各项准备工作 |

### 四、召开班前会

微课堂5-1-4

召开班前会

班前会制度是餐厅经理做好菜品推销、开展员工培训、贯彻上级指令不可缺少的管理制度之一。

#### （一）班前会的具体内容及具体要求

班前会的具体内容及具体要求见表5-4。

表5-4　　　　　　　　　　　班前会的具体内容及具体要求

| 具体内容 | 具体要求 | 示意图 |
|---|---|---|
| 1.员工的仪容仪表（如图5-5所示） | 制服：保持制服整齐、干净，无破损和油污，扣好纽扣，衣袋中不装与工作无关的物件<br>工号牌：端正佩戴于制服左上角<br>工鞋：鞋袜清洁，无异味<br>饰品：除手表以外不能佩戴任何饰品，结婚戒指除外<br>头发：干净、梳理整齐；女员工盘发并戴发网<br>妆容：女员工化淡妆，涂口红<br>指甲：干净，长度不宜超过手指尖，不能涂指甲油 |  <br>图5-5　员工的仪容仪表 |
| 2.当日营业的注意事项（如图5-6所示） | 当日推荐菜品、已预订的客人的特殊要求、当餐客流量情况、餐前特别交代的工作、餐前准备工作、其他部门对本部门的意见及请求协作事项等都应加以注意 |  <br>图5-6　当日营业的注意事项 |
| 3.今日工作要点（如图5-7所示） | 提出今日工作要点，分享案例，如已发生过的服务不足和失误，并给出解决办法，说明预防措施等 |  <br>图5-7　今日工作要点 |
| 4.昨日工作总结（如图5-8所示） | 总结昨天的营业情况、昨日服务工作的经验和存在的问题，及时表扬服务表现好的员工 |  <br>图5-8　昨日工作总结 |

>> **头脑风暴 5-1**　　　中餐厅开例会不知道讲什么

中餐厅领班王华私下跟朋友抱怨："哎呀，我都头疼死了，每天两次例会，这是谁立下的规矩呀！我每次点完名以后就不知道该讲什么了。不讲吧，在老板和员工面前显得没水平，人家会说你这个领班怎么当的，讲吧，天天讲早就没词了。"

讨论：中餐厅例会到底该讲些什么呢？

### （二）召开班前会的注意事项

召开班前会的注意事项如下：

①需提前写好开会提纲，以免现场手忙脚乱。

②突出主题，一定要让大家知道重点是什么。

③例会要简短，千万不要让员工感觉厌烦。

④注重方式方法，不要把例会开成批斗会。

⑤开互动例会时，更要保持头脑冷静，即使有哪个"小调皮"给你出难题，也要幽默化解。

⑥在召开检查例会时，一定要事先做到心中有数，切不可让下属尴尬。

⑦开示范例会时，要把道具在会前就准备好，最好是自己先示范一遍。

⑧注意个人形象，作为领导，你代表的已经不是自己，而是酒店的督导者形象。

⑨开会时气氛要轻松，让员工易于接受。

⑩开会时要抱着期望员工能做好工作的心态去激励员工。

⑪讲话言简意赅，表达要简洁、清晰，意思要明确，少讲道理，多讲方法。

微示范 5-2："召开班前会"的示范要求及参考评价见表 5-5。

表 5-5　　　　　　　　　"召开班前会"的示范要求及参考评价

| 示范项目 | 召开班前会 | |
|---|---|---|
| 示范准备 | 酒店综合实训室 | |
| 示范要求 | 掌握召开班前会的内容 | |
| 示范方法 | 1.将学生分组，每组5～6人，每人轮流进行示范练习<br>2.由教师指导，学生分组练习 | |
| 示范评价 | 知识应用 | 1.掌握班前会的内容<br>2.掌握班前会的具体要求 |
| | 能力提升 | 1.能够根据工作情境完成班前会的召开<br>2.能够按照要求召开班前会 |
| | 素质培养 | 1.培养吃苦耐劳、爱岗敬业的职业精神<br>2.提升个人服务意识<br>3.按照要求勇于实践 |
| | 成果展示 | 根据情境召开班前会 |

微示范 5-2

召开班前会

业务链接 5-2　　　　　天津银河大酒店班前会餐前督导流程

班前会：

△检查服务员的仪表仪容是否符合上岗要求，不符合者即时整改，合格后方可上岗。

△公布当日预订明细、桌数、菜品急推、沽清等，让每日接待情况公开化、透明化。

△每日工作中的案例分享要分享典型案例，让员工认真学习，分享客诉应告知员工解决措施，避免相同的客诉再次出现。

△安排区域内员工工作内容，让员工有条理、有顺序地完成工作。

△检查预订房间的餐前准备及整体卫生情况，保障用餐环境。

△督导员工做好餐前准备工作。

△督导站位迎宾。

## 【任务实施】

**实施描述**：请帮助小白模拟组织召开一次班前会。

**实施准备**：笔记本、相关道具等。

**实施步骤**：

1.各组小组长扮演领班，其他成员扮演服务员。

2.由领班组织各组列队召开班前会。

## 【任务评价】

"召开班前会"考核评分标准见表5-6。

表5-6　　　　　　　　　　"召开班前会"考核评分标准

| 序号 | 考核内容 | 考核要点 | 分值 | 自评分 | 互评分 | 教师评分 |
|---|---|---|---|---|---|---|
| 1 | 仪容仪表 | 着装符合酒店业、餐饮业从业要求，端庄、大方、得体<br>手部卫生、仪容、发型符合酒店业从业要求 | 10 | | | |
| 2 | 礼仪举止 | 姿势标准，动作规范，体现行业风采 | 10 | | | |
| 3 | 团队精神 | 小组团队成员参与度高，团结协作 | 10 | | | |
| 4 | 表演 | 动作、情感及面部表情要符合情节的发展，充分表现该情境的特点和代表性，而且在表演过程中，举止要符合礼仪规范 | 10 | | | |
| 5 | 完整性 | 模拟情境设计完整，与行业实际情况相吻合 | 10 | | | |

续表

| 序号 | 考核内容 | 考核要点 | 分值 | 自评分 | 互评分 | 教师评分 |
|---|---|---|---|---|---|---|
| 6 | 情景展示 | 语言清晰，表达流畅<br>组织规范、有序<br>应变能力强 | 30 | | | |
| 7 | 文案 | 书写整理规范，内容合理，符合班前会要求 | 20 | | | |
| | | 总分 | 100 | | | |
| 小组自评 | | | | | | |
| 小组互评 | | | | | | |
| 教师评价 | | | | | | |
| 小组成员<br>个人得分 | 姓名 | | | | | |
| | 得分 | | | | | |
| 说明 | | 小组任务得分=小组自评分×20%+小组互评分×30%+教师评分×50%。小组成员个人得分由小组长和教师根据个人任务完成中的工作情况分配分数 | | | | |

# 任务二 餐中督导

## 【任务目标】

知识目标：

1.了解餐中督导工作的要点

2.掌握餐中督导工作的内容

3.掌握餐中督导的应急处理

能力目标：

1.能够对餐厅员工的餐中工作进行有效的管理

2.能够根据不同的突发事件或投诉情况，选择适合的督导方法进行应对和管理

素质目标：

1.具有爱岗敬业、团结协作、积极向上的工作态度

2.锻炼管理思维，提升服务意识，创造服务特色

## 【任务导入】

李先生带着20个人来酒店用餐，预订了3桌饭菜，入座后客人们聊了一会儿天，却迟迟不见服务员上菜。顾客多，上菜慢很正常，但是因为是预订了，却没想到依然那么慢，李先生显然有些不高兴了，连忙催促服务员。刚来的服务员连忙道歉："先生，今天客人比较多，真不好意思。"李先生听后更加恼火，说道："我是早就预订的，客人比较多是什么意思？"领班小白刚好看到了这一幕。

任务要求：面对恼火的客人，小白该如何应对呢？请帮助小白梳理餐中督导工作的

内容及要点。

# 【知识储备】

## 一、餐中督导工作的要点

微课堂5-2-1

餐中督导工作是为了监控各关键岗位工作顺利进行，保证客人在就餐过程中能够有服务人员为其提供优质服务，及时地处理餐中出现的问题及突发事件，这是维护餐厅声誉、广揽顾客的必要手段之一。餐中督导工作的要点包括：

餐中督导
工作的要点

①督导、指挥各班组的各项业务按程序、规定正常地进行，控制上菜速度，确保宴会巡台率达到100%。

②巡视餐厅工作进展状况，征求客人对菜单的意见，做好现场公关。

③及时处理餐中客人提出的问题及投诉，缓和不愉快局面。

## 二、餐中督导工作的内容

微课堂5-2-2

餐中督导工作的内容主要包括：VIP的接待、餐中服务督导、餐中巡台工作、投诉与突发事件的处理等。

餐中督导
工作的内容

### （一）VIP的接待

1.接待前

①仔细阅读"VIP接待方案"或"VIP会议活动通知单"，按照接待要求，准备餐厅相关物品。按照餐厅检查程序认真对餐厅进行检查。

②根据VIP喜好准备各种标准的菜单，列菜单时注意多用常见菜，品种要丰富，并且适当更换，避免重复。

③安排固定的优秀服务员负责VIP在店期间的用餐服务。

④保证所有出品的质量和食品卫生。

⑤保证包房内洗手间的清洁卫生。

2.接待中

①如果VIP在酒店住宿，每天与前厅部确认VIP房号，做好第二天早餐接待准备。

②及时与市场部进行沟通，针对VIP在店期间随机用餐做好人员留守，保证VIP随机用餐的质量和及时性。

③保证所有出品的质量和食品卫生。

④保证固定的优秀服务员负责VIP在店期间的用餐服务。

⑤保证包房内洗手间的清洁卫生。

### （二）餐中服务督导

餐中服务督导包含的内容有检查服务人员是否具备对客服务意识和良好的服务态度、检查服务人员餐中服务应具备的能力、检查餐中服务礼仪是否规范等。

1.检查服务人员的服务意识和服务态度

餐饮行业向客人出售服务，与其他产品一样也有检验品质优劣的标准，这个标准就是餐饮行业的服务质量。服务质量不仅是管理的综合体现，更多地体现在餐饮服务人员的对客服务意识与服务态度上。餐饮服务人员在服务工作中要以顾客为核心开展工作，满足客人的需求，时刻准备为客人提供优质的服务，注意自己的言行，养成良好的服务意识。作为督导者，应随时注意观察服务人员的心理变化，如发现有服务人员工作中存在负面情绪应及时与其沟通，从而保证餐饮服务质量。

2.检查餐中服务应具备的能力

（1）良好的沟通能力。

餐饮服务中，能够清楚并简洁地与客人进行沟通，进而了解客人需求，是餐饮服务人员服务好客人的必备条件。

（2）未卜先知的能力。

餐饮服务人员要能够从客人的细微动作及以往的经验积累中，把服务做到客人需要的前面，以最便捷的服务赢得客人的青睐。

（3）察言观色的能力。

有效率的服务是迅速、适时地为客人提供服务，并通过客人的回应，能迅速知道产品与服务质量是否合乎客人所需及期望，从而加以改进和提高。

（4）即时满足的能力。

应以用有效的服务为客人提供所需为目的，而非以操作简便为目的。

微示范5-3："领班进入包间与客人进行沟通"的示范要求及参考评价见表5-7。

表5-7          "领班进入包间与客人进行沟通"的示范要求及参考评价

| 示范项目 | 领班进入包间与客人进行沟通 | |
|---|---|---|
| 示范准备 | 酒店综合实训室 | |
| 示范要求 | 掌握与客人进行良好沟通的方法 | |
| 示范方法 | 1.将学生分组，每组5～6人，每人轮流进行操作练习<br>2.由教师指导，学生分组练习 | |
| 示范评价 | 知识应用 | 1.掌握餐中服务与客人沟通的方法<br>2.掌握与客人进行良好沟通的技巧 |
| | 能力提升 | 1.能够根据工作情境完成对客沟通<br>2.能够针对不同的客人类型进行良好的沟通 |
| | 素质培养 | 1.树立吃苦耐劳、爱岗敬业的职业精神<br>2.提升个人服务意识<br>3.按照要求勇于实践 |
| | 成果展示 | 根据情景与客人进行良好的沟通 |

3.检查餐中服务礼仪规范

（1）客人就餐时要及时为客人斟酒、茶，及时清理台面，确保台面卫生、整洁。

（2）客人的菜品长时间不上要主动到厨房为客人催菜，如菜已上齐要询问客人是否添加菜品或主食，要主动推销，主动介绍，最后祝客人用餐愉快。

（3）厨房出菜后，厅面应及时上菜。传菜时应使用托盘，托盘应干净、完好，端送平稳。传菜员要行走轻盈，步速适当，遇客礼让。

（4）西餐的上菜速度应与客人的用餐速度相适宜。热菜和冷菜应分别放入经过加热或冷却处理的餐盘中。

（5）值台服务人员应根据餐桌、餐位的实际状况，合理确定上菜顺序。上菜时，应用双手端平放稳。跟配小菜和作料的，应与主菜一并上齐。报菜名时应吐字清晰，音量适中。

（6）摆放菜肴应实用、美观，尊重客人的选择和饮食习惯。

4.餐饮服务过程中突发事件的处理

（1）开餐中，客人突然发病。

此时，不能擅自移动客人，应迅速通知上级，征得客人的亲人同意后，立即拨打120急救电话，尽量避免打扰餐厅其他用餐的客人。掌握医院救护车队的电话号码、位置和到达时间，在客人亲人的要求下，帮助解决问题。

（2）客人在用餐中发现菜肴里有异物。

首先向客人表达诚恳的歉意，立即为客人更换，然后报告上级，餐厅经理可以出面向客人道歉，如客人提出不合理要求，要灵活处理，讲究语言艺术，尽力满足，尽可能地不让餐厅受到更大的损失。

微示范 5-4：“菜肴里吃出异物应如何处理”的示范要求及参考评价见表5-8。

表 5-8　　　　　　"菜肴里吃出异物应如何处理"的示范要求及参考评价

| 示范项目 | 菜肴里吃出异物应如何处理 | |
|---|---|---|
| 示范准备 | 酒店综合实训室 | |
| 示范要求 | 掌握菜肴里吃出异物的处理方法 | |
| 示范方法 | 1.将学生分组，每组5～6人，每人轮流进行操作练习<br>2.由教师指导，学生分组练习 | |
| 示范评价 | 知识应用 | 1.掌握菜肴里吃出异物的处理方法<br>2.灵活应对客人的要求 |
| | 能力提升 | 1.能够正确地处理菜肴里吃出异物的事件<br>2.能够灵活地处理问题 |
| | 素质培养 | 1.树立吃苦耐劳、爱岗敬业的职业精神<br>2.提升个人服务意识<br>3.按照要求勇于实践 |
| | 成果展示 | 根据情景灵活处理菜肴里吃出异物的事件 |

（3）在操作过程中，把客人的菜打翻了。

首先真诚地向客人道歉"实在对不起，我做错了，把菜打翻了，马上为您重新补上"，其次迅速开单、下单，上菜前再次向客人表示歉意，请求客人原谅，最后根据工作要求汇报上级。

微示范5-5
把水洒到客人身上应如何处理

微示范5-5："把水洒到客人身上应如何处理"的示范要求及参考评价见表5-9。

表5-9 "把水洒到客人身上应如何处理"的示范要求及参考评价

| 示范项目 | 把水洒到客人身上应如何处理 | |
|---|---|---|
| 示范准备 | 酒店综合实训室 | |
| 示范要求 | 掌握水洒到客人身上的处理方法 | |
| 示范方法 | 1.将学生分组，每组5～6人，每人轮流进行操作练习<br>2.由教师指导，学生分组练习 | |
| 示范评价 | 知识应用 | 1.掌握水洒到客人身上的处理方法<br>2.灵活应对客人的要求 |
| | 能力提升 | 1.能够正确地处理水洒到客人身上这类突发事件<br>2.能够灵活地处理问题 |
| | 素质培养 | 1.树立吃苦耐劳、爱岗敬业的职业精神<br>2.提升个人服务意识<br>3.按照要求勇于实践 |
| | 成果展示 | 根据情景灵活处理水洒到客人身上这类突发事件 |

（4）客人在用餐时损坏了餐具。

不要斥责客人，而应立即为客人补上干净的餐具，迅速清理碎片，对有意损坏餐具的客人，按酒店规定赔偿，必要时报告有关部门协助处理。

（5）在工作中出现小差错。

在为客人服务的过程中，作为服务人员，要抱着认真、负责的态度，尽最大的努力，将工作做得完善、妥帖，避免出现差错或引发事故。当出现小差错时，若客人在场，首先要表示歉意，然后及时采取补救的措施。事后要仔细查找原因，吸取教训，避免类似的差错发生。凡是出现的差错，均不能隐瞒，如自己不能解决，要马上请示上级，以免酿成大的事故。

### （三）餐中巡台工作

为了加强服务意识、提高服务质量，餐厅就餐中的巡台工作至关重要。作为主管以上管理人员，要深刻认识餐中巡台工作的作用，并按照以下规定严格地检查、监督、巡视。

1.巡台的作用

（1）主动与客人沟通，能够在第一时间提供客人需要的服务。

（2）及时督导服务人员的工作，弥补服务中的不足之处。

（3）掌握上菜速度，避免"叫式"服务。

（4）及时清理台面，为下一道菜做好充分的准备工作。

（5）随时保持地面的清洁，保证就餐环境舒适、优雅。

（6）现场指挥，纠正偏差，发现问题做好记录。

2.巡台的内容

（1）观察用餐客人是常客还是新客，对待常客要主动做好客情维护，对待新客更要热情接待，有问必答，给来客留下深刻的第一印象，并做好客情记录。

（2）巡视台面上茶壶内的茶水是否充足。

（3）台面是否凌乱，发现剩食、杂物应及时整理。

（4）烟缸是否需要更换，发现烟缸内有2个以上的烟头必须更换。

（5）骨碟是否需要撤换。

（6）是否将空餐具及时撤离餐桌。

（7）在服务员因繁忙而空岗时，能够及时补位，避免"叫式"服务发生。

（8）巡视中观察桌面的菜品是否有不足，或未点主食，及时询问客人，并抓住机会进行二次、三次销售。

（9）观察服务员的销售技巧，记录下好方式、好方法，作为推广、培训案例。

（10）巡视台面上的开菜单，查看上完菜是否已划单。跟踪上菜速度，对于未按规定时间出菜的菜品，及时催菜，并记录原因。

（11）巡视上桌的菜品的质量及份量是否合格，如有不符，及时与厨师长沟通。

（12）巡视上菜程序是否正确，中餐应先上凉菜后上热菜，最后上主食。

（13）巡视桌面上的器皿、用具、刀叉是否齐全、正确，发现问题及时纠正、补齐。

（14）跟踪服务员的服务是否标准、规范，发现问题及时现场指导、示范。

（15）观察顾客的形体语言，如眼神、手势，准确领悟客人的需要，及时提供满意的服务。

（16）查看走客的餐台，并及时撤换、复位，准备好接待下一桌客人。

（17）巡视中，主动提醒客人保管好随身物品，以免离开时被遗忘或在就餐过程中溅上水或油渍。

（18）巡视中，发现有可疑人物或小偷等不法人员，要及时上报或报警。

（19）巡视中，发现并妥善处理突发事件。

3.各楼层具体巡台安排

（1）测算出大厅散台每台的巡视时间。

（2）核算巡视整个大厅所需要的时间。

（3）安排巡视大厅每台的服务员名单及时间段。

（4）安排包间巡台服务员。

（5）制定每个包间的巡视时间段。

（6）制订宴会厅的巡台服务员方案及巡视时间段。

（7）对于新来的服务员或业务技能不成熟的人员，安排巡视时间时应比正常巡台时间顺延15秒钟。

（8）安排大厅、宴会厅、包间主管以上管理人员的巡视时间段及相关事项。

（9）主管至少每隔15分钟巡台一次。

（10）经理至少每隔30分钟巡台一次。

（11）大厅散台、宴会厅、包间各级管理人员均按时间段进行巡视。

4.巡台服务过程中要注意的细节

（1）了解客人用餐的情况，如主动询问"先生/小姐，是否需要上主食"。

（2）看桌面上的水杯里水是否充足，不足的话应及时加水并礼貌地说："您好，打扰一下，为您加点水好吗？"如客人有协助，同时应记住说"谢谢"。

（3）看桌面的烟灰缸，若烟头超过2个必须进行更换，遇到里面放有牙签、糖包、奶粒等，应礼貌地说："您好，帮您换下烟灰缸好吗？"

（4）看桌面客人喝的茶水（如水壶、冲茶器或杯装的茶），如水不足应及时加水，并询问"打扰一下，加点水好吗"。

（5）若台面出现不是很清洁的情况，如有烟灰、食物残渣，应主动说："您好，帮您收拾一下台面行吗？"

（6）留意客人用餐情况，如客人已用完或在剔牙，则应主动说"您好，是否帮您先撤走餐盘"或"您好，可以收撤了吗"。

（7）留心区域及门口是否有客人光临，如有应及时对客人表示欢迎。

（8）在巡台过程中碰到客人应主动打招呼问候"您好"。

（9）在巡台时，如果客人桌面没有产品，应主动看点单本，了解点菜情况。尤其是如果发生4个人而出了3份产品的情况，应看是否有产品还没出，确定后应礼貌地说："请稍等，我马上帮您催一下。"

（10）留意客人的举动，如客人去洗手间，应主动指引方向并礼貌地说："您好，请问是去洗手间吗？请走这边。"

（11）客人用完餐后，应主动询问客人对产品的满意度，如"请问，能否为我们的产品提点建议呢"或"谢谢您的建议，我们会尽可能改善的"。

（12）客人用餐后，如未点饮品或果盘，应主动推销，如"先生/小姐，请问要点果盘和饮料吗"，针对客人的情况进行各种选择性的问询。

（13）巡台时如看到客人动作或举止不雅，应及时用委婉的方式引导客人。

（14）巡台时如碰到小孩子走来走去或大声喧哗，应及时引导或告知小孩父母共同处理，以免引发安全问题。

（15）巡台时要求眼观六路，耳听八方，遇到客人需要服务时应主动提供帮助。

**（四）投诉与突发事件的处理**

餐厅总会出现投诉或突发事件，当面对客人投诉时，应该如何应对才能不引起纠纷地把投诉处理好而且让客人满意呢？当遇到突发事件时，应该如何将危险转化为感动客人的机会呢？

1.对不同类型客人的投诉作不同处理

（1）理智型客人。

理智型客人在投诉时情绪显得比较压抑，他们力图以理智的态度、平和的语气和准确、清晰的表达，向受理投诉者陈述事件的经过以及自己的看法和要求，摆事实、讲道理。

（2）火暴型客人。

火暴型客人很难控制住自己的情绪，往往在产生不满的那一刻就高声呼喊，言谈不加修饰，一吐为快，不留余地，对含糊其辞、拖拉应付的工作作风深恶痛绝，希望能干脆利落地彻底解决问题。

（3）失望痛心型客人。

失望痛心型客人情绪起伏较大，时而愤怒，时而遗憾，时而厉声质询，时而摇头叹息，对店方或事件深感失望、对自己遭受的损失痛心不已是这类客人呈现的显著特点。这类客人投诉的内容多是自以为无法忍耐的事件，或是希望通过投诉能获得某种程度的补偿。

2.投诉处理的原则与程序

（1）坚持"宾客至上"的服务宗旨。

坚持"宾客至上"的服务宗旨，是指对客人投诉持欢迎态度，不与客人争吵，不为自己辩护。接待投诉、受理投诉、处理投诉，本身就是酒店的服务项目之一。如果说客人投诉的原因总是与服务质量有关的话，那么也代表酒店受理投诉的管理人员应真诚地听取客人的意见和建议，表现出愿为客人排忧解难的诚意，对失望痛心者宽言安慰、深表同情，对脾气火暴者豁达礼让、理解为怀，争取圆满解决问题，而这本身又是服务质量的展现。如果说投诉的客人都希望获得补偿的话，那么，在投诉过程中，酒店方面能以最佳的服务态度及优质的服务质量来对待的话，对于通情达理的客人来说，也算得上是某种程度的补偿。

（2）处理投诉要注意兼顾客人和酒店双方的利益。

管理人员在处理投诉时，身兼两种角色。首先，他是酒店的代表，代表酒店受理投诉，因此他不可能不考虑酒店的利益。但是，只要他受理了客人的投诉，职责所在，他同时也是客人的代表，需要去调查事件的真相，给客人以合理的解释，为客人追讨损失，以此让客人相信酒店能公正、妥善地解决当前的问题。管理人员必须以不偏不倚的态度公正地处理投诉。

①对投诉的快速处理程度。

A.专注地倾听客人诉说，准确领会客人意思，把握问题的关键所在。

B.必要时查看投诉相关物件，迅速作出判断。

C.向客人致歉，作必要解释，请客人稍加等候，自己马上与有关部门取得联系。

D.跟进处理情况，向客人询问对处理结果是否满意，可作简短说明。

②对投诉的一般处理程序（见表5-11）。

表5-11 　　　　　　　　　　　　对投诉的一般处理程序

| 序号 | 处理程序 | 具体操作 |
|---|---|---|
| 1 | 确认问题 | 倾听客人诉说，确认问题所在，按程序处理 |
| 2 | 安抚客人 | 请客人移步至不引人注意的一角，对情绪激动的客人进行安抚，并奉上茶水或其他不含酒精的饮料 |
| 3 | 耐心倾听 | 耐心、专注地倾听客人陈述经过，不打断或反驳客人。用恰当的表情表示自己对客人遭遇的同情，必要时做记录 |
| 4 | 妥善安置 | 对提出住宿要求的客人，可先将其安置于大堂吧稍事休息；对本地客人和离店客人，可请其留下联系电话或地址，对其解释说为不耽误时间，请先离店办理其他事宜，并且明确告诉客人给予答复的时间 |
| 5 | 着手调查 | 必要时向上级汇报情况，请示处理方式，请其给出处理建议和意见 |
| 6 | 有效沟通 | 将调查情况与客人进行沟通，向客人作必要解释，争取客人同意处理意见 |
| 7 | 监督检查 | 向有关部门落实处理意见，监督、检查有关工作的完成情况 |
| 8 | 确认反馈 | 再次倾听客人的反馈意见 |
| 9 | 存档备查 | 把事件经过及处理结果整理成文字材料，存档备查 |

3.餐厅常见投诉与突发事件举例和分析

下面针对餐厅常见的投诉与突发事件以举例的方式进行分析。

（1）关于宗教信仰及饮食禁忌的应急处理。

举个例子：一日晚餐，餐厅经理按惯例巡查餐厅，习惯性地巡视各餐台和餐桌，这时他发现靠窗有一张桌子，菜上齐了，客人相对而坐却不动筷子，似乎在等什么。职业敏感驱使他上前关注，仔细观察，他发现这十几位客人是信奉伊斯兰教的。他有点儿担心，会不会厨房和餐厅大意了，在餐食上触犯了客人的宗教禁忌。

于是他走上前去礼貌地致以问候之后，开始留意桌上的菜品。他诚恳而热情地询问客人对菜品的意见，这才了解到，原来这些虔诚的穆斯林客人在担忧是否用了禁忌原料制作了菜肴。经理没有用简单的几句话安慰客人，而是先拿过菜单，查清上面清楚地注明了"清真"二字，然后进厨房询问了厨师，确认无误后，才向客人提议：等一下冷却之后，看看菜肴是否呈凝冻状，这样便可确认菜肴是否用了禁忌原料。果然，客人微笑着认同了经理的建议。等到经理检查完其他场所回到餐厅，那桌穆斯林客人刚刚用完餐，桌上空空的盛器表明他们用餐很满意。

分析：此案例涉及宗教信仰及饮食禁忌。虽然点餐时说明了是清真菜，厨房也遵循了客人的要求，但是上菜后对于是否保证符合客人的饮食习惯，客人心中不踏实。这说明，服务人员的工作并不到位，没有向客人作详细解释，从而使客人不敢放心用餐，幸亏经理观察细致，处理得法，才使客人用餐满意。

（2）细致服务最动人。

举个例子：2021年6月，餐饮部经理助理马洪敏在为客人服务的过程中无意间听到了客人之间的聊天，她了解到其中一位客人是从浙江来到天津做工程项目的工作人员，在酒店要住两三个月左右。马洪敏考虑到这位客人来自南方，可能吃不习惯北方的菜品，就主动与客人沟通，交谈中她听到客人说比较怀念家乡的菜品。于是，马洪敏及时将此信息反馈给餐饮部经理，经理及时与行政总厨沟通，最后决定每天为客人制作一道家乡菜。同时，餐饮部给客人特地制作了适合南方人口味的菜单供其选择，并随时询问客人的反馈意见，根据客人的口味改良菜品，客人对此举非常满意，同时对酒店的细致服务给予了高度的赞扬。这位客人也将酒店称为他在天津的"家"，后来无论是客人自己还是他的亲朋好友来天津，都会选择来这家酒店入住，有时还会带来家乡特产与酒店人员一同分享。

分析：优质的服务理念是想在宾客之前的"三想"：替顾客想、帮顾客想、想顾客想。作为餐饮督导者，首先，应与客人、与厨房保持良好的工作关系，及时向经理和厨师长反馈客人对食品方面的需求，不断提高餐饮产品质量和服务质量。其次，应主动了解客情，亲自为重要的客人服务，以身作则带领员工按照服务程序和服务标准向客人提供热情、周到、高效的餐饮服务，并进行有效的监督。

（3）上错菜品。

举个例子：李老板和好友来到中餐厅吃饭，点了生炒麦菜这道菜。当服务员把菜端上来时说："盐水麦菜，请慢用。"李老板问到："我点的是生炒麦菜，你们是不是弄错了？"服务员答到："不好意思，我问一下厨房，如果错了的话，我们帮您换一下菜。"过了没几分钟，服务员端上了生炒麦菜。"生炒麦菜怎么和刚才上的差不多呀，只是少了一些汤汁。"李老板边看边嚷道："小姐，你这个菜好像只是换汤没换药吧？这像是把刚才那盘菜倒掉汤，然后过一过热锅而已，哪是生炒麦菜呀？算了，你还是给我换个别的菜吧！"李老板的朋友接口说："哎，老李，你今天还是把生炒麦菜这个喜好放弃得了，随便来一个蒜蓉菜心算了。我们这样换来换去，会不会让他们觉得我们很烦啊！我以前听说有的餐厅，如果厨师觉得客人太烦的话，就会给客人的菜加些'特殊味料'，我看我们刚才点的那个蒜蓉菜心还是不要吃为妙"。李老板听到朋友这么一说，胃口大打折扣，发出了"今天怎么这么倒霉啊"的感叹！果然，蒜蓉菜心上桌后，李老板和朋友谁也没对它下筷子。

分析：首先，对厨房的管理不到位。厨师不注重菜品质量，眼光只停留在短利中，因小失大。企业的发展应从长远利益出发，客人就是企业的生存之本，是员工的衣食父母。厨房管理的好坏直接关系到酒店餐饮部门的兴衰。其次，对餐厅的管理不规范。餐厅和厨房的沟通做得不好，对待客人投诉采取的是一种应付态度，没有做到真正地解决问题，不重视投诉就是对客人的不尊重。

（4）实习生的问题。

举个例子：装饰典雅的某酒店宴会厅灯火辉煌，一席高档宴会正在有条不紊地进行着，只见身着黑色制服的服务员轻盈穿行于餐桌之间。正当客人准备祝酒时，一位服务员不小心失手打翻了酒杯，酒水洒在了客人身上。"对不起，对不起！"这边歉声未落，只听那边"咔嚓"一声，又一位服务员打碎了酒杯，顿时客人的脸上露出了愠色。这时，宴会厅的经理走上前向客人道歉后解释说："这些服务员是实习生……"此时客人由面含愠色变成了愤怒……第二天，客人将投诉电话打到了饭店领导的办公室，愤然表示昨天请的一位重要客人对酒店的服务很不满意。

分析：作为现场的督导人员，如果服务人员出现失误或者错误，首先，应对客人表示真诚的歉意，同时一定要注意语言得体、解释得当，切不可信口开河随意乱讲。本案例中，宴会厅经理的解释就不妥当。实习生的实习也是有标准、有要求的，经过考核符合工作要求，得到岗位主管、部门经理的认可，方可上岗实习，提供对客服务。如果只是服务失误，客人尚可理解，但是经理的解释似乎包含了不把对客服务放在第一位的理所当然，这是对客人的不够尊重，而正是这一点导致客人愤怒投诉。其次，出现问题要按规定程序及时汇报，切记存在侥幸心理，主管领导了解情况后更应该主动提供后续服务，而不是等到客人打来投诉电话陷入被动局面。

（5）用心服务。

举个例子：某晚，餐厅包间内一席普通的家宴正在祥和的用餐气氛中进行。领班小张过来巡台，看到老先生不停地用小勺翻搅着碗中的粥，对着一桌子的鸡鸭鱼肉直摇头。这是怎么回事呢？是饭菜不合胃口吗？可是，其他客人都正在津津有味地吃着。小张灵机一动，从后厨为老先生端上了一碟小咸菜。老先生眼前一亮，对着小李不停地称赞："小姑娘，你可真细心，能够看出来我想吃咸菜，不简单。"老先生的老伴连忙说："这里的服务跟其他地方的就是不一样，我们没说到的小姑娘们都能想到、做到，以后有时间我们要经常到这里来。"

分析：在对客服务中，小张为客人提供了周到、满意的服务，表达了对客人无微不至的关心，让他们在酒店感受到了如家一般的温暖。只有时时关注客人的用餐情况，把事情做到客人开口之前，才能为客人提供"满意+惊喜"的服务。

（6）意外的烛光晚餐。

举个例子：餐厅客人们正在用餐，突然停电了，一片黑暗，客人们议论纷纷。领班小于迅速让服务员拿来西餐烛台，取来西洋风情画摆在周围，并在窗台放上了西式盆景。他对客人们说：看来今天注定要给大家一个惊喜，接下来是烛光晚餐时间。一看到这温馨浪漫的气氛，客人们非常惊喜，对领班小于的随机应变能力纷纷赞不绝口。过了一会儿来电了，小于想让服务员们吹灭蜡烛，客人们忙说，请不要吹灭蜡烛，这样的烛光晚餐我们很喜欢。

分析：在工作中难免会发生各种各样令人意想不到的事件，因此领班应设法提高自己的应变能力，善于处理各种突发事件。

作为饭店，尤其是高星级饭店，应尽量避免发生停电、停水等事件。一旦发生上述事件，督导人员首先应该想到的是：给客人用餐带来了不便，应该怎样服务才能方便客人呢？

本案例中的领班应变能力较强，引导事件由不良影响较大的一面转向效果较好的一面，由停电无法进餐变成烛光晚餐，让客人享受烛光晚餐不仅停留在语言上，而且落实在行动上，将房间根据当时的情景作了调整和布置，而不是只靠一句漂亮的话来应付客人。

作为饭店，不应只把蜡烛当作停电时的唯一弥补措施去应付客人，而应制订配套的应急服务方案，给客人一个惊喜，变不利为有利。

微示范5-6："如何灵活地应对客人"的示范要求及参考评价见表5-10。

表5-10　　"如何灵活地应对客人"的示范要求及参考评价

| 示范项目 | | 如何灵活地应对客人 |
|---|---|---|
| 示范准备 | | 酒店综合实训室 |
| 示范要求 | | 掌握以正确的态度应对客人要求的方法 |
| 示范方法 | | 1.将学生分组，每组5~6人<br>2.由教师指导，学生分组练习 |
| 示范评价 | 知识应用 | 1.掌握餐中正确应对客人要求的方法<br>2.掌握餐中处理问题的技巧 |
| | 能力提升 | 1.能够用正确的态度应对客人的要求<br>2.能够灵活地应对各种突发事件或问题 |
| | 素质培养 | 1.积极、主动、热情、耐心的服务意识<br>2.一丝不苟、精益求精的工作作风<br>3.善于倾听并不断提高解决问题的能力 |
| | 成果展示 | 模拟情景正确地处理客人提出的问题 |

### 三、餐中发生安全事故的应急处理

#### （一）突然发现火情

首先，发现火情要镇静，不要惊慌失措。首先判断火情，根据着火物质的性质不同，选择周围可以利用的消防器材，组织人员将火源扑灭。切记，如果是电、油着火，不可用水。

其次，及时通知部门领导、物业管理处等相关人员。

再次，如果火势较大，已经开始蔓延，通过本店人员不能扑灭，要立即拨打119火警电话报警，报警时应讲清着火的具体位置，包括餐厅所处地理位置、着火具体楼层、有无门牌号码、有无重大危险源、什么物质着火、报警人姓名及报警电话号码，同时告知公司部门领导安排相关人员去接应消防车。

最后，做好火场安全秩序维护，组织人员有序快速撤离，保护好火灾现场。

大火无情，对于餐饮企业来讲，做好防火工作至关重要，平时要对员工加强安全教育，要求操作人员严格按照规章制度操作，并做好有关用火安全的定期检查与不定期抽查。

#### （二）突然停电、停水

1.突然停电

遇到突然停电，服务员不要慌张，不要擅自离开岗位，听从指挥开展工作以防走单。停电时，首先要安抚客人的情绪，告诉客人可能只是保险丝跳闸，马上就能恢复。此时，通常主要位置的应急灯就会启动，及时通知工程部了解停电原因，尽快恢复供电。平时要经常检查应急灯、蜡烛之类的应急照明用品是否可以正常使用。

2.突然停水

服务人员如遇停水应马上向本区域的供水部门了解原因，确定何时能正常供水，了解情况后再采取相应措施。

### （三）客人在本店就餐时财物被偷窃

遇到客人在本店就餐时财物被偷窃，服务人员应首先安抚客人情绪，然后马上向上司汇报，接着了解事件经过和所失窃财物的特征、数量，分析事件性质，最后视具体情况积极协助客人寻找或陪同客人到公安机关报案。

最好的办法莫过于防患于未然，要经常教育员工提高警惕性，留意整个就餐区域的客人动态，提醒客人对自身财物的保管。在明显位置张贴如"请您保管好个人财物"的温馨提示。如果条件允许，也可以在公共区域如大门的出入口、大厅等安装监控设备，以备出现问题时可以协助公安人员破案。

这里需要提醒的是，在包间等属于客人私密空间的地方，不可以安装监控摄像头。

### （四）汽水瓶、啤酒瓶炸裂或餐具打碎在客人桌面上

如遇汽水瓶、啤酒瓶炸裂或餐具打碎在客人桌面上，服务人员首先要看是否弄伤了客人。如果没有人受伤，只是物品损坏，则可以通过语言艺术缓和因此而引发的紧张气氛。适当地借用"落地开花""岁岁（碎碎）平安""好兆头""老板，您今年定行好运"等吉祥话语，也会起到很好的效果。这时客人们多半会一笑了之，最多也就发几句牢骚。当值服务员要立即进行现场清理，尽快恢复正常用餐。如果有客人因此受伤，要立即通告经理，视伤势情况及客人要求进行包扎，同时确定有没有送去医院的必要。如果问题较严重，则要保护好现场，不要立即进行清理。

### （五）突然有客人打架

在餐厅，同一桌客人或不认识的客人之间，有时会因为某些事情而发生矛盾，服务员及餐厅的管理人员要学会察言观色，感觉气氛不对就要及时地干预，不要等矛盾被激化甚至已经动起了手再去阻止。

如果双方在服务员没来得及阻止的情况下已经动起手，就要第一时间叫来保安等人员，把双方拉开，让其他人员远离事发地，不要让事态进一步恶化，然后根据情形灵活处理，对于这种事情的处理要异常谨慎。

如果打架双方破坏了餐厅的物件，那么作为服务员要记住是哪一方造成的以及事情的经过，如果可能要留有证据和记住现场证人，以便事后向对方索赔。

总之，对此类问题要本着"大事化小，小事化了"的原则，在最短的时间内解决，以维持餐厅的正常经营。如果性质严重，要及时报警。

### （六）客人对服务员造成语言或肢体上的伤害

遇到此类情况，问题不严重的话，管理人员应马上把服务员叫离，然后跟客人摆事实、讲道理，请对方自爱且尊重服务员，事情平息后再去安抚服务员。

▶ 知识拓展5-1    天津银河大酒店督导案例

1.上错菜的督导案例

上错菜的桌：首先要向客人表示歉意，弄清原因并将其告知客人，征求客人意见看其是否愿意买单，如果愿意则由客人买单，如果客人不愿意则由上错菜的服务员买单。

被上错菜的桌：首先向客人表示歉意，弄清原因并将其告知客人，如若客人还需要，应尽快与厨房联系，以最快的速度将菜烹制出来，并再次致歉。如客人不需要，应给客人退掉，可能的话赠送果盘以示歉意。

2.客人在菜里吃出异物的督导案例

首先向客人表示歉意，并经客人允许后将此菜撤回。

征询客人意见，是否重新为客人做一份，或者为客人更换一道更有特色的菜品，或者赠送果盘，或者为客人打折，向客人作出检讨，确保今后不再发生类似情况。事后对责任人作出处罚。

3.客人对菜品不满意的督导案例

客人对菜品不满意有多种原因：可能是菜肴口味过咸或过淡，可能是菜肴原料有质量问题，也可能是菜肴的烹调方法客人不够了解，还可能是客人自身的心情不好影响就餐情绪。

如果是因菜肴口味过咸或过淡引起，应向客人道歉，将菜肴撤回厨房重新加工制作后端上来请客人品尝。

如果是因菜肴原料有质量问题引起，服务员应立即撤下菜肴，并向客人道歉，根据客人意见重新做一份菜肴，请客人再次品尝，结账时应考虑减收此菜的费用。

如果是因客人对烹调方法不了解引起，应详细而耐心地解释菜品的制作方法和特色口味，求得客人的理解，并向客人表示歉意。

如果是客人心情不好而投诉菜品，这时应婉转地劝慰客人，冷静地给客人解释，通过良好的语言交流来说服客人。

4.客人不小心摔伤、烫伤的督导案例

如客人不小心摔伤或烫伤，首先应对客人进行急救处理。视情况为客人送药品或者告知区域负责人送医院。

客人用餐完毕，可以给客人适当优惠，并记下客人姓名、地址和电话，事后通过电话问候客人，以示酒店诚意。

5.客人消费时间影响下一餐准备工作时的督导案例

当客人消费时间影响到下一餐准备工作时，应委婉告知客人下一餐还有接待，询问客人还有多长时间结束用餐，注意态度一定要好。根据情况可为客人重新安排座位，以便做清洁。无论哪种情况，服务员都不得将客人赶走。

## 四、其他事件的应急处理

其他事件的应急处理主要介绍以下8种情况。

（1）客人提出的问题自己不清楚难以回答。

服务员平时要丰富有关专业知识，尽量回答客人的问题，若实在回答不了，要请客人随候，告知其向有关部门请教或查询后再作回答。经努力仍然无法解答时，也应给客人一个回复，要耐心解释并表示歉意，客人提出问题不能使用"我不知道""我不懂"或"我想""可能""你去问其他人吧"等简单话语去敷衍客人。

（2）客人进餐时或进餐后没有离开餐厅前，突然感觉胃肠不适。

这种情况可能是因为就餐的食物不卫生引起的。此时，服务员要尽可能地帮助客人，如打电话叫急救车、帮助客人去洗手间、清扫呕吐物等。与此同时，不要急于清理餐桌，要保留客人食用过的食品，以备检查化验，分析客人发病的原因，以分清责任。

（3）遇到客人偷拿东西（如菜谱、金银器等）。

值台服务员要时刻留意，在客人离开之前一定要检查贵重物品是否少了，如发现客人偷拿了东西也不能直接说出来，而应运用语言艺术使对方交还，如"××先生，您喜欢我们这里的金匙，我帮您包起来，好吗"。如果客人硬要拿走，则要告知将按规定价格在客人结账时收款。

（4）客人提出约请。

如果是生客提出，应借故婉言谢绝，如"实在对不起，今晚还要培训（或开会）""真抱歉，今天我还有别的事情要办"，等等。可以礼貌地补充说："如果您方便，我有空时跟您联系。"如果是熟客，并且对方并无恶意，要辨明对方的真实意图再作决定。

总之，对这类问题，服务员要洁身自爱，并树立防范意识。不能够断然拒绝，要讲究回绝的艺术。有时一个摇头的微笑，就可以使问题轻松地解决。

（5）附近的竞争对手干扰经营。

遇到附近的竞争对手以食客的身份打电话来预订但事后爽约，从而影响餐厅包房的正常利用，如果是生意较旺的店，应在客人电话订餐时，询问客人到店准确时间，并留下联系电话，最好是订餐本人的手机号码。

如果当天的餐厅预订较满，则与事先预订的客人通个电话，询问对方是否能按时到店、是否有新的变化。如果对方电话打不通、没人接，都很可能是爽约。对于这样的预订，可放入预备厅房中。但如果时间没过，也不能够立即预订给其他客人。预订时间已过，如果对方电话还打不通，则可视厅房的用餐情况而酌情处理。

确认是故意爽约的电话，要把它们列入黑名单。虽然有意要捣乱者下次应该不会再留下同样的手机号，但是要对方留下一个有效的手机号还是能够很好地预防此类事件的发生。如果对方在预订时便不愿意留下手机号，则要特别加以注意。

（6）客人点名要某个服务员为其服务，但该服务员正在为别的熟客服务。

此时可以很礼貌并讲究艺术性地告诉客人，该服务员是我们这里的优秀服务员，今天刚好有重要接待任务正忙着，并提醒对方下次可以在预订时顺便预约。而这位被点名的服务员要抽出时间过来和客人打个招呼，表示尊重。如果时间允许，也可以为客人加茶或添酒后再回到原来的岗位。

（7）客人在就餐过程中不小心被餐具划伤或突然发病甚至昏迷。

如果遇到客人意外被餐具划伤或突然发病甚至昏迷，餐厅要避免其他客人围观，尽量维持餐厅的正常运营。

①对于受伤者。发生客人受伤的情况，需要注意卫生，千万不可用台布、餐布或毛巾擦伤口。尽量安抚受伤者的情绪，并且不要惊动其他客人。可以取本店药箱为其伤口涂上适合的药水，需要注意的是，最好问准客人要用哪种，再给他涂药水、贴上止血贴等，如果伤势严重，应马上汇报上级领导，拨打120求助。

②对于突然发病者。客人在餐厅就餐时突然感到不适，服务员应保持镇静，可提供外用药物如清凉油给客人涂用，不要乱给客人服用药物。同时注意不要影响到其他客人用餐。

③对于昏迷者。当发现客人出现昏迷，服务员不要惊喊，应马上向上级领导汇报。同时，询问客人的朋友客人是不是有心脏病等病史，并提请其尽快施救，在没有确认客人昏倒的原因前，不要对客人轻易地采取救助措施，以免救助不当使病情恶化。即使知道了昏迷的原因，也要谨慎处理。比如说，客人是因为癫痫病发作，就要请有经验的人进行处理。

可以把昏迷的客人暂时安置在单独的房间，征求该客人同伴的意见，询问是否需要代叫急救车。这个时候，服务员等餐厅人员的角色，应只是积极地协助，而不是主导性地告知应该怎么办。因为餐厅服务人员不是医生，而且对病人的病情不了解。

如果昏迷的客人是一个人来餐厅就餐，则要第一时间叫来急救车，同时立即联系该客人的家人。

总之对这种情况要注意以下几点：第一，合力将昏迷者扶离地面，安放在平稳的沙发；第二，尽量不要让他人围观昏迷者，使其呼吸新鲜空气；第三，不可随意给客人服用内服药物；第四，请示昏迷者的家人或朋友是否代叫救护车。

（8）不小心把酱油、酒水滴在客人身上。

不小心把酱油、酒水滴到客人身上时，服务人员应迅速帮助客人处理，递上小毛巾，同时诚恳地向客人赔礼道歉。如果严重的话，要及时上报管理人员，与客人协商，是否需要陪客人将衣物送去干洗店或者按干洗价赔偿客人。

## 【任务实施】

实施描述：各小组组长担任领班，由领班组织各组列队进行情景模拟，模拟一次投诉的处理。

实施准备：笔记本、相关道具等。

实施步骤：

1.寻找有代表性的案例：投诉的案例很多，要找到典型的案例。

2.案例情境设计：根据案例中描述的投诉设计事件发生的场景、人物及角色分配、语言对白，准备背景音乐、各类道具等。

## 【任务评价】

"模拟投诉问题的处理"考核评分标准见表5-12。

表 5-12                       "模拟投诉问题的处理"考核评分标准

| 序号 | 考核内容 | 考核要点 | 分值 | 自评分 | 互评分 | 教师评分 |
|---|---|---|---|---|---|---|
| 1 | 仪容仪表 | 着装符合酒店业、餐饮业从业要求，端庄、大方、得体<br>手部卫生、仪容、发型符合酒店业从业要求 | 10 | | | |
| 2 | 礼仪举止 | 姿势标准，动作规范，体现行业风采 | 10 | | | |
| 3 | 团队精神 | 小组团队成员参与度高，团结协作 | 10 | | | |
| 4 | 表演 | 动作、面部表情、情感要符合情节的发展，充分表现该情境的特点和代表性，且表演过程中举止要符合礼仪规范 | 20 | | | |
| 5 | 情景展示 | 案例选用具有典型性，符合当今酒店餐饮业实际情况<br>情节完整，包含客人的投诉和酒店的处理<br>处理方法得当、合理 | 50 | | | |
| 总分 | | | 100 | | | |
| 小组自评 | | | | | | |
| 小组互评 | | | | | | |
| 教师评价 | | | | | | |
| 小组成员个人得分 | 姓名 | | | | | |
| | 得分 | | | | | |
| 说明 | 小组任务得分=小组自评分×20%+小组互评分×30%+教师评分×50%。小组成员个人得分由小组长和教师根据个人任务完成中的工作情况分配分数 | | | | | |

# 任务三   餐后督导

## 【任务目标】

知识目标：

1.掌握餐后督导工作的内容

2.掌握餐后督导工作的要点

能力目标：

1.能够对餐厅员工的餐后工作进行有效的管理

2.能够根据不同类型的下属，选择适合的督导方法进行管理

素质目标：

1.具有敬业精神和团结协作、积极向上的工作态度

2.锻炼管理思维，提升服务意识，树立服务特色

## 【任务导入】

酒店餐厅一个月前推出了几道新菜品，在服务员的推荐下很多客人在点餐的时候都会点新菜品。但是，最近领班小白在餐后巡台中发现，几乎每桌都剩同一新菜品即"银

芽鸡丝"，于是询问服务员后得到的回复是，最近这道菜的销量确实在逐渐下降。虽然该菜品没有直接被客人投诉，但小白认为必须收回该菜品进行研究分析，最大限度地减少客人的不满。

任务要求：餐后督导的重要性有哪些？请梳理餐后督导工作的内容及要点。

## 【知识储备】

### 一、餐后督导工作的内容

微课堂5-3-1

[二维码]

餐后督导工作的内容

餐后督导工作是为了收集和反馈服务信息，进一步了解客人的需求，解决客人的不满，更有针对性地为客人服务，观察全局，发现问题，随时调整，从而使酒店持续、更好地发展。餐后督导工作的主要内容包括：检查餐后收尾工作；了解客人对菜肴及服务的评价；抽查餐后安全及节能情况。

1.检查餐后收尾工作

餐饮领班餐后收尾督导工作程序见表5-13。

表5-13 餐饮领班餐后收尾督导工作程序

| 督导内容 | 督导标准 | 督导程序 |
|---|---|---|
| 分工调配 | 合理分工 | 根据收尾工作量合理调配服务员、传菜员及时进行收台和翻台<br>对清理区域卫生进行分工 |
| 检查收台工作 | 符合卫生要求 | 查看服务员的收台工作是否符合要求，督导员工轻拿轻放<br>查看工作柜是否整理得洁净、整齐<br>将菜单、酒单、订单整理归类后放齐 |
| 检查区域卫生 | 符合卫生要求 | 检查餐厅地面是否干净、无杂物<br>检查分工负责的通道等区域卫生 |
| 填写报表<br>做好交接 | 清浙明确 | 填写有关报表<br>详细记好交接班日记，把本班次内发生的事件、处理过程以及将延续到下班次的事情均做好交接<br>关闭有关设备的电源开关，锁好餐厅门窗，归还钥匙 |

▶▶ 业务链接5-3 客人为什么会剩菜？菜品质量管理的"四必收"告诉你答案！

1.什么是"四必收"？

"四必收"是指以下四种情况的菜品必须收回：几乎桌桌都剩的出品；一桌独剩的出品；多种原料混制、独剩一种原料制成品的出品，如溜三样独剩肥肠；客人直接投诉的出品。

"四必收"的道理很简单，顾名思义就可以理解。

第一种必收，如果几乎每桌都剩同一个出品，这个出品一定是有问题的！

第二种必收，如果一桌出品都吃完了，单独剩下一个出品，说明这一桌的客人是有食欲的，单独剩下的这个出品也可以确定大概率是有问题的！

第三种必收，独剩一种原料制成品的现象。其实这也是很常见的，甚至经常可以见到这种现象，就是客人把某一种原料制成品整整齐齐地拨到盘边上，吃掉了另外几种制成品！

至于第四种即被客人直接投诉的品种，不管是不是众口难调造成的，我们都应该把它视为问题出品，除了解决客人的不满，更重要的是必须收回该种进行研究分析，最大限度地减少客人的不满！

2.“四必收”是全员关注的工作！

要想真正做好“四必收”这项工作，不能单靠某一个部门，更不能单靠某一位管理者。这是一个需要全员关注的工作。

(1) 前堂方面。

A.切实做好“四必收”工作。

a.值台人员在结账后、撤台前，要检查台面所剩的出品情况。按照“四必收”要求回收可能有问题的出品。

b.前堂经理要亲自过问并安排专人负责，每日做好“四必收”登记工作，以便提供给后堂改进。

c.容易疏忽的重要方面：第四种必收！

对于客人投诉的出品，应主动要求给客人重做，问题严重的要主动退换，尽可能减少客人的损失和怨气，同时也便于收回后堂确认。

如果客人坚决不要重做或退换，必须收回剩菜给后堂确认原因。如果客人打包，剩下的汤渣也必须收回后堂分析！

B.切实做好征求意见的工作。

a.征求意见的主要对象，是台面有剩菜和“四必收”品种的客人。

b.值台人员是主要落实人，要把客人的反应以小纸条的形式认真记录下来，每日收尾时交给区域主管人员。

c.前堂经理和区域主管人员巡台时，也要根据以上要求认真做好相关工作。

d.每日收尾时，前堂经理或指定的专人，要将各级征求意见的情况汇总到征求意见汇总本，当晚交给执行经理。值台人员的小纸条，必须一张不少地保管好上交。

(2) 店长方面。

A.除排号等位期间外（排号期间必须重点关注撤台速度！），店长在营业期间的主要注意力要集中在有“四必收”现象的出品上，反复跟踪巡台，发现问题，及时转告后堂经理，以便后堂立即调整，尽量不要等到第二天解决。

B.跟踪巡台时，必须认真做好记录。

C.收尾时，将值台人员小纸条（小纸条最准确，要认真对待，做得好的要奖励）、前堂征求意见汇总本、“四必收”登记本和自己的记录本汇总记录到每日出品记录本上，也可以直接使用“四必收”登记本，和后堂经理认真沟通、逐个解决（没有问题的出品可以不用考虑，不必个个过关），并将解决方案记录到记录本上。

D.第二天收尾时，要结合前一天的记录对照检查，不断改进。

E.因为店长不一定都懂技术，即便是懂技术，也不一定能跟上当前的技术进步，因此只是反映客人的意见和"四必收"的现象，切忌盲目"我认为"，个人意见最好从客人的角度反映。

（3）后堂方面。

前堂所做的工作，都是为了给后堂提供情报和资料，所有的问题，都要通过后堂来落实、解决。后堂经理应严格执行品质要求，认真对待"四必收"工作和征求意见的汇总，带领后堂全体员工逐个解决。

2.了解客人对菜肴及服务的评价

餐饮督导人员在客人用餐后既要及时了解客人对菜肴质量的评价，并与行政总厨进行沟通和交流，又要及时了解客人对服务质量的评价，并与餐厅经理进行沟通和交流。餐饮督导人员应督促行政总厨对厨房菜品进行创新，同时组织相关人员对服务人员进行创新菜品知识方面的培训工作，针对客人不满意的创新菜品进行分析，找出问题所在，组织相关人员进行改进和验收。

3.抽查餐后安全及节能情况

餐饮督导人员应督导服务员：正确使用前厅的各项设施设备和用品，做好清洁卫生和保养工作；及时报送设备维修单，控制餐具损耗，及时补充所缺物品；遵守酒店各项规章制度及安全条例；确保就餐环境清洁、美观、舒适。餐后设施设备的节能规范包括根据客人的情况适当关闭灯等不用的设备、保险柜的温度按照工程部人员设定的温度而不能私自乱调等，推动形成绿色低碳的生产方式和生活方式。

▶▶ 知识拓展5-2　　　天津银河宾馆餐后督导流程

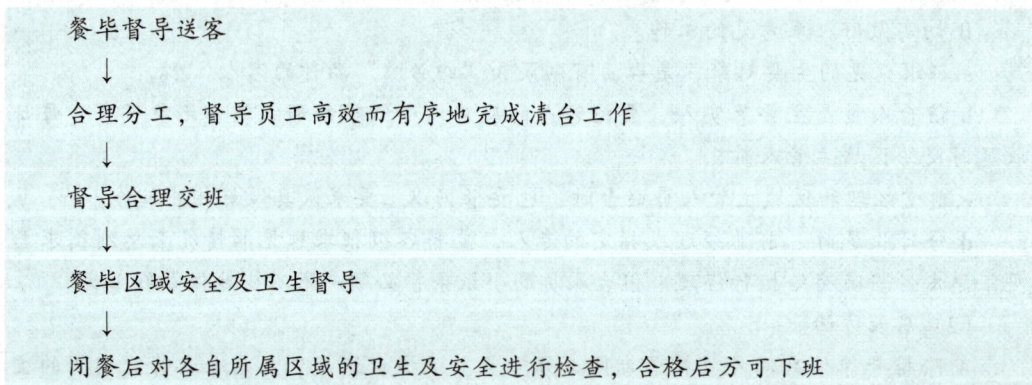

餐毕督导送客

↓

合理分工，督导员工高效而有序地完成清台工作

↓

督导合理交班

↓

餐毕区域安全及卫生督导

↓

闭餐后对各自所属区域的卫生及安全进行检查，合格后方可下班

## 二、餐后督导工作的要点

微课堂5-3-2

餐后督导工作的要点

餐后督导工作要点包括人员管理、设备管理、物料管理、服务管理、卫生管理、出品管理等方面。

### （一）人员管理

根据营业情况的不同，调整人员数量；观察、了解员工的工作精神状态，有必要时应作出相应调整；检查员工的工作技能，根据不同情况进行餐后督导；激发员工的积极性，评估员工的工作效率；关注有无违反公司规章制度的情况。

**（二）设备管理**

客人走后，检查服务人员是否关闭电视、香巾炉、空调等；观察各种设备是否能正常运行，温度、气味、光线等是否正常，包间要求只留日光灯；检查用电、用气等安全隐患；核查设备的维修、保养是否按计划进行。

**（三）物料管理**

检查服务员是否回收了可再次利用的物品；检查服务人员的收台、布台工作，收台时泔水与餐具是否分开；是否根据每日不同的营业状况准备了充足的营业物料，营业中随时关注物料的使用状况，并作出相应的调整。

**（四）服务管理**

协助服务员送客，时刻关注客人的反应；关注各岗位的工作状况，监督其是否按操作标准进行；观察各工作岗位之间、各班次之间的工作衔接。

**（五）卫生管理**

检查当餐送餐餐具是否按标准及时收回；检查服务员擦杯等基础卫生工作是否达标；时刻关注重点卫生区域如卫生间、清洗间门口、洗手台等区域；检查营业中影响较广的地方如地面、桌椅等；配合做好安检工作。

**（六）出品管理**

关注上菜速度如何、客人进餐时的感受如何、出品是否符合标准等。

## 【任务实施】

**实施描述：** 各小组组长担任领班，由领班组织各组列队进行情景模拟，模拟一次餐后督导的流程。

**实施准备：** 笔记本、相关道具等。

**实施步骤：**

1.根据餐后督导工作内容及工作要点进行。

2.案例情境设计：设计事件的发生场景、人物及角色分配、语言对白，准备背景音乐、各类道具等。

行业对接5-1

银河大酒店
餐饮督导
内容流程及
案例分析

## 【任务评价】

"模拟餐后督导流程"考核评分标准见表5-14。

表5-14　　　　　　"模拟餐后督导流程"考核评分标准

| 序号 | 考核内容 | 考核要点 | 分值 | 自评分 | 互评分 | 教师评分 |
|---|---|---|---|---|---|---|
| 1 | 合理分工 | 能够按照人数及不同的收尾工作进行合理的分工 | 10 | | | |
| 2 | 收台工作 | 收台卫生工作流程、手法是否规范<br>查看工作柜整理得是否洁净、整齐<br>菜单、酒单、订单是否整理归类 | 20 | | | |

续表

| 序号 | 考核内容 | 考核要点 | 分值 | 自评分 | 互评分 | 教师评分 |
|---|---|---|---|---|---|---|
| 3 | 区域卫生 | 检查地面是否干净、无杂物<br>检查分工负责的区域卫生 | 10 | | | |
| 4 | 做好交接工作 | 详细记好交接班日记，把本班次内发生事件的时间、处理过程，以及将延续到下班次的事情均做好交接<br>关闭有关设备的电源开关、锁好餐厅门窗、归还钥匙 | 20 | | | |
| 5 | 情景展示 | 案例选用具有典型性，符合餐饮业实际情况<br>团队协作良好<br>督导方法得当、合理 | 40 | | | |
| | | 总分 | 100 | | | |
| 小组自评 | | | | | | |
| 小组互评 | | | | | | |
| 教师评价 | | | | | | |
| 小组成员个人得分 | 姓名 | | | | | |
| | 得分 | | | | | |
| 说明 | | 小组任务得分=小组自评分×20%+小组互评分×30%+教师评分×50%。小组成员个人得分由小组长和教师根据个人任务完成的情况分配分数 | | | | |

## 学而时习

学：古人如何保障食品安全？在古代卖变质食品会受到什么处罚？

早在春秋时期，就有了对食品安全的记载，比如《尚书·洪范》中提出的"八政"，第一个就是管理民食，这显示出古人对食品安全的重要性早有认识。孔子也说：色恶，不食。臭恶，不食。失饪，不食。不时，不食。翻译成大白话就是：不吃变色的食物，不吃变臭的食物，不吃烹饪制作不当的食物，不吃反季节的食物。也因此，历朝历代都对食品安全非常重视，并采取了一系列监管措施，为的就是保障食品安全，毕竟民以食为天。

周朝：开始规定禁止售卖未成熟粮、果。

这时候对食品安全还处于一个倡导的阶段，但也出台了一些行政法规。据《礼记》记载，为确保食品安全，防止食物中毒，周代就严禁售卖未成熟的粮和果，规定"五谷不时，果实未熟，不粥于市。"

汉朝：售卖变质食品不改正与偷盗同罪。

在汉朝《二年律令》中就有规定，对于可能导致食物中毒的变质食品应尽快焚毁，否则要对肇事者及相关官吏予以和偷盗一样罪名的处罚。将售卖不合格食品和偷盗列为同罪，可见汉代对食品安全的重视。

唐朝：故意售卖劣质食品致人死亡判处绞刑。

在《唐律疏议》中有这么一条："脯肉有毒，曾经病人，有余者速焚之，违者杖九十；若故与人食并出卖，令人病者，徒一年；以故致死者，绞。"相较于汉朝，唐朝的法律更加严苛，对于售卖劣质食品致人死亡的，直接就上升到了死刑。

宋朝：引入行业协会进行食品监管。

宋代规定，商铺、手工业和其他服务性行业的从业人员必须加入行会(如酒行、食饭行)，按行业登记在册，否则不能经营。行会须对从业者的商品质量负责和把关。行会负责人承担评定物价之责并监察不法经营行为，还鼓励举报违法行为并对举报人进行奖励。

清朝：对掺假行为严厉打击。

比如，作为清朝国家法典的《大清律例》规定："发卖猪、羊肉灌水，及米麦等插和沙土货卖者，比依客商将官盐插和沙土货卖者，杖八十。"杖责八十，这几乎就是要人命了，可见，清朝也是极其重视食品安全，售卖注水肉及在粮食和食盐中掺入沙土的掺假行为，是明令禁止的。

（资料来源：佚名.古人如何保障食品安全？在古代卖变质食品会受到什么处罚［EB/OL］.［2022-03-15］. https://baijiahao.baidu.com/s?id=1727357207829742171&wfr=spider&for=pc.有删改.）

习：保障食品安全，满足人民美好生活的需求。

"吃得安全""吃得健康"是人民群众美好生活的重要内容。习近平总书记提出"用最严谨的标准、最严格的监管、最严厉的处罚、最严肃的问责，确保广大人民群众'舌尖上的安全'"。食品安全和营养关系到每个家庭、每个人的健康。近年来，随着健康中国建设的推进和食品安全最严谨的标准落实，食品安全和营养健康工作取得积极进展和明显成效。

国家卫健委全面打造最严谨标准体系，吃得放心有章可依。截至目前，已发布食品安全国家标准1419项，包含2万余项指标，涵盖了从农田到餐桌、从生产加工到产品全链条、各环节主要的健康危害因素。标准体系框架既契合中国居民膳食结构，又符合国际通行做法。我国连续15年担任国际食品添加剂、农药残留国际法典委员会主持国，牵头协调亚洲食品法典委员会食品标准工作，为国际和地区食品安全标准研制与交流发挥了积极作用。

（资料来源：佚名.迎二十大·数说十年｜打造最严谨食品安全标准体系 让群众吃得放心有章可依［EB/OL］.［2022-06-27］. http://news.china.com.cn/2022-06/27/content_78292315.html.有删减.）

## 项目微测试

### 一、不定项选择题

1.餐中督导工作的主要内容包括（ ）。
A.VIP的接待　　B.餐中服务督导
C.餐中巡台工作　　D.投诉与突发事件的处理
2.班前会的具体内容包括（ ）。
A.检查员工的仪容仪表　　B.当日营业的注意事项
C.提出今日工作要点　　D.做好昨日工作总结
3.检查餐中服务应具备的能力包括（ ）。
A.沟通能力　　B.观察能力
C.预见能力　　D.处理问题的能力
4.当客人提出意见或者投诉，而客人的意见又不对时，你认为下列各种处理方法中正确的是（ ）。
A.认真倾听，对不同意见应作保留，不要同客人争辩，更不要发生争执

B.对不同意见，不厌其烦地向客人解释

C.批评客人的错误意见

D.表示出对客人的理解

5.对在餐厅突然生病的客人，应（　　）。

A.送药给客人服用　　　　　　B.立即通知医务人员

C.保留食品留待化验　　　　　　D.快速报告上级

二、判断题

1.酒店餐饮督导工作主要是负责餐饮部的正常运转，进行计划、组织、督促及控制等工作。（　　）

2.作为督导者，不需要随时注意观察服务人员的心理变化。（　　）

3.餐前会能够振作员工精神，提高士气。（　　）

4.对于服务人员出现的问题和不足之处，可以私下进行谈话，不需要在召开班前会时进行批评。（　　）

5.作为餐厅的管理者，餐前必须对员工执行的情况进行检查，以便发现问题能作出及时的调整。（　　）

三、简答题

1.处理投诉的程序是什么？

2.班前会的具体内容有哪些？

## 项目评价

餐饮督导技能的参考评价表见表5-15。

表5-15　　　　　　　　　　餐饮督导技能的参考评价表

| 考核日期： | | | | 总评成绩： | | | |
|---|---|---|---|---|---|---|---|
| | 序号 | 内容 | 完成情况 | | 标准分 | 自评分 | 教师评分 |
| | | | 完成 | 未完成 | | | |
| 自测内容 | 1 | 了解餐前督导的工作职责 | | | 5 | | |
| | 2 | 掌握餐前督导工作的方法 | | | 10 | | |
| | 3 | 掌握班前会的主要内容 | | | 10 | | |
| | 4 | 了解餐中督导的工作职责 | | | 10 | | |
| | 5 | 掌握餐中督导工作的方法 | | | 5 | | |
| | 6 | 掌握餐中常见问题的处理方法 | | | 10 | | |
| | 7 | 了解餐后督导的工作职责 | | | 10 | | |
| | 8 | 掌握餐后督导工作的方法 | | | 10 | | |
| | 9 | 自我管理 | | | 5 | | |
| | 10 | 规范操作 | | | 5 | | |
| | 11 | 爱岗敬业 | | | 5 | | |
| | 12 | 团队协作 | | | 5 | | |
| | 13 | 沟通表达 | | | 5 | | |
| | 14 | 创新创造 | | | 5 | | |

## 数字餐饮实验室

### 数字技术提升餐饮督导效能——中国电信助力"gaga鲜语"打造首个"5G+AI"连锁智慧餐厅

"gaga鲜语"于2010年创立于深圳，是一家以轻餐与茶饮为特色的全时段社交休闲餐饮头部连锁品牌，目前全国覆盖100家门店。近年"gaga鲜语"与中国电信合作，推进连锁智慧餐厅。中国电信结合5G"端管云用服"的一体化运营能力，借助5G云网和新型智能终端，与"gaga鲜语"不断探索尝试，打造了首个"5G+AI"连锁智慧餐厅。

在品控管理方面，中国电信"5G+AI"帮助"gaga鲜语"规范了后厨的衣着卫生、上餐服务员的口罩检测、出餐摆盘标准的检测等。而"5G+AR"应用到厨艺培训，从原来全国现场培训需2周，缩短成2小时远程实操指导，给品控管理大大赋能。

目前，"gaga鲜语"整体营收同比增长8%，客单环比增长10%，平均单店人工成本和运营成本下降3%，单店营收增长10%，服务满意提升至4.8星。

（资料来源：智慧零售与餐饮. "从智能送餐到无人厨房，餐饮业AI的应用场景、现状和趋势 [EB/OL]. [2023-09-28]. https://www.foodaily.com/articles/34308.）

餐饮督导数字化意义：

1.打造全新的用餐体验：通过5G和AI技术，"gaga鲜语"将传统的餐饮服务与现代科技相结合，为宾客提供了全新的用餐体验。这种创新的数字化应用不仅提升了餐厅的竞争力，还为餐饮服务行业提供了新的发展方向。

2.提高督导效率，提升宾客满意度：通过5G和AI技术，餐饮督导能够实时监控服务质量，及时发现并解决问题，确保服务流程的标准化和一致性。同时，智能化的服务和精准的品控管理不仅让宾客在享受美食的同时，感受到科技带来的便利和乐趣，还通过个性化推荐和高效服务进一步提升了宾客的满意度和忠诚度。

讨论：数字化技术在餐饮督导工作中的创新应用

请列举出数字化技术（如5G网络切片、AI检测、AR培训等）在餐饮督导中的主要优势。这些优势如何帮助餐厅提升运营管理？

分组讨论：以小组为单位，每组针对上述问题进行讨论，并准备简短的汇报。

全班分享：每组推选一名代表进行汇报，其他小组可以提问和补充。

做一做：设计数字化餐饮督导管理项目

假设你是一名餐饮服务经理，负责为一家本地餐厅设计一个类似"gaga鲜语"的数字化餐饮督导管理项目。在餐前、餐中、餐后督导管理中，有哪些督导内容可以通过数字化技术提升管理？请列出具体的项目。

操作形式：小组进行项目设计，准备详细的项目策划书和演示文稿。

汇报与评审：每组汇报展示方案，其他小组和教师进行点评，提出改进建议。

# 项目六　运筹帷幄　高屋建瓴——餐饮督导管理

　　腾飞财贸金融职业技术学院酒店管理专业大三年级的同学，本学期有四周的餐饮督导管理实训课程。本次实训期间，同学们将要在餐厅厅面、酒吧、采购营销等岗位进行督导管理跟岗实训。各岗位的督导管理者是怎样做好本岗位的督导管理工作呢？他们需要掌握督导管理的哪些方法与艺术呢？

## 任务一　领导的艺术

### 【任务目标】

知识目标：

1.认知餐饮督导管理的内涵

2.了解餐饮督导管理者的作用

3.熟悉餐饮主要督导管理者的岗位职责

能力目标：

1.具备餐饮督导管理者素质与能力

2.掌握餐饮督导管理者的工作方法

3.培育领导的艺术

素质目标：

1.养成敬业爱岗、认真负责的工作态度

2.锻炼管理思维，提升社会责任感

### 【任务导入】

　　小白和小组成员今天跟随酒吧主管 Tom 学习。有一位外籍客人投诉了调酒师 Joe，他认为 Joe 调制的鸡尾酒和他在其他酒吧喝到的同款酒水味道差异非常大，酒吧的酒水质量存在问题。Tom 接到客人投诉后，与客人进行了充分沟通，最终客人撤销了投诉。

　　任务要求：请给小白一些建议，要想成为一名出色的餐厅督导管理者，他该掌握督导管理的哪些工作方法，又该具备哪些素质与能力呢？

微课堂6-1-1

餐饮督导
管理者

### 【知识储备】

#### 一、餐饮督导管理者

##### （一）餐饮督导管理的内涵

　　餐饮督导管理即餐饮基层管理，督导管理的对象是一线员工。在酒店餐饮服务中，督导管理是非常关键的环节，对餐饮服务的质量至关重要。酒店餐饮部有很多基础督导管理者，如负责餐厅厅面管理的餐厅主管、领班，负责酒吧管理工作的酒吧主管、领班，负责采购、营销的采购主管、营销主管等。

### （二）餐饮督导管理者的作用

基层管理者是各项工作的落脚点，始终处在组织、协调、领导服务的第一线，在酒店经营管理中占有重要的地位。主管、领班的素质，决定着酒店服务的整体质量和经营管理水平。因此，主管和领班等基层管理者要努力树立自身形象，增强工作能力，保障餐饮部各项工作高质量、顺利地完成。

>> 业务链接6-1　　　　餐饮督导管理者的工作特点

他们是公司最基层的管理者，是实施各项工作和服务的直接指挥员和战斗员；

他们是与客人打交道最直接、面对面最多的基层领导，要亲自落实对客的各项服务工作，解决客人提出的各式问题；

他们是客人入店到离店接触最多的人，也是客人心目中最可信赖的人；

他们是公司各项行政工作、接待服务工作的落脚点，公司工作千头万绪，最后都需要他们来贯彻、执行、落实；

他们是本岗位、本专业的带头人，是服务员的表率、标兵，在各项服务工作中起模范带头作用和标准化的示范作用；

他们是服务员的贴心人，是服务员工作、生活的偶像，是整日和服务员在一起吃、住、工作并形影不离的亲密伙伴，是服务员的依靠力量和知心朋友；

他们是公司各部门的专业形象窗口，时刻以"公司代表"的身份在迎来送往中开展对客服务，是公司社会声誉的塑造者，是公司形象的突出贡献者。

## 二、主要餐饮督导管理者的岗位职责

### （一）餐厅服务主管

微课堂6-1-2

餐饮主要督导管理者的岗位职责

餐厅服务主管的岗位职责包括：

（1）了解客情，根据客情编排员工班次及休息日。

（2）参与制定宴会服务标准及工作流程，组织和确保宴会服务标准及工作流程的实施。

（3）负责协调与相关部门的工作，处理各种突发事件。

（4）与厨师长保持良好的合作关系，及时将客人对菜肴的建议和意见转达厨师长，供厨师长在研究制定菜单时作为参考。

（5）在开餐期间负责整个餐厅的督导、巡查工作，迎送重要客人并在服务中给予特殊关注。认真处理客人的投诉，并将客人的投诉意见及时向上级报告。

（6）负责对员工工作表现进行定期评估和奖惩，制订员工培训计划并予以落实。

（7）出席餐饮部召开的会议，主持餐厅内部会议。

（8）监督员工遵守酒店的各项规章制度。

（9）签署餐厅各种用品的领用单、设备维修单、损耗报告单等，保证餐厅的正常运行。

（10）建立物资管理制度，组织保管好餐厅的各种物品。

（11）督导员工正确使用餐厅的各项设备和用品，做好清洁保养工作，控制餐具损耗。

### （二）酒吧主管

酒吧主管的岗位职责包括：

（1）负责本部门的工作会议及员工培训。

（2）检查开吧前的准备工作，酒水、杯具备量是否合理、到位，清洁是否达到卫生标准。

（3）检查责任区域内是否有其他问题或安全隐患，如有异常情况应立即上报处理。

（4）检查每日报表是否准确，数量、金额是否相符。

（5）负责安排本部门员工的日常工作及督导调酒的效果。

（6）对吧员在工作中遇到的问题及时解决和纠正。

（7）服从上级指挥，完成上级交给的其他任务。

### （三）餐饮营销主管

餐饮营销主管的岗位职责包括：

（1）在餐厅经理的领导下开展各项销售回访工作。

（2）深入了解本餐厅区域特征、消费动态，及时把握用餐信息，向部门负责人反馈。

（3）负责完成部门下达的营销指标，积极做好客户回访工作，挖掘新客户，宣传酒店品牌。

（4）配合预订部做好相关客户资料的完善工作，按部门规定填写相应预订信息。

（5）做好与其他各部门的沟通协调工作。

（6）协助部门制订总体市场发展战略及具体实施方案，每周提供相应的资料，并将客户资料反馈至预订部。

（7）每月拜访公司签单客户，如挂账签单单位或个人，进行业务款项催收，催收期限按协议规定执行，特殊情况应上呈上级领导报批。

（8）配合楼面经理对宾客投诉进行追踪。

微课堂6-1-3

## 三、餐饮督导管理者的工作方法

餐饮督导管理者的工作方法是指主管、领班步入领导工作岗位后，带领员工进行工作、学习有时甚至涉及员工个人生活，所必须掌握的工作方法。

督饮督导管理者的工作方法

**>> 业务链接6-2**　　　餐饮督导管理者的工作方法

1.爱护服务员，做服务员的知心朋友，热情帮助其解决实际困难；

2.善于团结性格各异的员工共同工作，尤其是对持有不同意见的人要一视同仁，一碗水端平，不偏不倚；

3.认真听取大家的意见和建议，集思广益，从而作出正确的判断和决策；

4.办事要果断，有勇有谋，不拖泥带水，不犹豫不决；

5.遇事不慌，要沉着冷静，并有一定的忍耐性，切勿急中出错，注意采取灵活的方法和对策；

6.要靠智慧、经验和魄力进行工作，不要热衷于发号施令、滥用权力；

7.要正确使用奖惩的手段，既要严格要求、责罚分明，又要给人留有余地；要以表扬为主，惩罚批评的事实要准确，使人心服口服；

8.说话要真实，说到要做到，不说空话，不说大话，以此赢得大家的尊重；

9.处处以身作则，起模范带头作用，做员工的表率；

10.身教重于言教，凡是要求员工做到的事，自己必须首先做到。

总之，领导工作方法的基本秘诀是：倾注关怀、惠人惠己；以情感人、心悦诚服；推心置腹、开诚布公；意深情切、尽善尽美。

## 四、餐饮督导管理者的素质与能力要求

现代酒店对督导管理者的素质与能力要求较高，他们不仅要具备良好的知识背景、丰富的实战工作经验，还要掌握餐饮管理所需的其他技能。

### （一）扎实的餐饮从业知识

督导管理者是本岗位的带头人，在各项餐饮服务工作中起模范带头作用和标准化的示范作用，因此掌握系统的、扎实的餐饮服务专业知识是对督导管理者最基本的素质要求。另外，作为一线服务员的培训导师，还要对现代教育学、心理学和演讲艺术有一定的认识和积累。

### （二）丰富的实战工作经验

实战工作经验不仅体现在督导管理者的职业工作经验上，更重要的是要具有一线服务员相似岗位的工作经历，并积累了丰富的成功与失败经验。

### （三）良好的心理素质

督导管理者一定要具备良好的心理素质，既对自己充满信心也对团队成员充满信心，善于有效地激励员工。餐饮服务中会遇到很多突发事件，这也要求督导管理者面对这类事件发生时沉着冷静，能够迅速作出正确的决策。

### （四）其他能力

督导管理者还应具有良好的职业道德、丰富的情感，拥有较强的沟通能力、创新能力、情绪管理能力，掌握一定的服务培训技能，对工作充满热忱，谦虚谨慎，尊重下属。

## 五、餐饮督导管理者的领导艺术

做好基层领导工作既是一门学问，又是一门艺术。要想成为一名出色的餐饮督导管理者，需要掌握以下领导艺术。

### （一）善于决策

善于决策是做好领导工作的前提。要根据上级的指示和要求，结合自身的分析和比较，选出最佳方案。开始的时候方案可多选几个，便于共同研究和讨论后选定。尽量集

中多数人的意见，以确保决策的正确性。

### （二）合理用人

决策完成以后就要选择合适的人去执行，要充分发挥各类人员的长处。选择有能力、有专长的人去完成专项任务，确保成功。

▶ 知识拓展6-1　　　管理者的"十商"

1.德商（MQ）

德商是指管理者需要培养个人的包括体贴、尊重、容忍、宽恕、诚实、负责、平和、忠诚、礼貌、幽默等各种美德。

2.智商（IQ）

智商是一种表示人的智力高低的数量指标，也可以表现为一个人对知识的掌握程度。管理者要不断培养个人的观察力、记忆力、思维力、想象力、创造力以及分析问题和解决问题的能力。

3.情商（EQ）

情商是指管理自己的情绪和处理人际关系的能力。人际关系是企业成功的重要资源，良好的人际关系往往能帮助企业获得更多的成功机会。

4.逆商（AQ）

逆商是指管理者面对逆境承受压力的能力或承受失败和挫折的能力。

巴尔扎克说："苦难对于天才是一块垫脚石，对于能干的人是一笔财富，而对于弱者则是一个万丈深渊。"卡耐基则说："苦难是人生最好的教育。"

5.心商（MQ）

心商是管理者维持心理健康，调适心理压力，保持良好心理状况和活力的能力。

6.志商（WQ）

志商是意志智商，通常指一个人的意志品质水平。管理者要不断提升个人的坚韧性、目的性、果断性、自制力。

7.胆商（DQ）

胆商是一个人胆量、胆识、胆略的度量，体现了一种冒险精神。

8.财商（FQ）

财商主要是指理财能力，特别是核算投资收益的能力。财商是一个人最需要的能力，也是最容易被人们忽略的能力。

9.灵商（SQ）

灵商就是对事物本质的灵感顿悟能力和直觉思维能力。张瑞敏曾说，"人生最重要的是悟性和韧性"。管理者修炼灵商，关键在于要会思考，要敢于大胆假设，敢于突破传统思维。

10.健商（HQ）

健商是个人所具有的健康意识、健康知识和健康能力的反映。健康意识是指人们对健康价值的态度和对能否获得健康的信心；健康知识就是有关人类健康方面的知识；健康能力是人们在健康意识和健康知识综合作用的基础上，表现出有关健康的行为。

### （三）任务明确

经过讨论形成的决策，要布置安排给最适合的人执行。一般情况下，最好开会布置，使员工明确任务的内容，有利于团结协助、相互支持，以保证步调一致。

### （四）有效授权

有效授权是指在给员工分配工作任务的同时，要授予其完成任务范围内应有的权力。有效授权能调动下属的积极性，有利于圆满完成工作任务。授权就要有责任，被授权人使用领导给予的权力，要对这个权力运用的结果负全责。只有这样才能真正有职、有权、有责地完成好各项工作任务。

▶▶ **知识拓展6-2**　　　*海底捞的管理智慧*

在海底捞的企业文化中，尊重是成功的根本，一个人只有得到了尊重才会去尊重别人，一个员工只有得到尊重才能尊重他所从事的工作。

海底捞认为：客人从进店到离店都是在和普通员工打交道，如果有不满还要找经理解决，那只会把客人往外推，放权给一线才有可能最大限度地消除客人的不满。

比如，如果客人用餐不满意，员工可以第一时间给客人打折甚至免单，而不用向经理请示汇报，耽误客人的时间。授权给一线员工，员工会有主人翁意识，也有了管理者心态，这样也避免了层级之间传递消息的麻烦，能够在最短时间内解决客人的问题。

海底捞对员工放权是基于信任，一旦员工滥用则会被开除。员工都很珍惜公司的信任，也很自觉地运用自己的权力。

### （五）检查督导

检查督导是落实领导决策的重要程序。在检查督导过程中，发现问题应立即纠正，好的方法、经验要进行大力推广。检查督导同样也是反馈信息、沟通情况、形成新的领导决策的重要途径。

▶▶ **业务链接6-3**　　　*餐饮督导授权的技巧*

1.确定任务

餐饮督导管理者既要确定可以分配给员工的各项任务，还要明确哪些员工有能力而且有意愿承担这些工作。

2.确定人员

餐饮督导管理者要审视自己的员工，选择最合适的人选来执行工作任务，这是有效授权的一个关键因素。员工积极性和能力对授权的成功都很重要。

3.确定责权

确定了工作任务和人选，第三步就要对工作职责作详细划分，确定职责范围、活动内容、希望取得的结果和完成此项职责所需的职权。

4.授权

授权时，应与选中的员工进行面谈，明确工作内容、希望取得的结果及随之产生的责任和职权，建立负责制。要把新任务以一种能够激发积极性的方式呈现给员工，使工作成为一种挑战，表明其目前和将来的利益。

5.控制检查

授权要设置检查点，对进展情况跟踪检查，通过检查点可以保证员工的工作不偏离目标，及时修改或调整。

6.监督、评价和反馈

对工作进展需要进行监督、评价、反馈，向相关的员工和管理者交代新情况和被授予的权力，减少被授权员工在工作中遇到的阻力。

**（六）总结提高**

做基层领导工作，必须有新思路、新办法、新点子，要注意发现新情况、新问题，总结出更新、更好的标准和要求。

# 【任务实施】

实施描述：请帮助小白和小组成员完成一次酒吧督导管理实训。

实施准备：酒吧实训室。

实施步骤：

1.按照所学餐饮督导管理的工作方法，以小组为单位，进行模拟管理。

2.以小组为单位进行餐饮督导管理PK赛，选出每组最佳技能手。

# 【任务评价】

"酒吧督导管理"考核评分标准见表6-1。

表6-1　　　　　　　　　　"酒吧督导管理"考核评分标准

| 序号 | 考核内容 | 考核要点 | 分值 | 自评分 | 互评分 | 教师评分 |
|---|---|---|---|---|---|---|
| 1 | 仪容仪表 | 着装符合酒吧主管服务要求，端庄、大方、得体<br>妆容符合酒店业、餐饮业从业要求 | 10 | | | |
| 2 | 礼仪举止 | 面带微笑、动作规范、体现行业风采，符合酒吧服务礼仪 | 10 | | | |
| 3 | 团队精神 | 小组成员参与度高，整体的协调性好，体现默契及友爱 | 10 | | | |
| 4 | 情景设计 | 情景设计符合酒吧服务要求，具有一定的感染力 | 20 | | | |
| | | 模拟餐饮督导管理者的工作方法 | 30 | | | |
| 5 | 总体印象 | 工作方法得当，具备一定的酒吧督导管理能力 | 20 | | | |
| 总分 | | | 100 | | | |
| 小组自评 | | | | | | |
| 小组互评 | | | | | | |
| 教师评价 | | | | | | |
| 小组成员个人得分 | 姓名 | | | | | |
| | 得分 | | | | | |
| 说明 | 小组任务得分=小组自评分×20%+小组互评分×30%+教师评分×50%。小组成员个人得分由小组长和教师根据个人任务完成的情况分配分数 | | | | | |

# 任务二　激励和团队建设

## 【任务目标】

知识目标：

1.了解激励的内涵、激励的作用

2.认知团队的含义、餐饮团队建设的必要性

能力目标：

1.掌握有效激励员工的方法

2.掌握团队建设各阶段督导管理者的作用

3.培育领导的艺术

素质目标：

1.具有吃苦耐劳、敬业爱岗、忠于职守的工作态度

2.具有积极、主动、热情、耐心的服务意识及强烈的社会责任感

## 【任务导入】

本周，酒店集团办公室发起了"参与××部门策划设计"活动，希望通过这个活动，各个部门的员工更加了解本部门的发展情况，增强参与感、责任感，意识到自己在企业中的重要性，从而努力取得更好的工作表现和业绩。

任务要求：餐厅张领班希望小白协助他完成此次活动的组织，小白该如何激励大家积极参与集团的活动，协助张领班组建一个行动高效的餐饮团队呢？

## 【知识储备】

微课堂 6-2

激励和团队
建设

哈佛大学的心理学家威廉·詹姆士在对人的激励研究中发现，缺乏激励的员工仅能发挥其工作能力的20%～30%。因为只要做到这一点，就可以使自己保住饭碗。但是受到充分激励的员工，其潜力可以发挥到80%～90%，可见激励对个体潜能的挖掘和利用是多么重要。餐饮激励需要及时兑现，方法要创新，同时应注意对其他员工的心理疏导，做到公正、公平，建立立合理的奖励制度。

另外，要时时注意对团体的奖励，在现代酒店餐饮活动中，公司目标的实现离不开全体员工的共同发展，共同努力。在团体中激励，可以更好地在员工的潜意识里形成统一的思想认识，增强团队的凝聚力和竞争力。

### 一、认知激励

#### （一）激励的含义

激励是人类活动的一种内心状态，是如何确保员工个体需要的实现及个体努力的程度与企业的目标保持一致的过程。

#### （二）激励的作用

餐饮督导管理者，要带领团队实现酒店的目标，必须设法让团队成员作出有效的工作贡献。人的行为是受环境影响的，优良绩效和对酒店有利的行为只有在不断得到正面强化的情况下才有可能持续地表现出来，因此只有对员工实行有效的激励，通过确定富有挑战性的绩效目标，为员工提供绩效改善的机会和条件，才能确保员工业绩的不断改善和酒店竞争力的提升。

#### （三）激励员工的方法

**1.了解员工**

了解员工是餐饮督导管理者激励员工的前提条件。其中，员工的工作目的、工作兴趣、工作目标是主要应该了解的3个方面，可以通过访谈法、观察法、问卷调查法等加以了解。美国员工工作目的激励要素排序表（见表6-2）可以作为了解员工的参考。

表6-2　　　　　　　　　　　美国员工工作目的激励要素排序表

| 排序 | 激励要素 |
|------|----------|
| 1 | 我希望老板欣赏、认可我的工作 |
| 2 | 我希望参与和自己工作有关的决策过程 |
| 3 | 我希望老板帮助我解决那些影响工作的私人问题 |
| 4 | 我希望自己是团队中的重要一员 |
| 5 | 我希望自己的工作稳定而有保障 |
| 6 | 我希望自己的工作能多拿点工资和薪水 |
| 7 | 我希望对自己的工作感兴趣 |
| 8 | 我希望在一个有提升机会的酒店工作 |
| 9 | 我希望有一个值得自己为其工作的经理 |
| 10 | 我希望在一个有爱的工作环境中工作 |
| 11 | 我希望酒店的规章制度不要那么严苛 |

（资料来源：李国茹、杨春梅. 饭店督导管理［M］. 北京：中国人民大学出版社，2018）

**2.满足员工的需求**

满足员工的需求应做到以下3点：

（1）满足员工的安全需求。为员工提供一个安全的工作环境，帮助员工树立自信心，对有特别安全需要的员工给予特殊关注。

（2）满足员工的社交需求。时刻让员工感到被认可、被接受，创造一个良好的团队工作氛围，让员工有归属感，不让任何一位员工游离于团队之外。

（3）满足员工的尊重需求。创造一个尊重与被尊重的氛围，在餐饮督导管理的过程中，督导管理者能时刻尊重自己的员工。

**3.创造良好的工作环境**

虽然餐饮督导管理者可能没有权力对员工实施充分的物质奖励，但应经常表扬自己团队的员工，为员工创造一个良好的工作环境。餐饮督导管理者还要注意让员工的工作富有挑战性，使员工对工作有动力和兴趣。

#### 4.管理者以身作则

餐饮督导管理者应该为员工树立一个良好的榜样，将自己最好的一面展现给员工，使员工对自己的工作充满期待。

>> **头脑风暴6-1** 海底捞创新奖励机制激发员工创新动力和执行力

在海底捞，创新是一件全员参与的事情，为了激励员工创新，海底捞明确了奖励机制，设立创新项目提报制度，获得顾客满意的创新项目可根据具体情况复制到其他大区乃至全国，创新项目发起人也会获得相应奖励。创新来源于务实的工作，海底捞演唱会大巴车、夜市摆摊、洗头服务等都是门店自发的创新活动。据了解，2023年5月至9月，海底捞产生了91项获奖的创新项目，冰封玫瑰、茶艺表演、演唱会门口大巴车接人等创新项目提报人都获得了丰厚奖金。为了保持区域个性化活力，激发员工创新力，海底捞优化组织架构，调整区域管理和教练制，将现有的海底捞所有门店按照地域划小管理半径，由19位区域教练分别负责，通过组织架构和激励机制的调整，激发员工的积极性和创造力。海底捞鼓励创新，支持全员在不碰食品安全红线和保证顾客满意度的基础上，大胆创新。

讨论：海底捞是如何激励员工创新工作的？采取了什么样的方法？

（资料来源：佚名.海底捞创新奖励机制激发员工创新动力和执行力 [EB/OL]. [2023-10-27]. https://baijiahao.baidu.com/s?id=1780877294602511818&wfr=spider&for=pc.）

### 二、团队建设

#### （一）团队的含义

团队是由两个或两个以上的人组成的，通过成员之间的相互影响、相互作用，在行为上有共同的目标，有共同的评价和做事的标准，共同承担最终的结果和责任，介于群体与个人之间的一种形态。优秀的团队能给团队成员带来愉快的工作享受。新产品团队的特点见表6-3。

表6-3　　　　　　　　　　　　　新产品团队的特点

| 特点 | 内容 |
| --- | --- |
| 少数成员 | 一般为2～25人，最好为6～12人 |
| 相辅相成的技能 | 1.每一位成员应带来不同的技术技能，他们或是功能方面的专家，或是技术较强的员工等<br>2.有解决问题和作出决策的能力，有良好的沟通能力，有承担风险的能力，可以提出有建设性的建议和批评<br>3.能听取不同队员的意见 |
| 有共同的目标，共同承担责任 | 1.有共同的时间表、共同的活动<br>2.以餐饮新产品开发为例，团队成员可能涉及营销部、餐饮部、客户服务部等，他们对最终的新产品开发共同承担责任，新产品的成败就是整个团队的成败 |

### （二）餐饮团队建设的必要性

**1.团队建设的需要**

酒店行业新技术的发展和餐饮运营的基本特点，使得现在的餐饮运营管理更加依赖于高效的团队工作。只有把员工组成工作团队，以工作团队的力量完成酒店餐饮的目标才能让宾客的需求得到及时满足。

**2.团队建设的优势**

良好的餐饮团队能超越传统的工作方式，打破部门界限，促进不同部门之间的沟通和协调，克服工作中的障碍，使酒店餐饮部整体成为一个高绩效的组织。

### （三）团队的类别

根据分类的方法不同，团队的类别也不同。

**1.垂直团队**

垂直团队是指餐饮部内部运作的团队，如生产团队、设备维护团队、销售团队等。

**2.水平团队**

水平团队由餐饮部不同岗位的代表组成，他们需要对各自的工作进行协调，如餐饮管理团队、服务团队、质量保证和控制团队。

**3.特殊团队**

特殊团队是为了特殊的项目而形成的，如推动全面质量管理团队、设备专项维护团队、职业健康与安全教育团队等。

**4.临时团队**

临时团队是为了一个具体的目标而临时组成的，当目标完全达成的时候，团队也就不再需要，如××项目团队、问题解决团队和××智囊团等。

餐饮部应自觉定位为学习型工作团队。学习型工作团队是具有持续学习、适应、变革能力的组织。在学习型工作团队中，管理者的职责是调动他人，授权他人，对团队的学习负责。

### （四）团队的构成要素

团队的构成要素及其内容见表6-4。

表6-4                      团队的构成要素及其内容

| 构成要素 | 内容 |
|---|---|
| 目标 | 为什么要建立团队?希望它实现怎样的目标? |
| 定位 | 团队怎样结合到现有的组织结构中?如何定位? |
| 职权 | 团队的工作范围是什么? |
| 计划 | 团队成员应分别承担哪些工作，如何做? |
| 人员 | 团队成员来自哪些岗位 |

### （五）团队建设各阶段督导管理者的作用

餐饮团队建设包括团队的形成阶段、磨合阶段、正常运作阶段、高效运作阶段。在每一阶段，督导管理者所起的作用是不尽相同的。

1.团队的形成阶段

团队的形成阶段是第一阶段。团队成员关注更多的是与其他成员关系的构建，工作效率普遍较低。督导管理者在这个阶段的任务是：

（1）设法帮助员工尽快从个体过渡到团队成员。

（2）制定团队行为准则。

（3）明确团队的使命。

（4）制定团队议事日程并制定会议记录制度。

2.团队的磨合阶段

团队的磨合阶段是第二阶段。各种冲突正是在这一阶段出现的。大家对事情意见不同，不服从领导、不愿受团队的纪律约束的现象时有发生。督导管理者在这个阶段的任务是：

（1）鼓励团队成员开诚布公地沟通。

（2）设法解决冲突和矛盾，而不是压制。

（3）鼓励建设性的意见和建议的提出。

（4）强调团队的整体目标和任务。

3.团队的正常运作阶段

团队的正常运作阶段是第三阶段，成员对自己在团队中的角色和解决问题的方法达成共识，整个团队达到自然平衡，差异缩小。督导管理者在这个阶段的任务是：

（1）减少在团队中的干预。

（2）把自己融入团队中。

4.团队的高效运作阶段

团队的高效运作阶段是第四阶段。成员之间互相关心，互相支持，团队内部达到高度统一，能够圆满地解决问题、完成任务。督导管理者在这个阶段的任务是：

（1）保证部门对团队提供的各种资源支持。

（2）协调团队与企业之间的关系。

（3）授权于团队成员。

当然，并不是所有的团队建设都会经历上述所有阶段，一些团队可能在某一阶段暂时陷于停滞，因此团队成员和督导管理者都需要学习如何有助于创建成功团队。

**（六）团队建设的维护**

餐饮督导管理者在团队形成的各个阶段都要注意团队建设的维护工作。团队建设维护主要有以下两种方法。

1.员工参与法

员工参与决策的过程，可以激发员工工作的积极性，促进团队建设。具体做法如下：

（1）让员工积极提出想法。

督导管理者可以在决策过程中使用头脑风暴法等引导员工积极表达自己的想法。

（2）从反馈中形成解决方案。

督导管理者在收到员工的意见和建议后，应按照科学、合理的方法筛选最佳方案并对方案的执行实施监控和评估。

2.员工建议法

员工建议法是鼓励员工提出自己的意见。例如，"员工意见箱"可以为员工提供正规的建议渠道，督导管理者也可以鼓励员工随时提出自己的意见和建议。具体做法如下：

（1）认真考虑员工的意见并采纳员工的合理建议。

（2）采纳员工建议时要对提建议的员工进行表扬、鼓励甚至奖励。

（3）建议未被采纳也要向员工进行解释和说明。

（4）对于涉及员工切身利益的建议应妥善处理。

▶▶▶ 知识拓展6-3　　　　员工离职的"232"原则

"2"是两周。也就是说，人员进到酒店两周之后就辞职不干了。发生这种情况，主要的原因是酒店在招聘的时候"骗"了他。曾经许诺给员工的，两周过去了也没兑现，员工当然就走了。

"3"是三个月试用期。为什么员工在试用期之内就辞职？主要的原因是公司在职位上"骗"了他，原来许诺他带多少人、参加多少培训、有什么福利等，快三个月了什么都没发生，员工不等过了试用期就会走人了。

前面这两种情形其实都跟招聘有关。

最后一个"2"是两年。员工干满两年，也就成了所谓的老员工。员工希望升职，希望工作轮换，这时候公司如果不能给他提供机会，不能把他的工作扩大化，到了这个节骨眼上，老员工也就留不住了，这就是公司激励机制的问题了。

## 【任务实施】

实施描述：请帮助小白完成一次员工激励实训。

实施准备：会议室。

实施步骤：

1.将同学们分成若干小组，每组6~7人，选出小组长。

2.以小组为单位，小组长来组织设计本团队的队徽、队标、队名、行动规范等。

3.督导每个小组提出一个"餐饮部××主题策划设计"活动，并协助小组长激励小组成员充分参与活动。

## 【任务评价】

"激励与团队建设"考核评分标准见表6-5。

表 6-5                               **"激励与团队建设"考核评分标准**

| 序号 | 考核内容 | 考核要点 | 分值 | 自评分 | 互评分 | 教师评分 |
|---|---|---|---|---|---|---|
| 1 | 团队精神 | 小组成员参与度高，整体的协调性好，体现默契及友爱 | 20 | | | |
| 2 | 激励方法 | 较好地掌握了激励的方法并运用得当 | 20 | | | |
| 3 | 情景设计 | 情景设计符合项目要求 | 20 | | | |
| | | 基本掌握了团队建设的工作方法 | 20 | | | |
| 5 | 总体印象 | 工作方法得当，具备了一定的激励与团队建设能力 | 20 | | | |
| | | 总分 | 100 | | | |
| 小组自评 | | | | | | |
| 小组互评 | | | | | | |
| 教师评价 | | | | | | |
| 小组成员个人得分 | 姓名 | | | | | |
| | 得分 | | | | | |
| 说明 | 小组任务得分=小组自评分×20%+小组互评分×30%+教师评分×50%。小组成员个人得分由小组长和教师根据个人任务完成的情况分配分数 | | | | | |

# 任务三 增进沟通

## 【任务目标】

知识目标：

1.理解沟通的含义和特征

2.掌握沟通的要素和过程

3.认识沟通障碍产生的原因

能力目标：

1.能够避免沟通障碍

2.能够运用有效沟通方法开展高效沟通

素质目标：

具有善于思考、勤于学习、乐于沟通的工作态度

## 【任务导入】

中午，一位客人打电话到餐厅，表示想点一个"T骨牛扒"，希望餐厅能为其提前准备并预留位置。当时，接电话的小白正准备去用午餐，考虑到客人要半小时后才能过

来，而这段时间餐厅生意并不旺，肯定有空位，而且自己用餐时间用不了半小时，于是在未向其他同事交代的情况下便吃饭去了。大约一刻钟后，客人来到餐厅，询问另一名当值的服务员孙芳，自己的位置是否已经预留，午餐是否已经准备好。孙芳回复说没有接到预订电话，并不知此事。客人听后非常生气，并向餐厅经理投诉。

任务要求：如果你是餐厅经理，该如何和小白沟通并帮助小白解决问题。

## 【知识储备】

### 一、沟通的含义及餐饮督导沟通的类型

良好的沟通是建立尊重和信任的基石，一位优秀的餐饮督导管理者，要善于与同事沟通。餐饮督导过程会经常涉及沟通，如每日例会、交接班会议、员工培训、部门间合作等，非常普遍。

#### （一）沟通的含义

沟通是指为达到一定目的，将信息、思想和情感传送给对方，并期望得到对方作出相应反应的过程。沟通是传递和交换的行为。

沟通广泛存在于酒店各部门的管理活动中。沟通对于餐饮部来讲，也是必不可少的。沟通是信息的传递与理解，有效沟通是经过传递之后被接受者感知到的信息与发送者发出的信息高度一致。

#### （二）餐饮督导沟通的类型

以餐厅领班为例，他的沟通主要有3种类型，如图6-1所示。

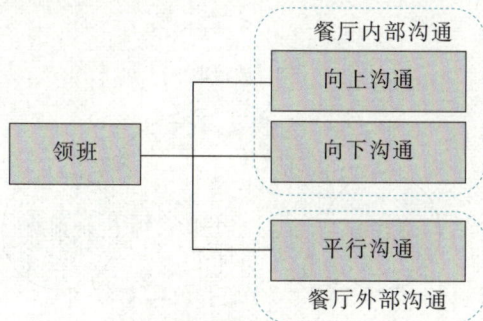

图6-1　餐厅领班督导沟通的类型

1.向上沟通

餐厅领班同餐厅主管和餐厅经理的沟通，主要是汇报每日督导工作和反映餐厅基层员工在工作中的诉求以及出现的问题。

2.向下沟通

餐厅领班的向下沟通主要是分配工作任务，对员工进行培训、指导，以及对在工作中出现问题的员工进行一对一指导。向上沟通和向下沟通都是指餐厅内部的沟通。

3.平行沟通

餐厅领班还需要处理餐厅与其他平行部门的关系，如宴会厅、酒吧、工程部、客房部等，其在遵循酒店规章制度的同时要注意处理好同平行部门的协作关系。

## 二、沟通的要素

沟通的要素是确保沟通各方有效交流的保障。沟通者开展一次高效的沟通需要考虑6个方面的要素，分别是目的、人物、时间、地点、主题和方式，如图6-2所示。

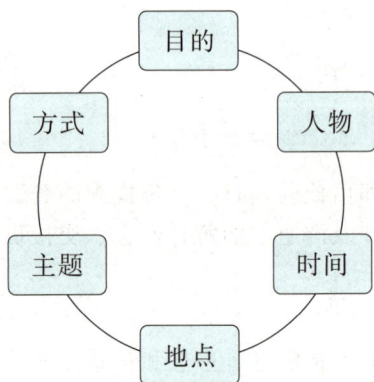

图6-2　沟通的6个要素

### (一) 目的

目的也就是沟通的目标。英国学者尼基·斯坦顿在《沟通圣经》里提到，不管是进行书面还是口语的沟通，试图说服、告知、娱乐、教育对方或达到任何其他目的，背后总是有4个主要目标，即被接收、被接受、被理解、使行动，如图6-3所示。

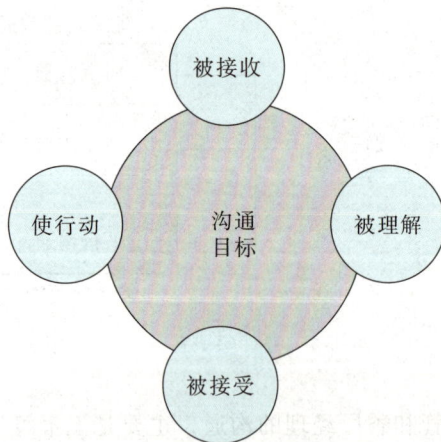

图6-3　沟通的4个主要目标

在餐厅督导工作中，作为餐厅领班会经常开展不同的沟通与交流。常见的沟通主要分为对内沟通和对外沟通两种。对内沟通就是与自己的同事交流，如培训正确的工作标准、解决同事工作中出现的问题、改进同事的工作态度等。对外沟通主要是与客人交流，如了解客人对餐厅产品的满意度、询问意见和建议、解决客人的投诉等。确定沟通目的是一件非常重要也非常不容易的事情。

> 沟通前可以询问自己以下问题：
> * 我为什么要进行本次沟通？
> * 我沟通的真正原因是什么？
> * 我希望以此带来什么结果？在沟通之后对方会做些什么？
> * 我的目的是什么？

### （二）人物

人物指的是沟通的对象。餐饮督导沟通的主要对象是同事和客人。被沟通者接收、理解信息的方式因其文化、年龄、个性等特点的不同而存在差异。

> 沟通前可以询问自己以下问题：
> * 谁是我的听众（听者或读者）？
> * 他是什么样的人？他有什么样的个性和教育背景？他的年龄是多大？
> * 他对沟通的内容可能会有什么样的反应？
> * 他对信息的主题已经了解多少？

### （三）时间

时间对沟通效果的影响是多方面的。在餐饮督导过程中，如果是培训，选择在午餐或者晚餐的空闲期比较适宜。如果是员工绩效反馈，则应放在员工体力和注意力处于最佳状态的时候。切忌在员工精神和体力欠佳的时候与其开展正式的沟通谈话，这将会影响沟通效果。

> 沟通前可以询问自己以下问题：
> * 沟通对象何时方便？
> * 在何时更有助于沟通？

### （四）地点

地点是指沟通活动发生的空间范围，涉及地理区域、特定场所和室内布置等。督导中，沟通的地点应该因内容而定，但是整体要求场所应尽可能安静，不易被打扰。因为环境决定着人们对信息的解读方式，人们通常会根据经验形成一些思维定式或思考习惯，这些定式和习惯是人们快速解读信息的线索。

> 沟通前可以询问自己以下问题：
> * 在何地更有助于沟通目标的实现？

### （五）主题

主题指的是沟通的内容，是沟通活动要紧密围绕的核心问题或话题。主题作为主要的背景和前提，是帮助沟通者理解和记忆沟通内容并作出反馈的主要依据。

在开展正式沟通之前，沟通者可以通过思维导图的方式将谈话主题以及拓展的内容梳理出来，这样再开始对话可以提高沟通的效率，避免跑题。

沟通前可以询问自己以下问题：
- 我到底想说什么？
- 围绕这个主题，我需要说什么？
- 对方需要知道什么？
- 哪些信息可以省略？哪些信息不能遗漏？

### （六）方式

方式是指沟通者需要通过何种手段来实现沟通目标。它既可以指沟通方法，如归纳法和演绎法，也可以指沟通呈现形式，如书面沟通和口头沟通。为了帮助理解，我们可以采用一些辅助工具，如实物、图片、多媒体等。

沟通前可以询问自己以下问题：
- 什么沟通媒介最合适？书面沟通还是口头沟通呢？
- 如何组织各项重点？是用演绎的方式（先提重点，然后说明/举例/图解），还是用归纳的方式（先说明/举例/图解，然后把重点归纳出来）？
- 如何达到预期的效果？我该采用什么语气以达到目标？我应该采用或避免哪些字眼？

>> **头脑风暴6-2**　　　四颗糖果的故事

有一个男生用泥块砸了自己班上的男生，被校长陶行知发现并制止后，命令他放学时到校长室去。放学后，陶行知来到校长室，男生早已等着挨训了。

可是陶行知却笑着掏出一颗糖果递给他，说："这是奖给你的，因为你按时来到这里，而我却迟到了。"男生接过糖果。随后陶行知高兴地又掏出第二颗糖果放到他的手里，说："这是奖励你的，因为我不让你打人时，你立即住手了，这说明你很尊重我，我应该奖你。"

男生惊讶地看着陶行知。这时陶行知又掏出第三颗糖果塞到男生手里，说："我调查过了，你用泥块砸那些男生，是因为他们欺负女生。你砸他们说明你很正直、善良，而且有跟坏人作斗争的勇气，应该奖励你啊！"

男生感动极了，他流着眼泪后悔地喊道："陶校长，我错了，我砸的不是坏人，而是同学……"陶行知满意地笑了，他随即掏出第四颗糖果递过来，说："为你正确地认识自己的错误，我再奖给你一颗糖果，我没有多的糖果了，我们的谈话也可以结束了。"

讨论：陶行知先生是如何利用沟通要素教育学生的？

（资料来源：佚名.大教育家陶行知先生的四颗糖［EB/OL］.［2018-11-16］. http://www.unjs.com/zuixinxiaoxi/ziliao/20170718000008_1396866.html）

## 三、沟通的障碍

沟通的障碍是指信息在传递和交换过程中，由于受多方面因素的影响，往往被丢失或曲解，从而不能被有效地传递，形成障碍。为了揭示沟通障碍产生的原因以达成有效沟通，我们先来了解沟通的过程。

### （一）沟通的过程

沟通的过程就是信息发出者传递信息给接收者的过程，如图6-4所示。在沟通的一端，信息发出者将信息编码形成语言通过选择的渠道发送出去，而在沟通的另一端，信息接收者将接收到的信息翻译成所解释的含义即进行解码，并作出反馈。通过反馈，信息发出者能够判断信息接收者是否正确接收到信息，并采取其所希望的行动。如果没有反馈，信息接收者极有可能会出现理解偏差。

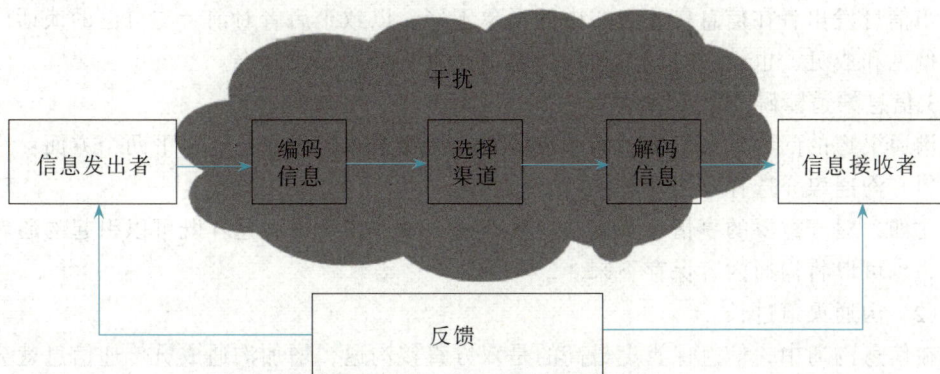

图6-4　信息传递的过程

### （二）沟通障碍产生的原因

在沟通过程中会有各种各样的障碍干扰有效沟通。常见沟通障碍产生的原因主要有以下3个方面：

1.信息发出者的障碍

信息发出者在沟通过程中，可能会受个人情绪、表达能力、个人倾向等方面的影响导致沟通中产生障碍。

（1）目的不明。

若信息发出者对自己将要传递的信息内容、交流目的缺乏真正的理解，即不清楚自己到底要向对方倾诉什么或阐明什么，那么，信息沟通的第一步便碰到了无法逾越的障碍。

（2）表达能力不佳。

信息发出者口齿不清、语无伦次、闪烁其词，或者词不达意、文理不通、字迹模糊，都会造成传递失真，信息接收者也就无法了解对方所要传递的真实信息了。

（3）信息传送不完整。

这种情况往往表现在信息发出者没有将特殊情况考虑在内，而是仅把一般情况的处理方式告知信息接收者，从而导致信息接收者以一般的处理方式处理特殊问题。

（4）信息发出者诚信度不高。

信息发出者的诚信度直接影响到信息接收者对其传递信息的信赖程度，若信息发出者信用不佳，则会导致信息接收者对其传递的内容产生不信任。

2.信息接收者的障碍

信息接收者也同样会受到自身情绪、个人倾向、注意力、判断力等因素的影响而作用于信息接收的效果。这方面的障碍表现在以下3个方面：

（1）信息接收者的不良情绪。

当信息接收者在接收到负面信息的时候，会自然产生消极抵触的不良情绪，进而想为自身辩解。因此，在沟通中，沟通者应尽可能地用事实性语言而非观点性语言进行表达。

（2）对信息的理解差异。

信息接收者因自身工作背景、文化程度、教育水平等因素的不同会形成理解力的差异。

（3）偏见与成见。

当信息发出者在信息接收者心中的形象不好，以致于后者对前者与自己的谈话内容存在偏见和成见，也就会对其讲述的内容不愿意听或者不予理会。

3.信息渠道障碍

沟通渠道的问题也会影响到沟通的效果。沟通渠道障碍主要有以下两个方面：

（1）沟通媒介选择不当。

比如，对于重要的事情，最宜选择书面的方式进行沟通，这样既可以引起沟通者的重视，也可以将沟通内容保存下来。

（2）沟通渠道过长。

在信息沟通中，信息保真度最高的是双方直接沟通，增加沟通成员传递信息就会降低信息的准确度。随着渠道长度的不断延伸，信息从最初发出者口中到最终接收者耳中的准确度大打折扣。一项关于公司沟通状况的调查显示，信息每经过一个层级的传递，就会被过滤掉30%左右。

4.外部干扰

信息在沟通过程中经常会受到外界噪声、机器故障的影响，或者被其他事物干扰，这样不仅会影响沟通双方的心情，也容易影响沟通的准确性，因此沟通双方应该选择合适的场所，将外界的干扰排除在外。

微示范6-1："无效沟通案例"的示范要求及参考评价见表6-6。

表6-6                          "无效沟通案例"的示范要求及参考评价

| 示范项目 | 无效沟通案例 | |
|---|---|---|
| 示范准备 | 酒店综合实训室 | |
| 示范要求 | 掌握正确的方法避免无效沟通 | |
| 示范方法 | 1.将学生分组，每组3～4人<br>2.由教师指导，学生分组练习 | |
| 示范评价 | 知识应用 | 1.认识无效沟通产生的原因<br>2.理解无效沟通的语言行为 |
| | 能力提升 | 1.能够避免使用无效沟通的语言<br>2.能够在沟通中避免信息传递的偏差 |
| | 素质培养 | 1.积极、主动、热情、耐心的沟通意识<br>2.一丝不苟、精益求精的工作态度<br>3.养成良好的沟通习惯 |
| | 成果展示 | 模拟情景避免沟通障碍 |

### 四、有效沟通

微示范6-2："如何有效沟通"的示范要求及参考评价见表6-7。

表6-7　　　　　　　　　"如何有效沟通"的示范要求及参考评价

| 示范项目 | 如何有效沟通 | |
|---|---|---|
| 示范准备 | 酒店综合实训室 | |
| 示范要求 | 掌握正确的方法做到有效沟通 | |
| 示范方法 | 1.将学生分组，每组3～4人<br>2.由教师指导，学生分组练习 | |
| 示范评价 | 知识应用 | 1.掌握有效沟通的语言运用<br>2.掌握保持良好沟通的技巧 |
| | 能力提升 | 1.能够用正确的方式与同学进行顺畅的沟通<br>2.能够在沟通中避免信息传递的偏差 |
| | 素质培养 | 1.培养学生沟通中的同理心<br>2.积极、主动、热情、耐心的沟通意识<br>3.养成良好的沟通习惯 |
| | 成果展示 | 模拟情景进行有效沟通 |

#### （一）创造有利的沟通环境

**1.选择恰当的时机**

古语常说，天时地利人和。每件事情的发生都有合适的时间、地点、人物，交流沟通也是如此。餐饮督导者应避免把沉重或复杂的谈话（如餐饮营收或每周/日计划）留到会议最后或傍晚时分才讨论。在每个人最疲劳的时候，很少有人能兴奋而激动地解决主要问题。反之，可以在一个人最清醒、最能作出清晰回应的时候（通常是早晨或下午）来讨论重要问题。

微示范6-2

如何有效
沟通

**2.选择适当的地点**

如果沟通话题涉及员工的隐私或者不太容易被其接受，就不要在公共场合或其他人在附近的时候与其进行谈话。选择僻静场所既可以照顾到对方的感受，同时也能确保双向沟通过程正常进行。如果需要对一个餐饮团队进行沟通交流，主管要确保空间宽敞，团队成员都能听清楚。

**3.消除不必要干扰**

比如，交谈时如果电话响起，第一次时可一笑置之，并马上关掉电话继续交谈。作为一名餐饮督导管理者，切勿在与对方谈话中随意翻阅手机，这样既会让自己分心，同时也会让沟通对象感到对其不尊重。

#### （二）有效组织材料

**1.确定沟通的目的**

可以把希望达到的沟通目的写下来，用一到两个句子即可。沟通时，把它放在眼前，但最好不要让对方看到，从而有助于组织沟通的内容，并避免离题。

## 2.筛选相关的信息

餐饮督导管理者可以借助思维导图，让自己的想法围绕着沟通的目的进行展开，把重要的和有价值的想法全部列出来，然后在此基础上进行信息的搜集和筛选，把不相关的信息全部舍弃。

## 3.列举事实性依据

列举事实性依据来佐证自己的谈话观点比选择观点性语言进行沟通的效果更好。我们来对比一下。比如，第一种情形是餐饮主管对员工小王说："小王，你最近对工作不太积极啊！"第二种情形是餐饮主管对员工小王说："小王，你最近一周上早班迟到了三次，在周三还引起了一起客人投诉。"很明显，第二种列举事实性依据比第一种观点性表达更容易让员工理解并接受。

### （三）良好的语言交流

#### 1.让谈话者放松

在进行交谈或汇报前，有时候可以以一件趣事作为开头，此举有助于拉近与员工的距离。

#### 2.直接沟通与双向沟通并重

直接沟通可以有效地避免信息在传送过程中出现过滤的情况，保证信息接收的准确性。同时，通过双向沟通的形式，信息接收者对信息进行反馈，可以让信息发出者判断其是否理解了沟通的内容，同时还有助于建立良好的人际关系。

#### 3.避免说话含糊

在餐饮督导中，有些领班在给员工交代工作的时候，并不会明确说出自己的想法和思路，这就导致很多员工没有办法准确理解其意思，最后工作任务执行的结果和交代的内容出现偏差。因此，在沟通中，领班需要明确自己想要表达的意思，避免员工因理解不到位而导致工作出现失误。

#### 4.积极倾听

在沟通中，督导管理者需要耐心倾听对方说话。第一，不要频繁地打断对方，确保其将意思完整地表达出来。另外，通过重复对方的一些关键信息，可以确认接收到的信息是否和对方想表达的一致。第二，不要过早评断。当对方还在交谈中，不要提前预判，切忌在没弄清楚事情原委的时候就批评他人、没听完对方的话就开始作评价。第三，要适时进行必要的提问或回应，引导对方讲下去。

### （四）重视非语言交流

督导管理者在与餐厅员工沟通时，除了语言要准确以外，还要重视非语言沟通手段的运用，可以借助手势、眼神、表情等来帮助实现思想和感情上的沟通，表达主题、兴趣、观点、目标和用意等。比如，初次见面时，马虎而随便的握手与热情而有力的握手会给人完全不同的感受。坚决而有力的动作，可以明确传达信息发送者坚定的态度和对前景充满信心。用炯炯的目光表示信任等同于鼓励信息接收者接收信息、理解信息、执行信息所提出的要求，可以产生此处无声胜有声的效果。在交谈中请勿四处张望，或者手里摆弄其他物品，这些小动作会让传达信息的效果打折。

## 【任务实施】

实施描述：如果你是餐厅经理，请与小白开展一次有效沟通，帮助他解决工作中存在的问题。

实施准备：实训室。

实施步骤：

1.学生两人为一组，开展有效的沟通，并角色互换。

2.以小组为单位进行沟通能力PK赛，选出每组最佳技能手。

## 【任务评价】

"有效沟通"考核评分标准见表6-8。

表6-8　　　　　　　　　　　　"有效沟通"考核评分标准

| 序号 | 考核内容 | 考核要点 | 分值 | 自评分 | 互评分 | 教师评分 |
|---|---|---|---|---|---|---|
| 1 | 语言应用 | 能够运用事实性语言而非观点性语言<br>说话明确，而不是模棱两可<br>提前组织好沟通内容<br>注重双向沟通 | 10 | | | |
| 2 | 积极倾听 | 不打断对方<br>重复对方的关键信息<br>及时回应 | 20 | | | |
| 3 | 环境创造 | 沟通者感到放松<br>方便沟通交流 | 30 | | | |
| 4 | 非语言表达 | 手势<br>眼神<br>表情 | 20 | | | |
| 5 | 采取行动 | 给出解决方案<br>解决方案切实可行 | 20 | | | |
| | | 总分 | 100 | | | |
| 小组自评 | | | | | | |
| 小组互评 | | | | | | |
| 教师评价 | | | | | | |
| 小组成员<br>个人得分 | 姓名 | | | | | |
| | 得分 | | | | | |
| 说明 | | 小组任务得分=小组自评分×20%+小组互评分×30%+教师评分×50%。小组成员个人得分由小组长和教师根据个人任务完成的情况分配分数 | | | | |

# 任务四　解决问题的诀窍

## 【任务目标】

知识目标：

1.了解餐厅问题产生的主要原因

2.掌握解决问题的工作程序

能力目标：

1.能够运用解决工作问题的方法、技巧解决餐厅问题

2.能够运用解决员工问题的方法、技巧解决员工问题

3.能够灵活应对餐厅督导管理过程中的一些特殊情况

素质目标：

1.具有吃苦耐劳、敬业爱岗、忠于职守的工作态度

2.具有积极、主动、热情、耐心的服务意识

3.具有创新思维、较强的集体意识和团队合作精神

## 【任务导入】

餐饮部最近一段时间员工士气低沉，顾客投诉增加。办公室主任通过员工意见征询和多方摸底，调查发现：70%的员工反映酒店缺乏业余文化氛围；65%的员工觉得在酒店感觉不到被重视；而在工资福利的调查上却只有15%的员工不满意。

微课堂6-4

解决问题的诀窍

**任务要求**：请给小白一些建议，他该如何协助餐饮主管去解决当前的问题。

## 【知识储备】

### 一、餐厅问题认知

餐饮业不同于制造业，餐厅员工直接向宾客提供产品和服务，而宾客常常会对餐饮产品和服务提出新的要求。因此餐饮督导管理者需要灵活而机动地处理餐厅出现的各种问题。

#### （一）餐厅问题产生的根源

餐厅问题产生的根源可以归纳为以下3个方面：一是资源因素；二是人员因素；三是制度因素。

**》》 业务链接6-4　　督导人员要解决餐厅服务中的哪些问题呢**

1.设施设备过于陈旧需报修；

2.员工流动率过高，人手不足；

3.由于人手不足，新员工来不及培训就上岗，服务质量受到影响；

4.不合格的新员工上岗导致宾客投诉；

5.员工间出现矛盾，影响了工作和对客服务；

6.管理层对督导的支持力度不够；

7.管理层不听取员工的意见；

8.管理层承诺的加薪等福利不能兑现，员工意见大。

## （二）解决问题的顺序

督导管理者要想顺利地解决餐厅遇到的问题，首要的是有敢于面对问题的心态并积极寻找解决问题的最佳方案，解决问题的时候可以参照以下顺序。

1.认识问题

（1）督导管理者在解决问题之前，要先学会认识问题，看到问题的本质。

（2）正确地界定问题即对问题有清晰的理解，明确知道通过解决问题能够达到的"期望状况"。

2.分析问题

寻找并分析出问题发生的根本原因及影响因素。

3.制订解决方案及实施计划

从可行的多个问题解决方案中筛选出最佳的解决方案并拟订实施计划。

4.解决问题

按照计划实施并随时微调，保证问题解决的有效性。督导管理者需要不断提高解决问题的能力。

## 二、解决问题的方法和技巧

工作的问题和员工的问题是督导管理者在日常工作中经常面临的亟须解决的主要问题类型。

### （一）解决工作问题的方法和技巧

解决工作问题最常用的方法是集体解决问题法，也可以称为参与式解决问题，具体工作程序见表6-9。

表6-9　　　　　　　　　　参与式解决问题的工作流程

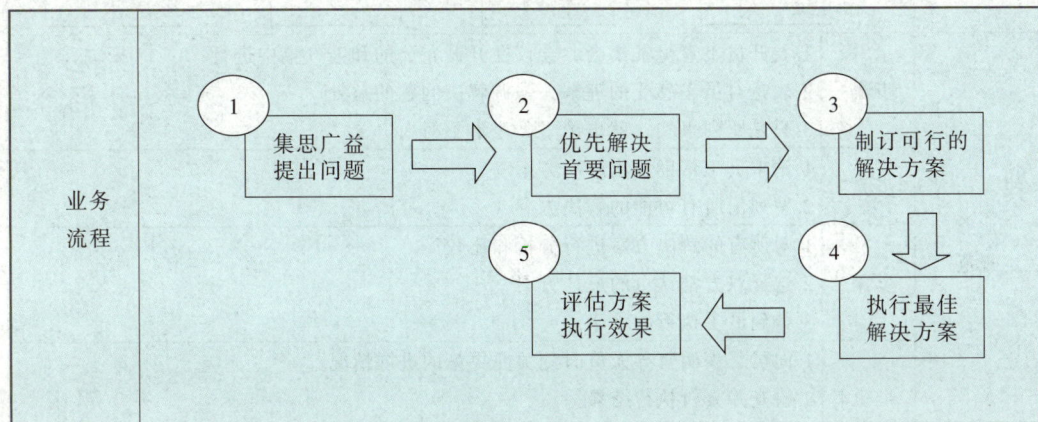

| 业务流程 | ① 集思广益<br>提出问题 → ② 优先解决<br>首要问题 → ③ 制订可行的<br>解决方案<br>⑤ 评估方案<br>执行效果 ← ④ 执行最佳<br>解决方案 |
| --- | --- |

| | | |
|---|---|---|
| 业务规范 | 步骤1 | 1.确定讨论时间。督导人员要根据问题的性质和内容来确定讨论所需要的时间长短<br>2.鼓励小组成员发言。可以使用头脑风暴法，不过，为了保证员工能够畅所欲言，督导人员注意不要作出批评和不当评论 |
| | 步骤2 | 对团队成员提出的所有问题按照重要和优先解决的顺序进行排序，找出首先要解决的问题 |
| | 步骤3 | 1.说明要解决的问题。比如，餐厅存在的问题、存在的问题对员工的影响、存在的问题对宾客与酒店经营的影响、解决该问题的成效如何，等等<br>2.人人贡献解决方案。团队每位成员都提出自己的解决方案，将解决方案列示出来<br>3.选择可行的解决方案。通过举手表决、投票或者排序方法获取可行的解决方案 |
| | 步骤4 | 1.执行最佳方案。督导人员应该确定准确的时间，以确保方案能按照既定的目标完成<br>2.征询方案的反馈意见。关于方案执行的反馈意见可以来自多个方面，如员工、管理层、人力资源部、其他督导人员、宾客等<br>3.修正最佳方案。在方案执行的过程中，可以不断地对方案进行修正，如对最佳方案具体化、增加或者减弱最佳方案的执行力度等 |
| | 步骤5 | 最佳方案执行后，要对方案的执行效果进行科学的评估 |

### （二）解决员工问题的方法和技巧

餐厅的工作问题一般来说集中在产品、方法、安排、时间、费用等有形的事物上，而员工问题则大多表现在员工情感、期望、激励等与人有关的却无形的需求上。因此解决员工问题的方式方法与工作问题有着本质的区别，员工问题的解决更取决于酒店督导人员的领导艺术。可以通过员工意见征集会等方式解决员工问题，工作流程具体内容见表6-10。

表6-10 解决员工问题的工作流程

| | | |
|---|---|---|
| 业务流程 | ① 确认事实情况 ⇒ ② 共同探讨可能的解决方案 ⇒ ③ 共同平价可能的解决方案 ⇒ ④ 执行最佳解决方案 | |
| 业务规范 | 步骤1 | 1.召开员工意见征集会，会议在开诚布公的和谐气氛中进行<br>2.表达对员工感受的理解，强调解决问题的益处<br>3.只是罗列事实，就事论事，对事不对人 |
| | 步骤2 | 1.请求员工帮助找出解决方案<br>2.罗列出所有可能的解决方案 |
| | 步骤3 | 1.对所有的解决方案进行分析和比较<br>2.选择双方都认可的最佳方案<br>3.得到员工执行的承诺 |
| | 步骤4 | 1.向员工表明督导人员时刻关注决策的进展情况<br>2.检查并分析执行结果<br>3.评价解决问题的效果，看是否有可以改进的地方 |

**业务链接6-5　　　督导人员"解决问题"的技巧**

1.收集信息，扩充知识体系，深化学习。
2.高度敏感，目的清晰，思维缜密。
3.交流思想，加强沟通，群策群力。
4.善于变通，开拓创新。
5.自我管理，充满激情。

## 【任务实施】

**实施描述：**请协助小白完成一次员工问题征集会。
**实施准备：**调查问卷、会议室等。
**实施步骤：**

1.按照所学餐饮督导管理的工作方法，以小组为单位，进行模拟。
2.以小组为单位进行"解决问题的技巧"能力PK赛，选出每组最佳技能手。

## 【任务评价】

"解决问题的技巧"考核评分标准见表6-11。

表6-11　　　　　　　　"解决问题的技巧"考核评分标准

| 序号 | 项目 | 标准 | 分值 | 自评分 | 互评分 | 教师评分 |
|------|------|------|------|--------|--------|----------|
| 1 | 仪容仪表 | 着装符合餐饮主管服务要求，端庄、大方、得体<br>妆容符合酒店业、餐饮业从业要求 | 10 | | | |
| 2 | 团队精神 | 小组成员参与度高，整体的协调性好，体现默契及友爱 | 10 | | | |
| 3 | 服务意识 | 小组成员具有积极、主动、热情、耐心的服务意识 | 10 | | | |
| 4 | 情景设计 | 情景设计符合解决问题的技巧要求，具有一定的感染力 | 20 | | | |
| | | 模拟餐饮督导管理者的工作技巧 | 30 | | | |
| 5 | 总体印象 | 工作技巧得当，具备一定的解决问题能力和技巧 | 20 | | | |
| 总分 | | | 100 | | | |
| 小组自评 | | | | | | |
| 小组互评 | | | | | | |
| 教师评价 | | | | | | |
| 小组成员<br>个人得分 | 姓名 | | | | | |
| | 得分 | | | | | |
| 说明 | | 小组任务得分=小组自评分×20%+小组互评分×30%+教师评分×50%。小组成员个人得分由小组长和教师根据个人任务完成的情况分配分数 | | | | |

## 学而时习

学："仓廪实而知礼节，衣食足而知荣辱"。在古代，这一文化价值观不仅反映在普通人家的生活中，也延伸至皇室，"御厨"职业的诞生就与此相关。中国古代御厨机构是如何发展的？

《孟子·梁惠王上》："君子之於禽兽也，见其生，不忍见其死；闻其声，不忍食其肉。是以君子远庖厨也。"意思是：君子不忍心杀生也不忍心吃肉，无法烹饪，故远离厨房。

庖厨是战国时期专门为皇帝做饭的御厨机构。秦朝时期设有主要负责祭祀、朝会、宴酒膳馐之事的专门机构，名为郎中令，到了汉武帝时期便改名为光禄勋，东汉末年又复称郎中令，此后一直不断更名，直到北宋时期，方才定为光禄寺。虽然名字千变万化，但其工作职责一直未有太大改动，主要负责皇宫内尤其是皇帝的膳食，是专门的御厨机构。北魏时期，尚食局掌管皇帝的膳食，而光禄寺掌管百官膳食。尚食局是隋唐年间属于门下省的御厨机构，主要的工作有两个：一是搭配；二是试菜。既然尚食局是为皇帝的饮食而存在的机构，其搭配的饮食无论是食材还是色彩、形态、口感等，都要做到最好，即"色香味美"俱全。最重要的是，必须按照皇帝的喜好来，所以尚食局的官员们，不仅在做菜方面能力要突出，还必须具有"艺术的气息"，十分了解皇帝。清朝时期，众所周知的御膳房就诞生了，它是设在内务府下的御厨机构。御膳房就如同尚食局与光禄寺的合体，主要负责皇室成员如皇帝、妃子、王爷等人的饮食，在顺治年间分为茶房和膳房，乾隆年间又合为一体。

中国古代的御厨机构，每个朝代都有每个朝代的特色，但无论时代如何变化，朝代如何更迭，御厨机构总是不变的，它所代表的是当时社会最高的烹饪水平，既反映着整个时代的历史特色，也反映着中国饮食文化的发展与进步，更奠定了现代人对于美食的热爱与追求。

（资料来源：佚名.探析古代御厨机构的发展历程.［EB/OL］.［2021-08-20］.（http://www.360doc.com/content/21/0820/16/5512889_991890535.shtml.有删改.）

习：制度是支撑一个企业正常发展的重要支柱之一，是规范员工工作行为的重要工具。

餐饮企业的制度建设包括组织机构的设置和管理制度的制定。组织机构是指一个餐饮企业从总部到分店的部门划分，无论如何，一个经营企业必须有一个完整的组织机构，这样才能保证企业的供应链、生产链、服务链等有条不紊地正常工作。管理制度是一个企业在实际经营中应该遵循的各项制度，如各种岗位职责、针对员工的规章制度等。

## 项目微测试

### 一、不定项选择题

1.督导管理者在与餐厅员工沟通时，除了语言要准确之外，还要重视非语言沟通手段的运用，可以借助（　　）等来实现思想和感情上的沟通，表达主题、兴趣、观点、目标和用意。

A.手势　　　　　　　　　　　B.动作

C.眼神　　　　　　　　　　　D.表情

2.餐厅问题产生的根源可以归纳为（　　）3个方面。

A.资源因素　　　　　　　　　B.人员因素

C.制度因素　　　　　　　　　D.文化不认同

3.（　　）是酒店餐饮部的基础督导管理者。

A.餐厅主管、领班　　　　　　B.酒吧主管、领班

C.采购主管　　　　　　　　　D.营销主管

4.餐饮督导管理者的素质与能力要求包括（　　）。

A.扎实的餐饮从业知识

B.丰富的实战工作经验

C.良好的心理素质

D.良好的职业道德、丰富的情感、较强的沟通能力、创新能力、一定的服务培训技能

5.成为一名出色的餐饮督导管理者，需要掌握的领导艺术有（　　）。

A.善于决策　　　　　　　　　B.合理用人

C.任务明确　　　　　　　　　D.有效授权

### 二、判断题

1.现代酒店对督导管理者的素质与能力要求较高，他们不仅要具备良好的知识背景、丰富的实战工作经验，还要掌握餐饮培训技能。（　　）

2.餐厅领班在开餐期间负责整个餐厅的督导、巡查工作，包括迎送重要客人并在服务中对其给予特殊关注。（　　）

3.酒吧主管负责督导员工，对吧员在工作中遇到的问题应及时解决和纠正。（　　）

4.了解员工是餐饮督导管理者激励员工的前提条件。其中，员工的工作目的、工作兴趣，工作目标是其主要应该了解的3个方面。（　　）

5.特殊团队是为了特殊的项目而形成的，如推动全面质量管理团队、设备专项维护团队、职业健康与安全教育团队等。（　　）

### 三、简答题

1.沟通过程中来自信息接收者的障碍主要有什么？

2.督导管理者解决餐厅中遇到的问题应遵循什么样的流程？

## 项目评价

餐饮督导管理的参考评价表见表6-12。

表6-12 　　　　　　　　　　餐饮督导管理的参考评价表

| 考核日期： | | | | | 总评成绩： | | |
|---|---|---|---|---|---|---|---|
| | 序号 | 内容 | 完成情况 | | 标准分 | 自评分 | 教师评分 |
| | | | 完成 | 未完成 | | | |
| 自测内容 | 1 | 熟悉餐饮主要督导管理者的岗位职责 | | | 5 | | |
| | 2 | 具备餐饮督导管理者的素质与能力 | | | 5 | | |
| | 3 | 掌握餐饮督导管理者的工作方法 | | | 5 | | |
| | 4 | 掌握有效激励员工的方法 | | | 10 | | |
| | 5 | 掌握团队建设各阶段督导管理者的作用 | | | 10 | | |
| | 6 | 能够避免沟通障碍 | | | 5 | | |
| | 7 | 能够运用一定的沟通方法开展有效沟通 | | | 5 | | |
| | 8 | 能够运用解决工作问题的方法和技巧解决餐厅中的工作问题 | | | 5 | | |
| | 9 | 能够运用解决员工问题的方法和技巧解决员工问题 | | | 5 | | |
| | 10 | 能够灵活应对餐厅督导管理过程中的一些特殊情况 | | | 5 | | |
| | 11 | 自我管理 | | | 5 | | |
| | 12 | 规范操作 | | | 5 | | |
| | 13 | 爱岗敬业 | | | 5 | | |
| | 14 | 团队协作 | | | 10 | | |
| | 15 | 沟通表达 | | | 10 | | |
| | 16 | 创新创造 | | | 5 | | |

## 数字餐饮实验室

**数字思维推动酒店行业可持续发展——丽呈集团与企业微信共筑酒店行业新生态**

在数字化转型的时代背景下，酒店行业正加速向科技化迈进。丽呈酒店自成立之初就运用了"数字化"思维：借助企业微信的成熟平台及能力，搭建移动端应用。丽呈为合作伙伴提供的不仅是技术解决方案，还包括店面发展、效率提升和成本节约等方面，丽呈系统的技术优势，如简化操作流程、提升响应速度、降低培训需求、保证信息安全等，类似于微信的用户体验，为合作伙伴提供了稳定、可靠的服务。

目前，基于企业微信，针对不同用户群体，丽呈搭建了多套多元技术产品：针对酒店员工的 Rezen One、针对合作酒店集团的 Rezen Business、针对丽呈集团总部的 Rezen

HQ、针对集采供应商的 Rezen Merchant、针对客人的丽之呈联盟，服务包括酒店员工在内的 2 万多合作伙伴用户以及超过 3 000 万的酒店会员，全方位为酒店集团赋能。

　　丽呈系统与企业微信的结合，主要解决的是信息安全、运营标准、产品设计、研发创新 4 个方面的难题。在信息安全层面，企业微信的统一登录、微文档、微盘等功能可以解决机密信息传输和分享困难、离职员工资产无法继承等问题；在运营标准方面，添加好友、腾讯会议、TAPD 等功能可以解决联系方式获取、内部会议及外部培训落地、需求管理等问题；在产品设计领域，自建小程序、API 对接、消息通知等工具能解决独立开放移动办公 App 成本高、兼容市场上多类型手机困难等问题；在研发创新方面，企业微信的 SCRM、智能表格等工具则帮助丽呈解决了办公软件的应用难题，补足了创新资源。

　　（资料来源：环球旅讯．数字化先锋企业丽呈集团：与企业微信共筑酒店行业新生态 ［EB/OL］．［2025-01-17］．https://www.traveldaily.cn/article/185648.）

数字化思维在餐饮运营管理中的意义：

　　1.提升督导效率：企业微信的统一登录、微文档、微盘等功能，解决了机密信息传输和分享困难、离职员工资产无法继承等问题，确保了督导管理的信息安全。

　　2.实时监控与反馈：通过企业微信，督导人员可以实时监控服务质量，及时发现并解决问题，确保服务流程的标准化和一致性。

　　3.增强团队协作：企业微信的添加好友、腾讯会议、TAPD 等功能，解决了联系方式获取、内部会议及外部培训落地、需求管理等问题，提升了督导管理的协同能力。

讨论：数字化思维在餐饮运营管理中的意义

　　请列举出数字化技术（如企业微信的统一登录、微文档、微盘等功能）在餐饮督导管理中的主要优势。这些优势如何帮助餐厅提升运营管理？

分组讨论：以小组为单位，每组针对上述问题进行讨论，并准备简短的汇报。

全班分享：每组推选一名代表进行汇报，其他小组可以提问和补充。

做一做：设计数字化餐饮运营管理项目

　　假设你是一名餐饮服务经理，负责为一家本地餐厅设计一个类似丽呈酒店集团的数字化餐饮运营管理项目。完成以下任务：

项目策划：在餐厅运营管理中有哪些内容可以通过数字化技术提升管理效果？请列出具体的项目。

操作形式：小组进行项目设计，准备详细的项目策划书和演示文稿。

汇报与评审：每组汇报展示方案，其他小组和教师进行点评，提出改进建议。

# 主要参考文献

[1] 蔡洪胜. 酒店餐饮服务与管理 [M]. 北京：清华大学出版社，2021.

[2] 杜建华. 酒店餐饮服务与管理 [M]. 北京：旅游教育出版社，2021.

[3] 陆朋，周静莉，王杨. 餐饮服务与管理 [M]. 北京：企业管理出版社，2021.

[4] 史锋. 人际沟通与礼仪 [M]. 3版. 北京：北京师范大学出版社，2020.

[5] 王冬琨，郝瓅，张玮. 酒店服务礼仪 [M]. 2版. 北京：清华大学出版社，2019.

[6] 李庆红. 餐饮服务技能训练 [M]. 重庆：重庆大学出版社，2019.

[7] 刘秀珍，陈的非. 餐饮服务与管理 [M]. 北京：中国轻工业出版社，2018.

[8] 杨环焕，卫圆杰，金仁重. 餐饮服务与督导 [M]. 北京：中国人民大学出版社，2017.

[9] 薛兵旺，周耀进. 酒店督导管理 [M]. 武汉：华中科技大学出版社，2017.

[10] 赫佩尔. 服务的艺术 [M]. 俞强，译. 北京：人民邮电出版社，2017.

[11] 冯国华. 餐饮服务与管理 [M]. 北京：中国传媒大学出版社，2017.

[12] 何丽萍. 餐饮服务与管理 [M]. 2版. 北京：北京理工大学出版社，2017.

[13] 王秋明. 主题宴会设计与管理实务 [M]. 2版. 北京：清华大学出版社，2017.

[14] 陈戎，杨义菊. 餐饮服务与管理 [M]. 武汉：华中科技大学出版社，2016.

[15] 张波. 中餐服务与督导培训全攻略 [M]. 北京：化学工业出版社，2015.

[16] 陈静，谢红勇. 餐饮服务与管理 [M]. 2版.上海：上海交通大学出版社，2014.

[17] 李国茹，杨春梅. 饭店督导管理 [M]. 北京：中国人民大学出版社，2014.

[18] 许欣欣. 以人性化本位驱动传统酒店餐饮业服务效能的研究 [J]. 当代旅游，2021，19（10）.

[19] 赵乐乐. 员工与顾客视角下酒店餐饮服务质量优化管理策略探析 [J]. 旅游纵览，2021（3）.

[20] 卜荔娜，付裕. 星级酒店西餐厅服务质量研究——以贵阳凯宾斯基酒店为例 [J]. 企业科技与发展，2020（11）.

[21] 许燕芬，张亚菲，欧阳田田. 餐饮企业员工情绪管理 [J]. 合作经济与科技，2020（5）.